"十二五"职业教育国家规划教材
经全国职业教育教材审定委员会审定

检测技术

郭宗跃　梁晓红　主编

河南科学技术出版社

·郑州·

内 容 提 要

本书共分为11个项目,内容包括:检测技术与传感器的初步认识,电阻式、电感式、压电式、磁电式、半导体式、热电式质感器的结构、工作原理及使用方法,以及新型传感器、传感器信号处理技术的认识及使用。

本书可作为高等职业教育院校、成人高等教育学校机电、电气电子、自动化等专业的教材,也可供从事检测技术工作的工程技术人员参考。

图书在版编目(CIP)数据

检测技术/郭宗跃,梁晓红主编. —郑州:河南科学技术出版社,2014.8
(2019.2重印)
"十二五"职业教育国家规划教材
ISBN 978-7-5349-7247-8

Ⅰ.①检… Ⅱ.①郭…②梁… Ⅲ.①技术测量-高等职业教育-教材
Ⅳ.①TG806

中国版本图书馆CIP数据核字(2014)第181109号

出版发行:河南科学技术出版社
地址:郑州市金水东路39号 邮编:450016
电话:(0371) 65788859 65788624
网址:www.hnstp.cn
策划编辑:孙 彤
责任编辑:崔军英
责任校对:柯 姣
封面设计:张 伟
责任印制:朱 飞
印 刷:河南新华印刷集团有限公司
经 销:全国新华书店
开 本:787mm×1092mm 1/16 印张:13 字数:327千字
版 次:2014年8月第1版 2019年2月第6次印刷
定 价:29.00元

《检测技术》编写人员名单

主　编　郭宗跃　梁晓红

副主编　田慧玲　李　贞　宋海军

参　编　（按姓氏笔画排序）

田慧玲　李　贞　宋海军

赵　静　郭宗跃　梁晓红

前　言

根据教育部《教育部关于“十二五”职业教育教材建设的若干意见》的通知，为满足河南省高等职业教育“培养高等技术应用性人才”培养目标和任务的要求，以高等职业院校机电专业人才培养计划为依据编写了此书。

本书采用工学结合，任务驱动的模式编写，通过项目和任务培养学生分析问题、解决问题的能力和团队协作精神，围绕项目和任务将各个知识点渗透于教学中，增强课程内容与职业岗位能力要求的相关性。在任务选材上突出教学重难点，增加可操作性和趣味性。在编写中，精心选择了简单易懂的实例和项目，强调实用性和趣味性的实践性教学设计，突出技能培养和实际应用，将近几届教学中实践成熟的项目拓展到教学任务中，循序渐进、横向扩展、纵向深入，充分体现了高等职业教育的特色。

全书共分为 11 个项目，分别是：项目 1 检测技术与传感器初步认识、项目 2 电阻应变式传感器认识及使用、项目 3 电感式传感器认识及使用、项目 4 电容式传感器认识及使用、项目 5 压电式传感器认识及使用、项目 6 光电式传感器认识及使用、项目 7 磁电式传感器认识及使用、项目 8 半导体式传感器认识及使用、项目 9 热电式传感器认识及使用、项目 10 新型传感器认识及使用、项目 11 传感器信号处理技术认识及使用。

本书由平顶山工业职业技术学院郭宗跃、平顶山工业职业技术学院梁晓红任主编，平顶山工业职业技术学院田慧玲、平顶山工业职业技术学院李贞、中州大学宋海军任副主编。具体编写分工如下：梁晓红编写项目 1、项目 9、项目 10，田慧玲编写项目 2、项目 3、项目 4 由，李贞编写项目 5、项目 6、项目 7，宋海军编写项目 8 由，中州大学赵静编写项目 11，郭宗跃统筹全稿。

由于编者水平有限，书中可能存在不当或错误之处，恳请广大读者批评指正。

编　者

2017 年 6 月

目　录

项目 1 检测技术与传感器初步认识

一、项目分析

传感器作为信息采集的重要手段,是现代高科技发展不可缺少的技术,是实现自动检测和自动控制的首要环节。测量是检测技术的基础,通过测量和误差分析处理,可准确收集被测对象的相关信息,掌握被测对象的需用参数,以便于更精确地控制生产过程。这些知识的学习,以及如何使用检测仪器仪表进行测量,都是学习检测技术必须掌握的内容。

本项目主要讲解检测系统基础及其特性、传感器基础及选用方法、误差基础知识,以及常用检测仪器仪表的特点及使用方法。

知识点

- 检测系统的概念、组成、基本特性、发展方向。
- 传感器的概念、组成、发展方向。
- 测量的概念,测量误差的概念、分类、表示方法、常用处理方法。

能力点

- 学会万用表、示波器的使用方法。
- 掌握国内典型传感器与检测技术试验台——THSRZ－2 型传感器系统综合实验装置的设备构成及使用方法。
- 掌握传感器的选用原则和方法。

二、相关知识

(一)检测技术基础

1. 检测技术

在科学技术飞速发展的信息时代,人类的各项生产活动和科学研究,主要基于对信息资源的开发、获取、传输和处理。检测技术就是利用传感器将生产、科研、生活中需要获取的电量或非电量信息,转换成为易于测量、传输、显示和处理的电信号的过程。自动完成该过程的技术则称为自动检测技术。

2. 检测技术的地位和作用

(1)检测技术是产品检验和质量控制的重要手段:例如在机械制造行业,人们通过对机床的静、动态参数如工件的加工精度、切削力、切削速度、位移、振动等机械量参数进行在线检测和自动调整，使检测和生产加工同时进行，及时、主动地用检测结果对生产过程进行调节和控制，使其达到最佳运行状态，生产出合格的产品，达到产品质量控制的目的。

（2）检测技术在大型设备安全经济运行监测中得到广泛应用：在化工、机械、电力、石油、煤炭、交通等行业中，一些大型设备通常在高温、高压、高速和大功率状态下运行，为了保证这些设备的安全运行，一般设有故障监测系统对温度、压力、流量、转速、振动和噪声等多种参数进行长期动态监测，对故障进行早期诊断，避免突发事故，保证设备和人员的安全，提高经济效益。随着计算机技术的发展，这类监测系统已经发展为故障自诊断系统，可以采用计算机来处理检测信息，进行分析、判断，及时诊断出设备故障并自动报警或采取相应的对策。

（3）检测技术是自动化技术中不可缺少的组成部分：在实现自动化的过程中，信息的获取与转换是极其重要的组成环节，只有精确、及时地将被控对象的各项参数检测出来并转换成易于传送和处理的信号，整个系统才能正常工作。因此，自动检测与转换是自动化技术中不可缺少的组成部分。

（4）检测技术的发展推动着现代科学技术的进步：人们在从事科学研究工作时，一般都是利用已知的规律对观测、试验的结果进行概括、推理，从而对所研究的对象取得定量的概念并发现它的规律性，然后上升到理论，进而形成研究成果。这一过程离不开现代化的检测手段。因此说，检测技术的水平在很大程度上决定了科学研究的深度和广度。检测技术达到的水平愈高，所提供的信息愈丰富、愈可靠，科学研究取得突破性进展的可能性就愈大。

现代化生产和科学技术的发展也不断地对检测技术提出新的要求和课题，成为促进检测技术向前发展的动力。科学技术的新发现和新成果不断应用于检测技术中，有力地促进了检测技术自身的现代化。

3. 现代检测技术

用现代测试技术测量非电量的方法主要是电测法，即将非电量先转换为电量，然后用各种电测仪表和装置乃至电子计算机对电信号进行处理和分析。随着微电子技术、计算机技术、通信技术及网络技术的迅速发展，对电量的测量技术也相应地得到提高，如准确度高、灵敏度高、反应速度快、能够连续进行测量、自动记录、远距离传输和组成控制网络等。可是，在工程上所要测量的参数大多数为非电量，如：机械量（位移、应力、力矩、振动、速度、重量等）、热工量（温度、压强、流量、物位、液面等）、成分量（气体、液体、固体的化学成分、浓度、湿度、酸碱度等）和几何量（长度、厚度、直径、硬度、表面粗糙度等），因而促使人们研究用电测的方法测量非电量的仪器仪表，研究如何能正确和快速地测得非电量的技术。

电测法的主要优点如下：

（1）能够连续、自动地对被测量进行测量和记录。

（2）不仅能适用于静态测量，还能适用于动态测量和瞬态测量。

（3）电信号可以远距离传输，便于实现远距离测量和集中控制。

（4）电子测量装置能方便地改变量程，因此测量的范围广。

（5）可以方便地与计算机相连，进行数据的自动运算、分析和处理。

4. 检测系统的组成

一个完整的检测系统或检测装置通常是由传感器、测量电路和显示记录装置等部分组成，分别完成信息获取、转换、显示和处理等功能。当然，其中还包括电源和传输通道等不可

缺少的部分。图 1－1 所示为检测系统的组成框图。

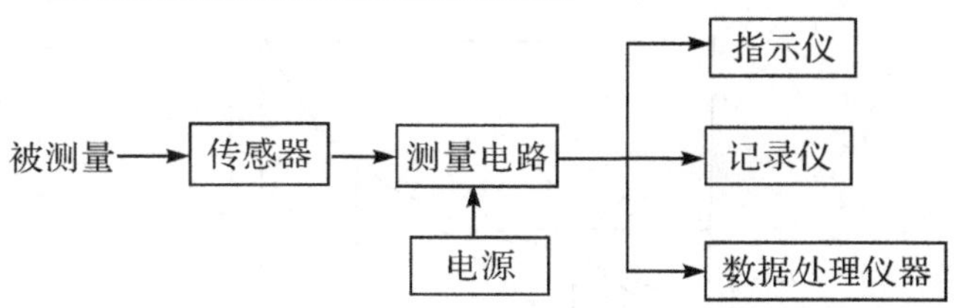

图 1－1　检测系统的组成框图

(1)传感器:传感器是把被测量(一般是指非电量)变换为另一种与之有确定对应关系,并且便于测量的量(一般为电量)的器件。

传感器处于被测对象与检测系统的接口位置,是信息输入的主要窗口,为检测系统提供必需的原始信息。它是整个检测系统中最重要的环节,其获得的信息质量关系到整个检测系统的精度。

(2)测量电路:测量电路的作用是将传感器输出的微弱信号转换成便于测量、具有一定功率的电压、电流或频率等信号。根据需要和传感器的类型,测量电路还能进行阻抗匹配、微分、积分、线性化补偿等信号处理工作。

(3)显示记录装置:显示记录装置的作用是将测量电路输出的被测信号转换成人们可以用来观测、分析和记录的形式,如:指针的偏转、数码管的显示、荧光屏上的图像、磁带、记录纸等。目前常用的显示器有四类:模拟显示器、数字显示器、图像显示器及记录仪等。

模拟显示器是利用指针对标尺的相对位置表示被测量数值的大小,如各种指针式电气测量仪表、模拟光标等。数字显示是用发光二极管 LED 和液晶显示器 LCD 等以数字的形式来显示读数。图像显示是采用示波器(CRT)或液晶显示器(LCD)屏幕来显示被测参数的变化曲线,有时还可用图表、彩色图等形式来反映被测量的多组数据。

记录仪主要用来记录被测量随时间变化的动态过程,常用的记录仪有笔式记录仪、光线示波器、磁带记录仪、快速打印机等。

5. 检测系统的基本特性

检测系统的基本特性是指检测系统输入量与输出量关系的特性,它分为静态特性和动态特性。

(1)静态特性:

1)灵敏度:指传感器或检测系统在稳态下,输出量变化值与输入量变化值的比值。用 K 来表示灵敏度,即:

$$K=\frac{dy}{dx}\approx\frac{\Delta y}{\Delta x} \tag{1-1}$$

式中:x——输入量;

y——输出量。

如果检测系统输出和输入之间是线性关系,则灵敏度 K 是一个常数;否则,它将随输入量的变化而变化,如图 1－2 所示。由图 1－2 可见,曲线越陡,灵敏度越高。曲线上任一点处的灵敏度就是曲线在该点处切线的斜率。

提高灵敏度,可得到较高的测量精度,但测量范围窄,稳定性也会变差。

2)分辨率:指检测仪表能精确检测出被测量的最小变化的能力。输入量从某个任意值

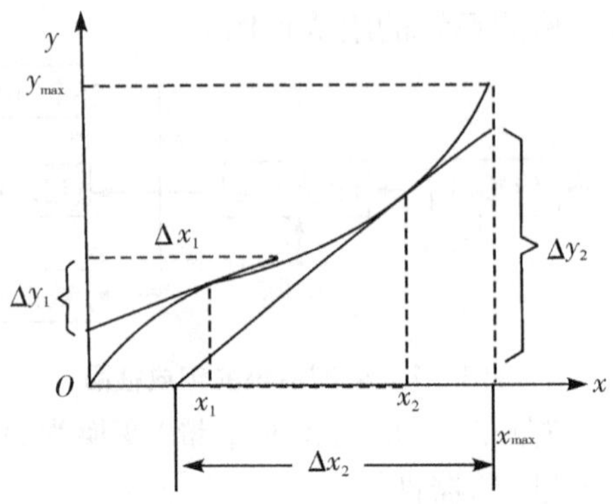

图 1－2　检测系统灵敏度

缓慢增加，直到可以测量到输出的变化为止。此时的输入量就是该测量仪表的分辨率。

分辨率说明了检测仪表响应与分辨输入量微小变化的能力，分辨率越好，其灵敏度越高。

3）线性度：又称非线性误差，是指检测系统实际的输入－输出特性曲线与理想直线之间最大偏差和满量程输出的百分比。即

$$r_L = \frac{\Delta L_{max}}{Y_{max} - Y_{min}} \times 100\% \qquad (1-2)$$

式中：ΔL_{max}——非线性最大误差；

$Y_{max} - Y_{min}$——量程范围。

如图 1－3 所示，由于线性度是以理想直线为基准线而得出的，所以选取的理想直线不同，其线性度也不同。理想直线的选取有多种方法，如理想直线通过实际特性曲线的起点和满量程点，称为端基理想直线（两点连线法），由此得到的线性度称为端基线性度；连接坐标零点和满量程输出点的直线称为理论理想直线，由此得到的线性度称为理论线性度。

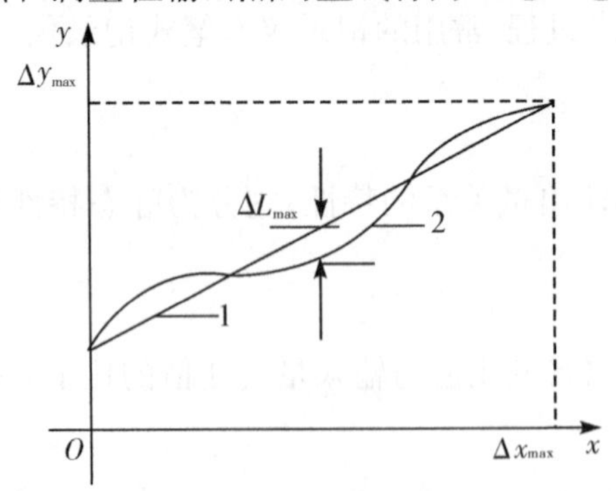

图 1－3　线性度示意图

1. 理想直线　2. 实际特性曲线

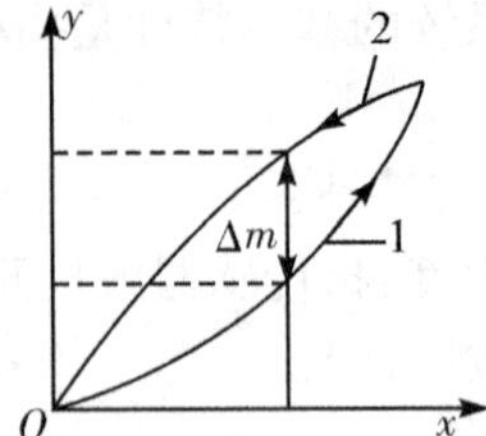

图 1－4　迟滞特性示意图

1. 正向特性　2. 反向特性

4）迟滞特性：迟滞是指检测系统在输入量增大（正向）和输入量减小（反向）行程间，输入－输出特性曲线不一致的程度，因此也称为回程误差或变差。即同样大小的输入量，检测系统在正反行程中，往往对应两个大小不同的输出量，这两个不同输出量的最大差值 Δm 与满量程输出量的百分比即为迟滞量，如图 1－4 所示。一般希望检测系统的迟滞越小越好。

5）稳定性：是指检测系统在规定条件下保持其检测特性固定不变的能力。检测系统输入量不变，输出量随时间的变化而发生缓慢变化的情况，称为漂移。当输入为零时产生的漂

移，称为零漂。当输入为定值时产生的漂移，称为动漂。产生漂移的原因主要是：仪器自身结构参数的变化和周围环境对输出的影响，最常见的漂移是温度漂移。检测系统的稳定性越好，其抗干扰的能力越强。

(2)动态特性：检测系统要具有良好的动态特性，才能较精确地测出被测量的大小和其随时间变化的规律。在实际检测工作中，检测系统的动态特性通常是用实验的方法得出的，系统对标准输入信号的响应与对任意输入信号的响应之间存在一定的关系，可根据系统对一些标准信号的响应来评定它的动态特性。

对检测系统动态特性的理论研究与自动控制原理中介绍的相似，这里不再重复。

6.检测技术的发展方向

现代科学技术的发展对检测技术提出了更新、更高的要求，使检测技术达到了一个新的水平，其发展趋势主要表现在以下几个方面：

(1)向着高精度、高可靠性、小型化和集成化的方向发展：随着科学技术的不断发展，对检测系统的测量精度也提出更高的要求。近年来，人们已研制出许多高精度的检测仪器以满足这种要求。例如，人们已研制出能测量小至几十帕的微压力和大到几千兆帕的高压力传感器，开发出了能够测出极其微弱磁场的磁敏传感器及测量范围可达二三十米而分辨率可达几十微米的测量位移的光栅传感器等，检测超高温、超高压、超低温和超真空的新型传感器是今后检测技术研究和发展的方向。

随着半导体集成电路技术的发展，传感器的微型化使得检测装置小型化，目前已经研制出了装在注射针头上的压力传感器、成分传感器等。

传感器集成化的一个方向是将具有同功能的传感器集成化，如利用电荷耦合器形成的固体图像传感器(CCD)来进行文字、图形的识别。传感器集成化的另一个方向是将不同功能的传感器集成化，从而使一个传感器可同时测量不同种类的多个物理量，如测量血液中各种成分的多功能传感器等。今后，还将在光、磁、温度、压力等领域开发新型的集成化、功能化的传感器。

(2)新技术、新材料和新工艺的应用，产生新型传感器，从而不断扩大检测领域：以半导体敏感材料、陶瓷敏感材料和有机敏感材料为代表的新型敏感材料已应用于传感器件的研制与生产中，改变了以传统结构型为主的局面；人们根据新原理、新材料和新工艺研究所取得的成果，研制出更多品质优良的新型传感器，如光纤传感器、液晶传感器、以高分子有机材料为敏感元件的压敏传感器、微生物传感器等。近代物理学的成果如激光、红外、超声、微波、光纤、放射性同位素等的应用，都为检测技术的发展提供了更多的途径，激光测距、红外测温、超声波无损探伤、放射性测厚等非接触测量得到了迅速发展。另外，代替视觉、嗅觉、味觉和听觉的各种仿生传感器和检测超高温、超高压、超低温和超高真空等极端参数的新型传感器，将是今后传感器技术研究和发展的重要方向。

(3)采用计算机技术，使检测技术由模拟式、数字式向智能化方向发展：计算机技术应用到检测系统中，使检测仪器智能化，从而扩展了其功能，提高了精度和可靠性。目前新研制的检测系统大都带有微处理器。

(二)传感器基础

1.传感器的作用

人类为了生存和发展，必须借助于感觉器官从自然界获取信息。在工业、能源、交通、医疗等领域所开发的各种传感器,不仅能代替人类的五官功能,而且在检测人类的五官所不能感受的参数方面发挥了关键作用。现代科学技术的飞速发展,人类一切社会活动将主要依靠对信息资源的开发和利用,而传感器正是处于自动检测与控制系统之首,是感知、获取和检测信息的窗口;传感器处于研究对象和测控系统的接口位置,人们要获取的一切信息,都是通过它转换成易于传输和处理的电信号。在计算机广为普及的今天,如果没有各类传感器提供可靠、准确的信息,计算机就难以发挥作用。没有传感器就没有现代科学技术。传感器技术已成为各国相互竞争的核心技术之一。

综上所述,传感器是一种把外界输入的非电信号转换成电信号的装置,所以一般也称传感器为变换器、换能器和探测器,其输出的电信号须继续输送给后续配套的测量电路及终端装置,以达到电信号的调理、分析、记录或显示等。它包含了以下几方面的含义:

(1)传感器是测量装置,能完成检测任务。

(2)传感器的输入量是某一被测量,如物理量、化学量、生物量等。

(3)传感器的输出是某种物理量,这种量要便于传输、转换、处理、显示等。

(4)输出与输入间有对应关系,且有一定的精确度。

因此,传感器具有一感二传的功用,即感受被测信号,并传送出去。

2. 传感器的组成与分类

(1)传感器的组成:传感器一般由敏感元件和转换元件组成,其中敏感元件是指传感器中能直接感受被测量的部分;转换元件是指传感器中能将敏感元件感受的被测量转换成适于传输或测量的电信号的部分。一般把信号调理转换电路及传感器的辅助电源都作为组成传感器的一部分,其组成框图如图 1-5 所示。

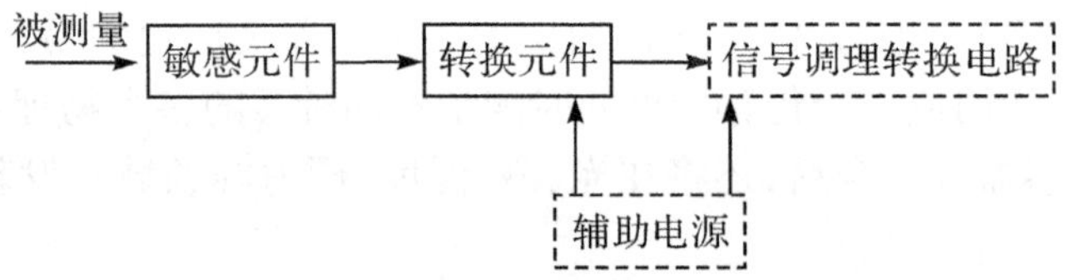

图 1-5 传感器的组成

随着集成电路制造技术的发展,现在已经能把一些处理电路和传感器集成在一起,构成集成传感器。进一步的发展是将传感器和微处理器相结合,装在一个检测器中,形成一种新型的“智能传感器”。它将具有一定的信号调理、信号分析、误差校正、环境适应等能力,甚至具有一定的辨认、识别、判断的功能。这种集成化、智能化的发展,无疑将在现代工业技术发展中发挥重要的作用。

(2)传感器的图形符号:图形符号通常用于图样或技术文件中来表示一个设备或要领的图形、标记或字符。传感器的图形符号是电气图用图形符号的一个组成部分。依照规定,传感器图用图形符号由符号要素正方形和等边三角形组成。如图 1-6 所示,在图中正方形表示转换元件,三角形表示敏感元件。

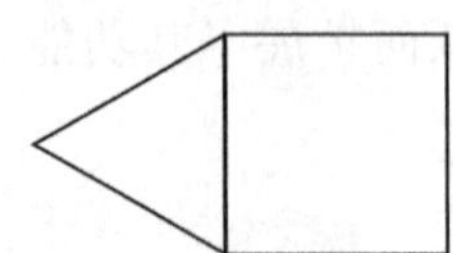

图 1-6 传感器图的图形符号

在使用这种图形符号时应注意以下几个问题：

1)表示转换原理的限定符号应写进正方形内，表示被测量的限定符号应写进三角形内，如图1－7(a)所示。

2)当无需强调具体的转换原理时，传感器图用图形符号亦可简化，如图1－7(b)所示。

3)对于传感器的电气引线，应根据接线图设计需要，从正方形的三个边线垂直引出，如图1－7(c)所示。

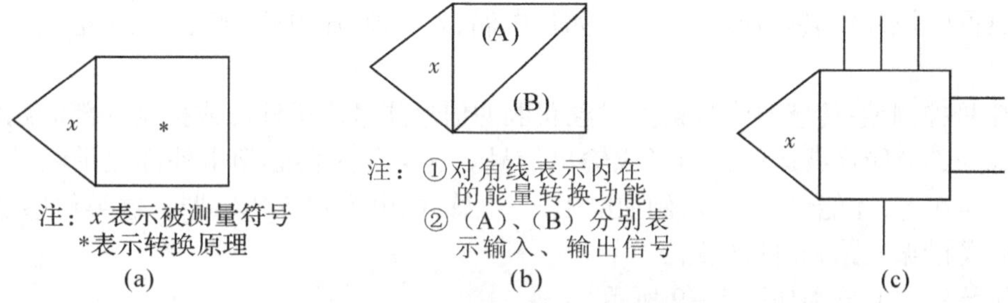

图1－7　传感器图形符号的应用

国标GB/T14479－93给出了43种常用传感器的图用符号示例。

3. 传感器的型号及含义

根据GB7666规定，一种传感器的型号应包括四部分：主称(传感器)；被测量；转换原理；序号。

四部分代号表达格式如图1－8所示，在被测量、转换原理、序号三部分代号之间须有连字符“-”连接。

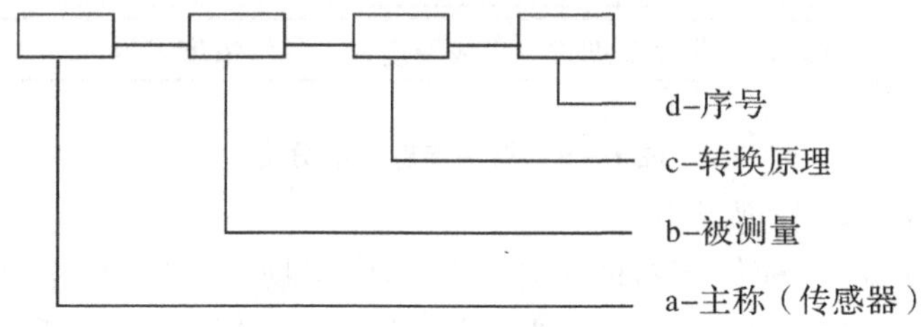

图1－8　传感器产品代号的编制格式

4. 传感器的分类

传感器的种类繁多。在工程测试中，一种物理量可以用不同类型的传感器来检测，而同一种类型的传感器也可测量不同的物理量。

传感器，从不同的角度就有不同的分类，常见的几种分类方法如下。

(1)按被测物理量分类：按传感器输入端被测物理量分类，也就是按用途进行分类，便于使用者获得最基本的使用信息，下面列举这种分类方法的若干类型。

1)机械量：位移、质量、力、扭矩、速度、加速度等。

2)热工量：温度、热量、热流、压力(差)、流速、流量、液位、物位等。

3)物性参量：密度、浓度、黏度、酸碱度等。

4)光学量：光强、光通量、辐射能量等。

5)化学量：气体的成分、液体的成分等。

(2)按传感器输出量变换原理分类：传感器“可用输出信号”的类型是有限的，例如，电信号有电压、电流、电荷、电阻、电感、电容等几种。这样划分的类型少,易于从原理上认识输入量与输出量的变换关系。其中输出量为电参数(电阻、电感、电容、互感)的,称为电参数传感器;输出量为电量(电压、电流、电荷)的,称为电量型传感器。

(3)按能量传递方式分类:传感器按能量传递方式分类,分为有源(或称为能量转换型)传感器和无源(或称为能量控制型)传感器两大类。

1)能量转换型:传感器将从被测对象获取的信号能量直接转换成另一种输出信号能量,例如把热量(或温度)转换成电压信号,如热电偶、光电池、压电式、光电式、磁电式、霍尔式等传感器。

2)能量控制型:传感器将从被测对象获取的信息能量用于调制或控制外部激励源,使外部激励源的部分能量载运信息而形成输出信号。这类传感器必须由外部提供激励源,如电源、光源、声源等,才能输出信号,例如电阻式、电感式、电容式等传感器。这类传感器的检测电路一般是谐振电路和电桥电路。

常用传感器的分类如图 1-9 所示。

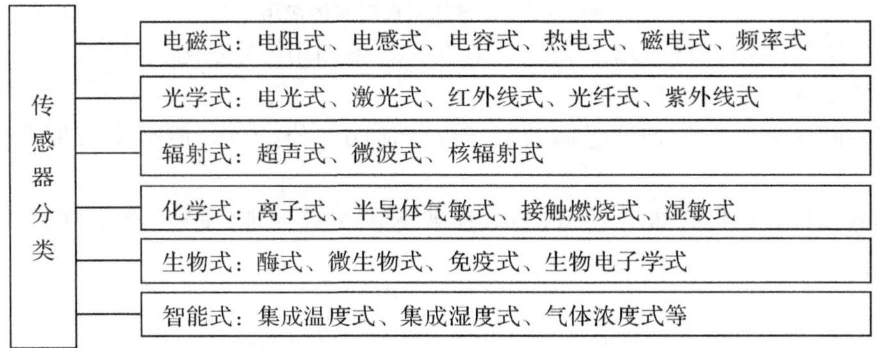

图 1-9　常用传感器的分类

5. 现代传感器技术的发展方向

(1)开展基础研究:各种传感器的工作原理是依据物理效应、化学反应和生物效应,因此,发现新现象与新效应,开展相应的基础研究,是现代传感器发展的重要基础。

(2)开发新材料:功能材料是发展传感器技术的另一重要基础。加速开发新型敏感材料,促进微电子、光电子、生物化学、信息处理等各学科相互交叉、渗透和综合利用,将会研究出一批新颖、先进的传感器,由于材料科学的进步,在研制新材料时,可任意、精确地控制材料成分,从而可以设计制造出各种可用于传感器的功能材料。

(3)采用新工艺:传感器性能除了由采用的功能材料决定外,还与传感器的制作加工工艺有关。近年来,由于微电子技术、计算机技术、纳米技术的迅速发展,这些先进技术已引入传感器制造技术中,从而制造出性能稳定、可靠性高、体积小、重量轻的传感器。

(4)发展多功能传感器:传感器多功能化是指一器多能,即用一个传感器可以检测两个或两个以上的参数,多功能化不仅可以降低成本,减小体积,而且可以有效提高传感器的稳定性、可靠性等性能指标。例如,日本丰田研究所开发实验室研制成功了能同时检测 Na^+ 离子和 H^+ 离子的多离子传感器。

(5)智能化传感器:传感器的智能化就是把传感器与微处理器相结合,使之不仅具有检测功能,还具有信息处理、逻辑判断、自动诊断等功能。

(6)仿生传感器:化学和生物战可能是仿生传感器的主要应用领域,它在出现生物攻击时可瞬间识别可疑的病原体,食品工业也可以利用它监视变质和污染的食品。例如,检验员只要将传感器在被测食品上擦一下,就可探测出是否存在大肠杆菌等危险的病原体。此外,还可在食品包装袋上附上这样的传感器条,顾客就可以根据颜色的变化判断食品是否变质。

(三)测量误差理论基础

1.测量的基本概念

测量是指人们借助专门的技术工具和设备,通过实验和运算找到测量值的过程。测量就是将同性质的被测量与标准量进行比较,并确定被测量对标准量的倍数。其表达式如下:

$$X = AX_0 \tag{1-3}$$

式中:X——被测量;

X_0——测量单位(标准量);

A——被测量与标准量的比值(无量纲数值)。

式(1-3)称为测量的基本方程式,由该式可知,测量过程包括三个要素:一是测量单位,采用国际单位制(SI);二是测量方法(实验方法),它是将被测量与其单位进行比较的方法;三是测量仪器与设备,它是测量过程的具体体现与实施者,是为了求取比值而实际使用的一些仪器与设备。

2.测量方法及其分类

测量方法是指实现被测量与标准量比较得出比值的方法。根据被测量的性质、特点和测量任务的要求来选择适当的测量方法。

对于测量方法,从不同的角度,有不同的分类方法。根据测量手段可分为直接测量、间接测量与组合测量;根据被测量的变化特点可分为静态测量与动态测量;根据测量的精度可分为等精度测量和不等精度测量;根据获得值的方式可分为偏差式测量、零位测量和微差式测量;根据传感器是否与被测量对象接触分为接触测量和非接触测量;另外根据测量系统是否向被测对象施加能量分为主动式测量和被动式测量等。

分类一:直接测量、间接测量与组合测量。

(1)直接测量:使用仪表和传感器对被测量对象测量时,对仪表读数不需要任何运算而直接表示测量结果的测量方法称为直接测量。被测量值与测量值之间的关系可用下式表示:

$$Y = X \tag{1-4}$$

式中:Y——被测量值;

X——直接测量值。

例如:用钳形表测量某一相交流电流、用弹簧压力表测量压力等,都属于直接测量。直接测量具有测量过程简单、快捷等优点,缺点是测量精度低。

(2)间接测量:使用仪表和传感器对被测量对象测量时,对于测量有确定函数关系的若干量进行测量,将被测量值代入函数关系式,经过运算得到所需结果,这种测量方法称为间接测量。间接测量与直接测量不同,被测量 Y 是一个测得值 X 或几个测得值 $X_1,X_2,\cdots,X_n$ 的函数,即:

$$Y = f(X) \tag{1-5}$$

或

$$Y = f(X_1, X_2, \cdots, X_n) \tag{1-6}$$

被测量 Y 不能直接测量求得,必须由测得值 X 或 $X_i(i=1,2,\cdots,n)$ 及与被测量 Y 的函数关系确定。如直接测量电压 U 和电阻值 R,根据式 $P=U^2/R$ 求电功率 P,即为间接测量的实例。间接测量过程烦琐,花费时间、精力较多,一般用于直接测量不能完成或者缺乏直接手段的场合。

(3)组合测量:若被测量必须经过求解方程组才能得到测量结果,这种测量称为组合测量。组合测量是一种特殊的精密测量方法,操作手续复杂,花费时间长,多适用于科学实验或特殊场合。

分类二:等精度测量与不等精度测量。

(1)等精度测量:使用相同的仪器和测量方法对同一被测量进行多次重复测量,称为等精度测量。

(2)不等精度测量:有时在科学研究或高精度测量中,往往在不同的测量条件下,用不同精度的仪表、不同的测量方法、不同的测量次数及不同的测量者进行测量和对比,此种测量称为不等精度测量。

分类三:偏差式测量、零位测量与微差式测量。

(1)偏差式测量:利用测量仪表指针相对于刻度初始点的位移来表示被测量的测量方式,称为偏差式测量。应用这种方法测量时,仪表刻度事先用标准量具对其进行标定。在测量时,输入被测量,按照仪表指针在标尺上的示值,决定被测量的大小。例如:用弹簧秤测量物体的质量,用磁电式电压表测量电压等。这种方法测量过程比较简单、迅速,但测量结果精度较低。

(2)零位式测量:用指零仪表的零位指示检测测量系统的平衡状态,当测量系统平衡时,用已知的标准量决定被测量的数值,这种测量方法称为零位测量。例如用天平来测量物体的质量,用平衡式电桥测量电阻等。

在零位式测量中,标准量具处于测量系统中,它提供一个可调节的标准量,使被测量直接与标准量相比较。测量误差主要取决于标准量具的误差,因此可获得较高的测量精度。但测量过程比较复杂、费时,不适用于测量迅速变化的信号。

(3)微差式测量:微差式测量是一种综合了偏差式与零位式测量的优点而提出的测量方法。它将被测量与已知的标准量相比较,取得差值后,再用偏差法测得此差值。设 N 为已知的标准量,X 为被测量,Δ 为二者之差,则被测量 $X=N+\Delta$。由于 N 是标准量,其误差很小,且 $\Delta \leqslant N$,因此,可选用高灵敏度的偏差式仪表测量 Δ,即使测量 Δ 的精度较低。但由于 $\Delta \leqslant X$,所以,得到的测量精度仍很高,特别适用于线性控制参数的测量。

3. 测量误差的基本理论

(1)误差的基本概念:所谓误差,指测得值与被测量的真值之间的差。误差可以采用绝对误差和相对误差两种形式来表示。

1)绝对误差:测量值 x 与被测量真值 A_0 之差,称为绝对误差。

$$\Delta x = x - A_0 \tag{1-7}$$

2)相对误差:定义为绝对误差 Δx 与被测量真值 A_0 之比的百分比,即

$$r = \frac{\Delta x}{A_0} \times 100\% \tag{1-8}$$

由于式(1-8)中真值是不可知的,常用约定真值来近似表达。在许多测量中为简便,常用绝对误差与被测量的实际值之比的百分数来表示实际值的相对误差,即

$$r = \frac{\Delta x}{x} \times 100\% \tag{1-9}$$

例如,用同一电压表测量两个不同的电压,$u_1 = 50V$ 和 $u_2 = 5V$,测量的绝对误差同为0.1V,则测量的相对误差为

$$r_1 = \frac{\Delta u}{u_1} \times 100\% = 0.2\%$$

$$r_2 = \frac{\Delta u}{u_2} \times 100\% = 2.0\%$$

很显然,用电压表测量电压 u_1 的精确度较高。

(2)误差的来源:观测误差产生的原因主要有以下四个方面:

1)观测者:由于观测者感觉器官鉴别能力有一定的局限性,在仪器安置、照准、读数等方面都会产生误差。同时,观测者的技术水平、工作态度及状态也对测量成果的质量有直接影响。

2)测量装置:每种仪器有一定限度的精密程度,因而观测值的精确度必然受到一定的限制。同时,仪器本身在设计、制造、安装、校正等方面也存在一定的误差,如钢尺的刻划线误差、度盘的偏心等。

3)测量方法:由于测量方法不完善所引起的误差,如采用近似的测量方法而造成的误差。例如用钢卷尺测量大轴的圆周长 s,再通过计算求出大轴的直径 $d = s/\pi$,因近似数 π 取值的不同将会引起误差。

4)外界条件:观测时所处的外界条件,如温度、湿度、大气折光等因素都会对观测结果产生一定的影响。外界条件发生变化,观测成果将随之变化。

上述四个方面的因素是引起误差的主要来源,因此把这四方面因素综合起来称为观测条件。观测条件的好坏与观测成果的质量有着密切的联系。

(3)误差的分类:按照误差的性质,可以将误差分为三类,即系统误差、随机误差和粗大误差。

1)系统误差:系统误差的特征是在同一条件下,多次测量同一量值时,误差的绝对值和符号保持不变,或者在条件改变时,误差按一定的规律变化。系统误差的定义是指在重复性条件下对同一被测量进行无限多次测量所得测量结果的平均值与被测量的真值之差。因为真值不能通过测量获知,所以通过有限次测量的平均值与约定真值近似地得出系统误差,得出的系统误差可对测量结果进行修正,但由于系统误差不能完全获知,因此通过修正值对系统误差只能有限程度地补偿。

2)随机误差:在同一测量条件下,多次测量同一量值,由于感官灵敏度和仪器精密程度的限制、周围环境的干扰及伴随着测量而来的不可预料的随机因素的影响而造成的误差,称为随机误差。对于随机误差,不能用简单的修正值来修正,当测量次数足够多时,随机误差就整体而言,服从一定的统计规律,通过对测量数据的统计处理可以计算随机误差出现的可能性的大小。

3)粗大误差:超出在规定条件下预期的误差称为粗大误差,或称"寄生误差"。粗大误差的数值比较大，它会对测量结果产生明显的歪曲。一旦发现含有粗大误差的测量值，应将其从测量结果中剔除。

4. 测量误差的处理方法

从工程测量实践可知，测量数据中含有系统误差和随机误差，有时还含有粗大误差。它们的性质不同，对测量结果的影响及处理方法也不同。对于不同情况的测量数据，首先要加以分析研究，判断情况，分别处理，再经综合整理，得出合乎科学性的测量结果。

(1) 随机误差的估算：

1) 随机误差的正态分布：当对同一被测量进行多次等精度重复测量时，只要测量数据足够多，测量误差出现的总体分布服从统计规律，多数服从正态分布。

设被测量值为 x，真值为 x_0，测量误差为 δ，则对于测量误差的正态分布，其概率密度函数 $f(\delta)$ 为

$$f(\delta)=\frac{1}{\sigma\sqrt{2\pi}}\mathrm{e}^{-\frac{\sigma^2}{2\sigma^2}} \qquad (1-10)$$

式中 σ 为均方根误差（也称标准差），表征测量误差分散的程度。σ 越小，概率密度分布曲线越陡峭，出现较小误差的概率增大，概率密度分布曲线如图 1－10 所示。

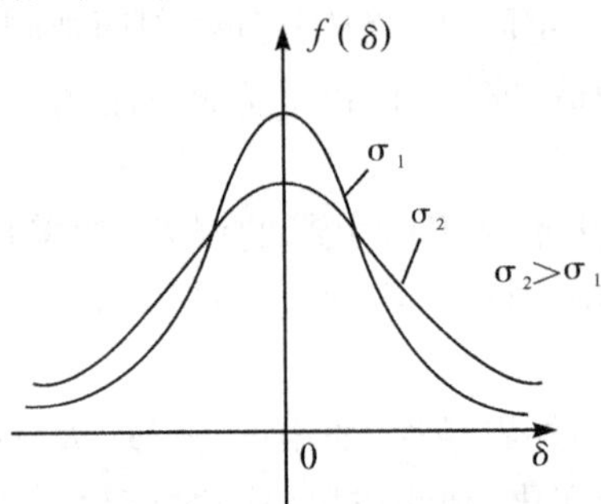

图 1－10　概率密度分布曲线

正态分布的概率密度函数和曲线具有如下特征：

- 对称性：大小相同符号相反的误差发生概率相同。
- 单峰性：绝对值小的误差比绝对值大的误差发生概率大，在真值附近概率密度最大。
- 有界性：较大的绝对误差出现的概率很小，对一定范围外的误差可认为基本不会发生。
- 抵偿性：随着测量次数的增加，误差的代数和趋向于零。

正态分布在误差理论中占有重要地位，很多随机变量是服从正态分布的。尽管如此，有些误差并不服从正态分布，而按其他规律分布。例如，计算中的舍入误差、数字式仪表末位的读数误差等是按均匀分布的；圆盘偏心引起的角度误差是按反正弦分布的；放射性元素的原子衰变则服从泊松分布等。

2) 被测量真值 x_0 的估计：对某参量进行 n 次等精度测量，得到测得值为 $x_1, x_2, \cdots, x_n$。其算术平均值为

$$\bar{x}=\frac{1}{n}\sum_{i=1}^{n}x_i \qquad (1-11)$$

由误差的抵偿性可知，当测量次数足够大时，算术平均值即可近似作为真值。可以证明，算术平均值是真值的最佳估计。

3）测量标准差 σ 的估计：当测量次数 $n\to\infty$ 时，标准方差可表示为

$$\sigma^2=\frac{1}{n}\sum_{i=1}^{n}x_i(x_i-x_0)^2 \tag{1-12}$$

式中：x_0——被测量真值，也即为测量值的数字期望值；

$\delta_i=x_i-x_0$ 为单次测量误差，也称残差。

将式（1－12）开方，并取正根，则测量标准差为

$$\sigma=\sqrt{\frac{1}{n}\sum_{i=1}^{n}(x_i-x_0)^2} \tag{1-13}$$

该公式又称为贝塞尔公式。

（2）粗大误差的剔除准则：粗大误差是不真实的误差，它与其他测量误差有明显的差异性，应在正式应用测量数据前剔除掉，不然会歪曲测量结果。但粗大误差的剔除不能随主观意愿剔除某个测量数据，而是要有一定的科学依据，即依据相应的准则进行。

1）3σ 准则（拉依达准则）：设有一等精度独立测量列 $x_i(i=1,2,\cdots,n)$，其算术平均值为 $\bar{x}$；残余误差为 $v_i=x_i-\bar{x}$；按贝塞尔公式计算出的测量值的标准误差为 σ，则根据随机误差正态分布理论中极限误差为 3σ 的理论，可以得到 3σ 准则：凡是残余误差大于三倍标准偏差的被认为是粗差，它所对应的测量值就是坏值，应予以舍弃。可表示如下：

$$|v_b|=|x_b-\bar{x}|>3\sigma \tag{1-14}$$

式中：x_b——应被舍弃的测量值，即坏值（$1\leqslant b\leqslant n$）；

v_b——坏值的残余误差；

$\bar{x}$——包括坏值在内的全部测量值的算术平均值；

3σ——准则的判别值。

满足式（1－14）的测量值 x_b 是坏值，应予舍弃。舍弃坏值后应重新计算算术平均值和标准偏差值，再用 3σ 准则鉴别各个测量值，看有无新的坏值出现，重复进行直到无新的坏值出现为止，此时所有残余误差均在 3σ 范围内。

3σ 准则简便易用，故应用广泛。但因为它是在测量次数 n 趋于无穷大的前提下建立的，所以当 n 有限，特别是 n 较小时，此准则不适用。

2）格拉布斯准则：格拉布斯准则考虑了测量次数及标准偏差本身有误差等的影响，使用也较方便。

格拉布斯准则表示为：凡残余误差大于格拉布斯鉴别值的误差，被认为是粗大误差，其相应的测量值应予以舍弃。其数学表达式为：

$$|v_b|=|x_b-\bar{x}|>g(n,a)\hat{\sigma} \tag{1-15}$$

式中：$g(n,a)\hat{\sigma}$——格拉布斯的鉴别值；

$g(n,a)$——格拉布斯准则判别系数，它和测量次数 n 及置信水平 a 有关。

格拉布斯准则的判别系数详见表1－1。

表 1-1　格拉布斯准则判别系数

n	α		n	α	
	0.05	0.01		0.05	0.01
3	1.153	1.155	17	2.475	2.785
4	1.463	1.492	18	2.504	2.821
5	1.672	1.749	19	2.532	2.854
6	1.822	1.944	20	2.557	2.884
7	1.938	2.097	21	2.580	2.912
8	2.032	2.221	22	2.603	2.939
9	2.110	2.323	23	2.624	2.963
10	2.176	2.410	24	2.644	2.987
11	2.234	2.485	25	2.663	3.009
12	2.285	2.550	30	2.745	3.103
13	2.331	2.607	35	2.811	3.178
14	2.371	2.659	40	2.866	3.240
15	2.409	2.705	45	2.914	3.292
16	2.443	2.747	50	2.956	3.336

(3)系统误差的处理:在实际测量中,随机误差和系统误差是同时存在的,前者可以通过多次重复测量得到估计,而后者往往不易发现,特别是对一些不易掌握某变化规律的系统误差就较难消除。因此,系统误差对测量结果的影响不应轻视。

准确判断系统误差的变化规律,是对系统误差进行修正或消除的前提条件。下面介绍几种常用的检测方法。

1)实验对比法:当改变测量条件时,系统误差也会发生变化,因此,通过比较测量条件改变前后测量结果的不同来发现存在的系统误差。例如,在电桥测电阻时,因检流计灵敏度不够灵敏而引起测量误差,若改换一块灵敏度较高的检流计重新测量,则可比较两次测量的结果,发现前一次的测量存在检流计不灵敏引起的系统误差。

2)残差观察法:对某个被测量进行多次重复等精度测量,获得测量值 $x_1, x_2, \cdots, x_n$,则测量的残差为 $\delta_1, \delta_2, \cdots, \delta_n$,则将残差 δ_i 按测量次序排列制成表格或画成曲线进行观察,判断有无规律性的变化,从而确定是否存在系统误差,如图 1-11 所示。

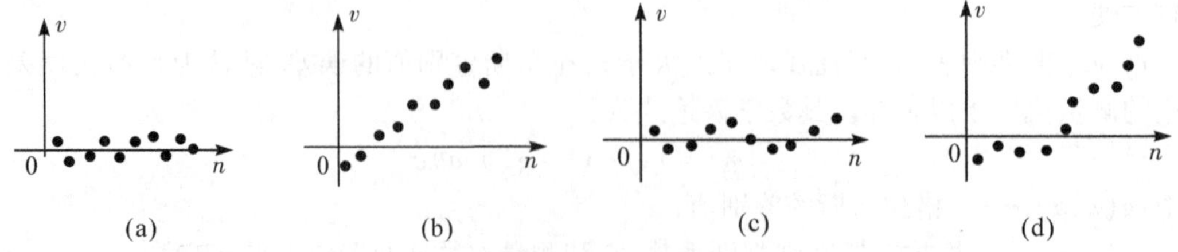

图 1-11　测量数据残差分布

在图 1-11(a)中残差无明显的变化,表明没有系统误差;图 1-11(b)中残差随时间呈现线性变化,而且递增;图 1-11(c)中残差呈现周期性变化;图 1-11(d)中残差变化较为复杂。

三、项目实施

任务一　万用表的使用方法

(一)实施要求

(1)能熟练使用机械万用表。

(2)能熟练使用数字万用表。

(二)实施步骤

1.机械万用表的使用步骤

机械万用表(指针式万用表)如图1-12所示。

图1-12　机械万用表

(1)熟悉表盘上各符号的意义及各个旋钮和选择开关的主要作用。

(2)进行机械调零。

(3)根据被测量的种类及大小,选择转换开关的挡位及量程,找出对应的刻度线。

(4)选择表笔插孔的位置。

(5)测量电压:测量电压(或电流)时要选择好量程,如果用小量程去测量大电压,则会有烧表的危险;如果用大量程去测量小电压,那么指针偏转太小,无法读数。量程的选择应尽量使指针偏转到满刻度的2/3左右。如果事先不清楚被测电压的大小,应先选择最高量程挡,然后逐渐减小到合适的量程。

1)交流电压的测量:将万用表的一个转换开关置于交、直流电压挡,另一个转换开关置于交流电压的合适量程上,万用表两表笔和被测电路或负载并联即可。

2)直流电压的测量:将万用表的一个转换开关置于交、直流电压挡,另一个转换开关置于直流电压的合适量程上,且"+"表笔(红表笔)接到高电位处,"-"表笔(黑表笔)接到低电位处,即让电流从"+"表笔流入,从"-"表笔流出。若表笔接反,表头指针会反方向偏转,容易撞弯指针。

(6)测电流:测量直流电流时,将万用表的一个转换开关置于直流电流挡,另一个转换开关置于50μA~500mA的合适量程上,电流的量程选择和读数方法与电压一样。测量时必须先断开电路,然后按照电流从"+"到"-"的方向,将万用表串联到被测电路中,即电流从红表笔流入,从黑表笔流出。如果误将万用表与负载并联,则因表头的内阻很小,会造成短路烧毁仪表。其读数方法如下:

$$实际值=指示值\times 量程/满偏$$

(7)测电阻:用万用表测量电阻时,应按下列方法操作:

1)选择合适的倍率挡:万用表欧姆挡的刻度线是不均匀的,所以倍率挡的选择应使指针停留在刻度线较稀的部分为宜,且指针越接近刻度尺的中间,读数越准确。一般情况下,应使指针指在刻度尺的1/3~2/3间。

2)欧姆调零:测量电阻之前,应将2个表笔短接,同时调节"欧姆(电气)调零旋钮",使指针刚好指在欧姆刻度线右边的零位。如果指针不能调到零位,说明电池电压不足或仪表内部有问题。每换一次倍率挡,都要再次进行欧姆调零,以保证测量准确。

3)读数:表头的读数乘以倍率,就是所测电阻的电阻值。

(8)注意事项:

1)在测电流、电压时,不能带电换量程。

2)选择量程时,要先选大的,后选小的,尽量使被测值接近于量程。

3)测电阻时,不能带电测量。因为测量电阻时,万用表由内部电池供电,如果带电测量,则相当于接入一个额外的电源,可能损坏表头。

4)用毕,应使转换开关在交流电压最大挡位或空挡上。

2. 数字万用表的使用步骤

现在,数字式测量仪表已成为主流,有取代模拟式仪表的趋势。与模拟式仪表相比,数字式仪表灵敏度高,准确度高,显示清晰,过载能力强,便于携带,使用更简单。下面以VC9802型数字万用表(图1-13)为例,简单介绍其使用方法和注意事项。

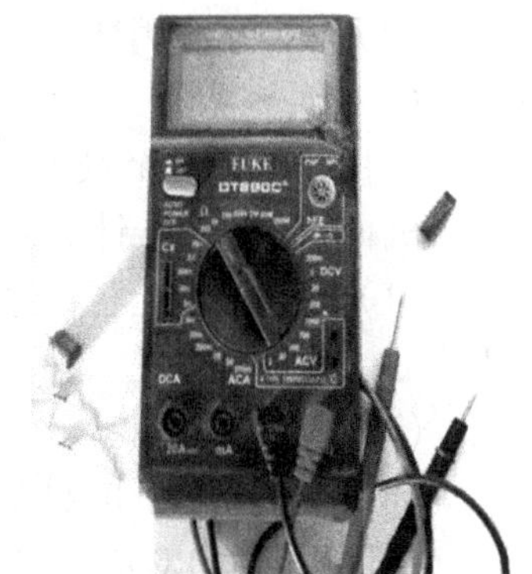

图1-13 数字万用表

(1)使用方法:

1)使用前,应认真阅读有关使用说明书,熟悉电源开关、量程开关、插孔、特殊插口的作用。

2)将电源开关置于ON位置。

3)交、直流电压的测量:根据需要将量程开关拨至DCV(直流)或ACV(交流)的合适量程,红表笔插入V/Ω孔,黑表笔插入COM孔,并将表笔与被测线路并联,读数即显示。

4)交、直流电流的测量:将量程开关拨至DCA(直流)或ACA(交流)的合适量程,红表笔插入mA孔(<200mA时)或10A孔(>200mA时),黑表笔插入COM孔,并将万用表串联在被测电路中即可。测量直流量时,数字万用表能自动显示极性。

5)电阻的测量:将量程开关拨至Ω的合适量程,红表笔插入V/Ω孔,黑表笔插入COM孔。如果被测电阻值超出所选择量程的最大值,万用表将显示“1”,这时应选择更高的量程。测量电阻时,红表笔为正极,黑表笔为负极,这与指针式万用表正好相反。因此,测量晶体管、电解电容器等有极性的元器件时,必须注意表笔的极性。

(2)使用注意事项:

1)如果无法预先估计被测电压或电流的大小,则应先拨至最高量程挡测量一次,再视情况逐渐把量程减小到合适位置。测量完毕,应将量程开关拨到最高电压挡,并关闭电源。

2)满量程时,仪表仅在最高位显示数字“1”,其他位均空白,这时应选择更高的量程。

3)测量电压时,应将数字万用表与被测电路并联。测电流时应与被测电路串联,测直流量时不必考虑正、负极性。

4)当误用交流电压挡测量直流电压,或者误用直流电压挡测量交流电压时,显示屏将显示“000”,或低位上的数字出现跳动。

5)禁止在测量高电压(220V以上)或大电流(0.5A以上)时换量程,以防止产生电弧,烧毁开关触点。

6)当显示“BAT”或“LOW BAT”时,表示电池电压低于工作电压。

任务二 示波器的使用方法

(一)实施要求

(1)掌握示波器上各个旋钮的作用和使用方法。

(2)学会用示波器观察各种信号的波形。

(3)学会测量正弦信号的电压、频率及用利萨如方法测频率。

(二)实施内容

示波器是现代科学技术各领域中应用非常广泛的测量工具。其最大的功能和特点是能将各种复杂多变的电压信号直观地二维显示在示波管的显示屏上。

示波器能直接观察电压波形并测定电压、频率的大小。一切可转化为电压的电学量(电流、电功率、阻抗等)、非电学量(温度、位移、速度、压力、光强、磁场等)及它们随时间的变化过程都可以用示波器观察、测量。

双踪示波器有两个通道,能同时反映两路信号,并进行比较。本次任务是通过对电压波形和利萨如图形的观察和对交流电信号电压幅度、周期或频率的测量,来学习和掌握示波器的使用。

1. 电压的测量

示波器测量电压的方法,采用比较测量法。先对示波器垂直方向进行电压分度,即 Y 轴上每格代表多少伏,然后将信号电压输入进行比较,其电压幅度占几格,两者乘积即为该电压值。

测量待测信号的电压幅度,首先要知道垂直方向的电压分度值 S_V。

若待测正弦交流信号电压幅度占 A 格,得到待测信号的峰－峰值电压 U_{P-P},则电压峰－峰值:

$$U_{P-P}=S_V\times A(\mathrm{V}) \qquad (1-16)$$

电压的有效值 U 与电压峰－峰值 U_{P-P}之间关系为:

$$U=\frac{0.707U_{P-P}}{2} \qquad (1-17)$$

2. 周期和频率的测量

用示波器测量待测信号的周期或频率,必须知道 x 轴的扫描时间或扫描速率。设 x 轴的扫描速率为 t(ms/div),这就表示 x 轴上一格长度为 t(ms),如果这时屏上显示波形如图 1－14 所示的正弦波的波形,一个周期的长度为 d 格,则该正弦波的周期为:

$$T=t\cdot d$$

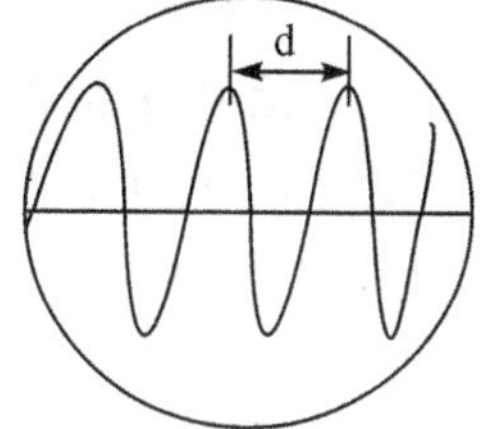

图 1－14 正弦波波形

周期的倒数即为正弦波的频率:

$$f=\frac{1}{T}$$

为了保证较高的测量精度,可读取 n 个周期的格数再除以 n 得到 d 来计算 T。

3. 利萨如图形的观察

若在 y 通道仍输入正弦信号,将 x 轴调离扫描挡,由另一信号源提供正弦信号输入 x

轴，当两信号互相间的频率成整数倍而相位差不同时，会在示波器屏上显示出一系列不同的利萨如图形，并可由下式计算出两个信号的频率值之比。切点数的读法如图 1－15 所示。

$$\frac{f_x}{f_y}=\frac{\text{与 } y \text{ 轴的切点数}}{\text{与 } x \text{ 轴的切点数}} \tag{1－18}$$

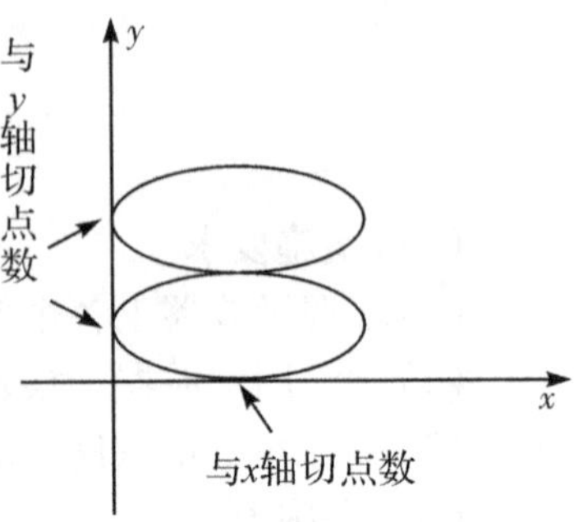

图 1－15　切点数的读法

（三）实施步骤

实验仪器如图 1－16 所示，为 CA9020（20MHz）双通道示波器、函数信号发生器 2 台。

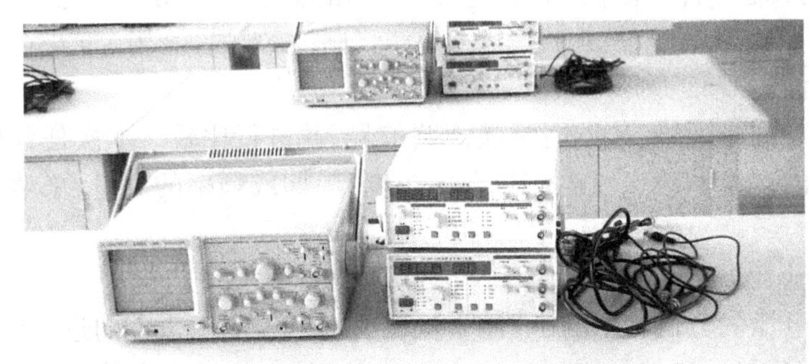

图 1－16　示波器实验仪器全图

1. 示波器的调整和正弦波形的显示

（1）学习示波器的使用说明，掌握示波器的性能及使用方法。

（2）学习函数信号发生器的使用说明，掌握函数信号发生器的性能及使用方法。

（3）将示波器的辉度旋钮、聚焦旋钮、位移旋钮调到中间位置，扫描速率旋钮调到 0.1ms 位置，扫描模式选择自动，接通电源后打开示波器开关，使在荧光屏上显示出便于观测的稳定波形。

2. 示波器的定标和波形电压、周期、频率的测量

把信号发生器的正弦电压接到 y 轴输入端，在示波器的显示屏上读取电压分度值 S_V、电压幅度值 A，从而得到正弦电压信号的电压峰值；读取扫描速率 t、一个周期所占的格数 d，从而得到正弦电压信号的周期。依据频率等于周期的倒数得到正弦电压信号的频率。

3. 观察利萨如图形

（1）将扫描速率旋钮旋到 X－Y 位置。

（2）调节 CH1 和 CH2 中的电压分度值旋钮及其微调，使荧光屏上两路显示的波形幅度相近。

（3）调节函数信号发生器的频率，记下各种频率比的利萨如图形及相应的信号发生器显示的频率值。

任务三　THSRZ－2 型传感器系统综合试验台简介

（一）实施要求

掌握国内典型传感器与检测技术试验台——THSRZ－2 型传感器系统综合实验装置的设备构成及基本功能。

（二）实施内容

“THSRZ－2 型传感器系统综合实验装置”是将传感器、检测技术及计算机控制技术有机结合，开发的新一代传感器系统实验设备。该设备采用模块化设计，将被测源、传感器、检测技术有机结合，使学生能够更全面地学习和掌握信号传感、信号处理、信号转换、信号采集和传输的整个过程。

实验装置由主控台、检测源模块、传感器及调理（模块）、数据采集卡组成，如图 1－17 所示。

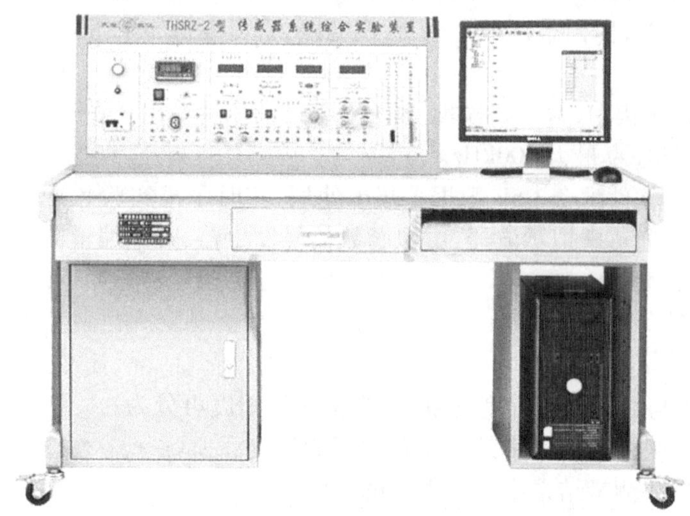

图 1－17　THSRZ－2 型传感器系统综合实验台

1. 主控台

（1）信号发生器：1k～10kHz 音频信号，$V_{p-p}=0\sim17V$ 连续可调。

（2）1～30Hz 低频信号，$V_{p-p}=0\sim17V$ 连续可调，有短路保护功能。

（3）四组直流稳压电源：＋24V，±15V、＋5V、±2～±10V 分五档输出、0～5V 可调，有短路保护功能。

（4）恒流源：0～20mA 连续可调，最大输出电压 12V。

（5）数字式电压表：量程 0～20V，分为 200mV、2V、20V 三档、精度 0.5 级。

（6）数字式毫安表：量程 0～20mA，三位半数字显示、精度 0.5 级，有内测与外测功能。

（7）频率/转速表：频率测量范围 1～9999Hz，转速测量范围 1～9999r/min。

（8）计时器：0～9999s，精确到 0.1s。

（9）高精度温度调节仪：多种输入输出规格，有人工智能调节及参数自整定功能，先进的控制算法,温度控制精度 ±0.5℃。

2. 检测源

1)加热源:0 ~ 220V 交流电源加热,温度可控制在室温 ~ 120℃。

2)转动源:0 ~ 24V 直流电源驱动,转速可调在 0 ~ 3000r/min。

3)振动源:振动频率 1 ~ 30Hz(可调),共振频率 12Hz 左右。

3. 各种传感器

各种传感器包括应变传感器:金属应变传感器、差动变压器、差动电容传感器、霍尔位移传感器、扩散硅压力传感器、光纤位移传感器、电涡流传感器、压电加速度传感器、磁电传感器、PT100、AD590、K 型热电偶、E 型热电偶、Cu50、PN 结温度传感器、NTC、PTC、气敏传感器(酒精敏感,可燃气体敏感)、湿敏传感器、光敏电阻、光敏二极管、红外传感器、磁阻传感器、光电开关传感器、霍尔开关传感器等。

4. 处理电路

处理电路包括电桥,电压放大器,差动放大器,电荷放大器,电容放大器,低通滤波器,涡流变换器,相敏检波器,移相器,V/I、F/V 转换电路,直流电机驱动等。

5. 数据采集

高速 USB 数据采集卡,含 4 路模拟量输入,2 路模拟量输出,8 路开关量输入输出,14 位 A/D 转换,A/D 采样速率最大 400kHz。

上位机软件:本软件配合 USB 数据采集卡使用,实时采集实验数据,对数据进行动态或静态处理和分析,双通道虚拟示波器、虚拟函数信号发生器、脚本编辑器功能。

四、拓展知识

(一)精度

反映测量结果与真值接近程度的量,称为精度。精度可分为:

(1)准确度:反映测量结果中系统误差的影响程度。

(2)精密度:反映测量结果中随机误差的影响程度。

(3)精确度:反映测量结果中系统误差和随机误差综合的影响程度,其定量特征可用测量的不确定度表示。

对于具体的测量,精密度高的准确度不一定高,准确度高的精密度不一定高,但精确度高,则精密度和准确度都高。

仪表精度等级又称准确度等级,是按国家统一规定的允许误差大小划分成的等级。引用误差的百分数分子作为等级标志。我国仪表精度等级有:0.005、0.02、0.05、0.1、0.2、0.35、0.4、0.5、1.0、1.5、2.5、4.0 等。级数越小,精度(准确度)就越高。

(二)传感器的选用原则

正确合理地选用传感器,对于检测系统测量精度的保证是非常重要的。选择传感器主要考虑传感器的灵敏度、响应特性、线性范围、稳定性、精确度和测量方式等六方面的问题。

1. 灵敏度

一般来说,传感器灵敏度越高越好,因为灵敏度越高,传感器所能感知的变化量就越小,只要被测量有一微小变化,传感器就有较大输出。但是,在确定灵敏度时,要考虑以下几个问题:

(1)当传感器的灵敏度很高时,那些与被测信号无关的外界噪声也会同时被检测到,并通过传感器输出,从而干扰被测信号。因此,为了既能使传感器检测到有用的微小信号,又能使噪声干扰小,要求传感器的信噪比愈大愈好。也就是说,要求传感器本身的噪声小,而且不易从外界引进干扰噪声。

(2)与灵敏度紧密相关的是量程范围:当传感器的线性工作范围一定时,传感器的灵敏度越高,干扰噪声越大,则难以保证传感器的输入在线性区域内工作,即过高的灵敏度会影响其适用的测量范围。

(3)当被测量是一个向量,并且是一个单向量时,就要求传感器单向灵敏度越高越好,而横向灵敏度越低越好。如果被测量是二维或三维的向量,那么还要求传感器的交叉灵敏度越小越好。

2. 响应特性

传感器的响应特性是指在所测频率范围内,保持不失真的测量条件。此外,由于传感器的响应不可避免地要有一定的延迟,因而希望延迟的时间越短越好。一般物理型传感器(如利用光电效应、压电效应等的传感器)响应时间短,可工作频率宽;而结构型传感器(如电感、电容、磁电等传感器),由于受到结构特性的影响,往往因机械系统惯性质量的限制,其固有频率低,影响到传感器的工作频率范围。

3. 线性范围

任何传感器都有一定的线性工作范围。在线性范围内输出与输入成比率关系,线性范围愈宽,则表明传感器的工作量程愈大。

传感器工作在线性区域内,是保证测量精度的基本条件。例如:机械式传感器中的测力弹性元件,其材料的弹性极限是决定测力量程的基本因素,当超出测力元件允许的弹性范围时,将产生非线性误差。

然而,对任何传感器,保证其绝对工作在线性区域内是不容易的。在某些情况下,在许可的限度内,也可以取其近似线性区域。例如:变间隙型的电容式传感器、电感式传感器,其工作区均选在初始间隙附近,而且必须考虑被测量变化范围,令其非线性误差在允许限度以内。

4. 稳定性

稳定性是表示传感器经过长期使用以后,其输出特性不发生变化的性能。影响传感器稳定性的因素是时间与环境。

为了保证稳定性,在选择传感器时,一般应注意两个问题。其一,根据环境条件选择传感器。例如:选择电阻应变式传感器时,应考虑到湿度会影响其绝缘性,温度会产生零漂,长期使用会产生蠕动现象等。又如,对变极距型电容式传感器,因环境湿度的影响或油剂侵入间隙时,会改变电容器的介质。光电传感器的感光表面有尘埃或水汽时,会改变感光性质。其二,要创造或保持一个良好的环境,在要求传感器长期工作而不需经常更换或校准的情况下,应对传感器的稳定性有严格的要求。

5. 精确度

传感器的精确度是表示传感器的输出与被测量的对应程度。由于传感器处于测试系统的输入端,因此,传感器能否真实地反映被测量,对整个测试系统具有直接的影响。然而,在实际中也并非要求传感器的精确度愈高愈好,这还需要考虑到测量目的,同时还须考虑到经济性。因为传感器的精确度越高,其价格就越昂贵,所以应从实际出发来选择传感器。

在选择传感器时,首先应了解测试目的,判断是定性分析还是定量分析。如果是相对比较性的试验研究,只需获得相对比较值即可,那么应要求传感器的重复精度高,而不要求测试的绝对量值准确。如果是定量分析,那么必须获得精确量值。但在某些情况下,要求传感器的精确度愈高愈好。例如,对现代超精密切削机床,测量其运动部件的定位精度、主轴的回转运动误差、振动及热变形等时,往往要求它们的测量精确度在0.01~0.1μm范围,欲测得这样的精确量值,必须有高精确度的传感器。

6. 测量方式

传感器在实际条件下的工作方式,也是选择传感器时应考虑的重要因素。例如:接触与非接触测量、破坏与非破坏性测量、在线与非在线测量等。条件不同,对测量方式的要求亦不同。

在机械系统中,对运动部件的被测参数(如回转轴的误差、振动、扭力矩等),往往采用非接触测量方式。因为对运动部件采用接触测量时,有许多实际困难,诸如测量头的磨损、接触状态的变动、信号的采集等问题,都不易妥善解决,容易造成测量误差。这种情况下采用电容式、涡流式、光电式等非接触式传感器很方便,若选用电阻应变片,则须配备遥测应变仪。

在某些条件下,可以运用试件进行模拟实验,这时可进行破坏性检验。然而有时无法用试件模拟,因被测对象本身就是产品或构件,这时宜采用非破坏性检验方法。例如:涡流探伤、超声波探伤、核辐射探伤及声发射检测等。非破坏性检验可以直接获得经济效益,因此应尽可能选用非破坏性检测方法。

在线测试是与实际情况保持一致的测试方法。特别是对自动化过程的控制与检测系统,往往要求真实性与可靠性,而必须在现场条件下才能达到检测要求。实现在线检测是比较困难的,对传感器与测试系统都有一定的特殊要求。例如:在加工过程中,实现表面粗糙度的检测,以往的光切法、干涉法、触针法等都无法运用,取而代之的是激光、光纤或图像检测法。研制在线检测的新型传感器,也是当前测试技术发展的一个方面。

除了以上选用传感器时应充分考虑的因素外,还应尽可能兼顾结构简单、体积小、质量轻、价格便宜、易于维修、易于更换等条件。

小　结

本项目通过对检测技术与传感器的初步认识,掌握检测系统和传感器的概念、特性、组成、发展方向;掌握测量的概念,测量误差的概念、分类、表示方法、常用处理方法;了解精度的概念、传感器的选用原则。学会使用万用表、示波器,掌握国内典型传感器与检测技术试验台——THSRZ-2 型传感器系统综合实验装置的设备构成及使用方法。

思考与练习

1. 简述检测系统的基本特性。
2. 什么是直接测量、间接测量和组合测量?

3. 简述传感器的组成及其各部分的功能。
4. 传感器是如何定义的？它由哪几部分组成？各部分的作用及相互关系如何？
5. 简述现代传感器技术的发展方向。
6. 什么是测量值的绝对误差、相对误差、引用误差？
7. 误差分为哪几类？测量误差有哪几种表示方法？
8. 什么是随机误差？随机误差产生的原因是什么？如何处理随机误差？
9. 什么是粗大误差？如何判断测量数据中存在粗大误差？有哪些剔除准则？

项目 2 电阻应变式传感器认识及使用

一、项目分析

电阻应变式传感器具有动态响应快、测量精度高、测量范围广、寿命长、使用简单、能在恶劣条件下工作，易于实现小型化、整体化和品种多样化等优点。目前，电阻应变式压力传感器、电阻应变式扭矩传感器、电阻应变式位移传感器、电阻应变式加速度传感器和测温应变计等得到了广泛的应用。所以，有必要认识电阻应变式传感器并掌握它的基本应用。

本项目主要介绍电阻应变式传感器的工作原理、测量电路及基本应用。其基本原理就是将各种被测非电量的变化转换成电阻的变化量，然后通过对电阻变化量的测量，达到非电量电测的目的。

知识点

- 电阻应变片的结构。
- 电阻应变片的工作原理。
- 电阻应变片的分类。
- 直流电桥及温度补偿。
- 电阻应变式传感器的应用。

能力点

- 能够根据检测要求选择合理的电阻应变片进行性能测试。
- 能独立完成单臂电桥电路、半桥电路和全桥电路的连线。
- 会用电阻应变式传感器进行物体质量的测量。

二、相关知识

电阻应变式传感器是目前应用最广泛的传感器之一。将电阻应变片粘贴在各种弹性敏感元件上，可构成测量力、压力、荷重、应变、位移、速度、加速度等各种参数的电阻应变式传感器，具有动态响应快、测量精度高、使用简单等优点。

(一)电阻应变式传感器的工作原理

1. 电阻应变片的结构

根据敏感元件材料形状的不同，电阻应变片可分为金属应变片和半导体应变片两种。

金属应变片有金属丝式、金属箔式和金属薄膜式;半导体应变片有扩散型、体型和薄膜型。图 2-1 所示为金属丝电阻应变片,它由敏感栅、基底和覆盖层、黏合剂、引出线等组成。

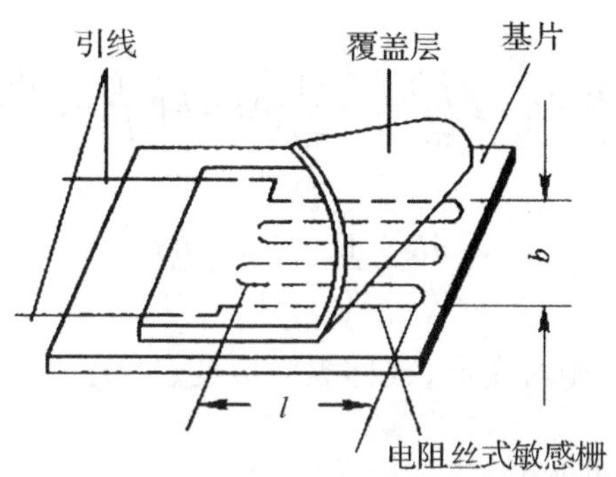

图 2-1　金属电阻应变片的结构

应变片的核心部分是敏感栅,由某种金属丝绕成栅形。金属细丝的直径在 0.02 ~ 0.05mm之间,最常见的为 0.025mm。阻值一般在 60 ~ 1 000Ω 之间,常用的阻值为 120Ω。最大工作电流为 10 ~ 50mA,引线为直径 0.15 ~ 0.3mm 的镀银或镀锡铜丝或铜线。将敏感栅用黏合剂固定在基底上。基底可分为纸基、胶基、纸浸胶基和金属基等,用于保持敏感栅、引线的几何形状和相对位置;敏感栅上面粘贴有覆盖层,覆盖层既保持敏感栅和引线的形状和相对位置,还可保护敏感栅。敏感栅电阻丝两端焊接引出线,用以和外接电路相连接。图 2-1 中的 l 和 b 分别称为应变片基长和宽度。

2. 电阻应变片的工作原理

电阻丝在外力作用下发生机械变形时,其阻值发生变化,此现象称为电阻“应变效应”。根据这种效应,将应变片用特制胶水粘固在被测材料的表面,被测材料在外力的作用下产生的应变就会传送到应变片上,使应变片的阻值发生变化,通过测量应变片电阻值的变化就可得知被测量的大小。

如图 2-2 所示,一根金属电阻丝未受外力时,其电阻值为

$$R=\rho\frac{L}{S} \tag{2-1}$$

式中:ρ——电阻丝的电阻率;

L——电阻丝的长度;

S——电阻丝的横截面积。

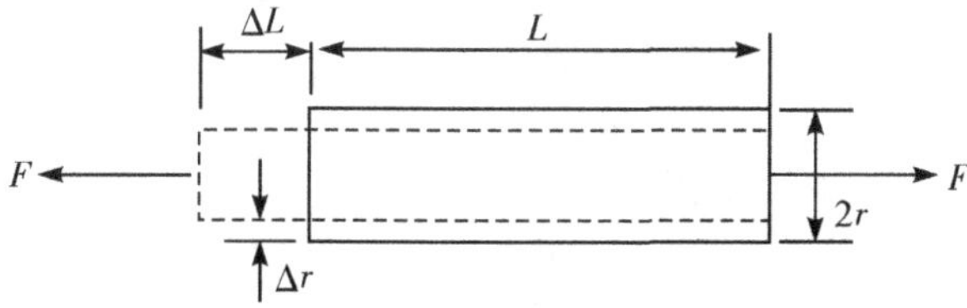

图 2-2　金属应变效应

当该金属电阻丝受到轴向力 F 而被拉伸(或压缩)时,其 L、S 和 ρ 均发生变化,从而引起金属丝的电阻 R 的变化。当每一可变因素分别有一增量 dL、dS 和 $d\rho$ 时,所引起的电阻增量为

$$dR=\frac{\partial R}{\partial L}dL+\frac{\partial R}{\partial S}dS+\frac{\partial R}{\partial \rho}d\rho \tag{2-2}$$

式(2－2)又可写为

$$dR=\frac{\rho}{\pi r^{2}}dL-2\frac{\rho L}{\pi r^{3}}dr+\frac{1}{\pi r^{2}}d\rho=R\left(\frac{dL}{L}-2\frac{dr}{r}+\frac{d\rho}{\rho}\right) \tag{2-3}$$

电阻的相对变化为

$$\frac{dR}{R}=\frac{dL}{L}-\frac{2dr}{r}+\frac{d\rho}{\rho} \tag{2-4}$$

式中：$\frac{dL}{L}=\varepsilon$——电阻丝轴向相对变形，或称纵向应变；

$\frac{dr}{r}$——电阻丝径向相对变形，或称横向应变。

当电阻丝轴向伸长时，必然沿径向缩小，两者之间的关系为

$$\frac{dr}{r}=-\mu\frac{dL}{L}=-\mu\varepsilon \tag{2-5}$$

式中：μ——电阻丝的泊松比；

$\frac{d\rho}{\rho}$——电阻丝电阻率的相对变化，它与电阻丝轴向所受正应力 δ 有关。

$$\frac{d\rho}{\rho}=\lambda\delta=\lambda E\varepsilon \tag{2-6}$$

式中：E——电阻丝材料的弹性模量；

λ——压阻系数，与材质有关。

将式(2－5)和式(2－6)代入式(2－4)中，得

$$\frac{dR}{R}=(1+2\mu+\lambda E)\varepsilon \tag{2-7}$$

式中：$(1+2\mu)\varepsilon$ 项由电阻丝的几何尺寸改变引起。对于同一电阻材料，$(1+2\mu)\varepsilon$ 是常数。$\lambda E\varepsilon$ 项由电阻丝的电阻率随应变的改变所引起。对于金属电阻丝来说，λE 很小，可以忽略不计，所以上式可简化为

$$\frac{dR}{R}\approx(1+2\mu)\varepsilon \tag{2-8}$$

式(2－8)表明了电阻相对变化率与应变成正比，比值 K 一般称为电阻应变片的应变系数或灵敏系数。

$$K=\frac{dR/R}{dL/L}=1+2\mu=常数 \tag{2-9}$$

将式(2－9)代入式(2－8)，则得

$$\frac{dR}{R}=K\varepsilon \tag{2-10}$$

由于测试中 R 的变化量微小，可以认为 $dR\approx\Delta R$，则式(2－10)可表示为

$$\frac{\Delta R}{R}=K\varepsilon \tag{2-11}$$

常用的灵敏度系数 K 为 1.7～3.6。

综上所述，用应变片测应变或应力时，在外力作用下，被测对象产生微小机械变形，应变

片随着发生相同的变化,同时应变片电阻值也发生相应变化。只要能测得电阻应变片的$\frac{\Delta R}{R}$值,就能求出应变片的应变值 ε。再由材料的应力和应变的概念,即可求得被测材料的应变和应力等。这就是电阻应变片利用电阻应变效应进行测量的基本原理。

在测试中,选用金属电阻应变片应注意两点:

(1)应变片电阻值的选择:应变片的电阻值有 60Ω、90Ω、120Ω、200Ω、300Ω、500Ω、1000Ω 等。当选配动态应变仪组成测试系统进行测试时,由于动态应变仪电桥的固定电阻为 120Ω,因此为了避免对测量结果进行修正计算,以及在没有特殊要求的情况下,选择 120Ω 的应变片为宜。除此之外,可根据测量的要求选择其他阻值的应变片。

(2)应变片灵敏度的选择:当选配动态应变仪进行测量时,应选用 $K=2$ 的应变片。由于静态应变仪配有灵敏度的调节装置,故允许选用 $K\neq2$ 的应变片。对于那些不配用应变仪的测试,应变片的 K 值越大,输出也越大。因此,往往选用 K 值较大的应变片。

(二)电阻应变片的分类

按电阻应变片敏感栅材料的不同,可分为金属电阻应变片和半导体应变片两类,如图 2-3 所示。金属电阻应变片分体型和薄膜型,属于体型的有电阻丝栅应变片、箔式应变片和应变花。

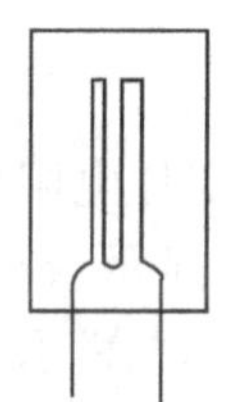

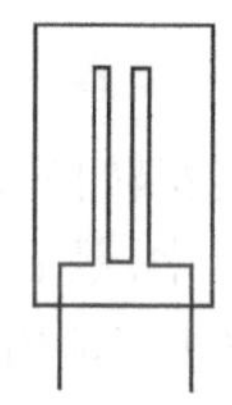

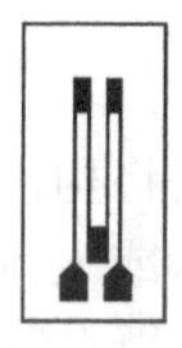

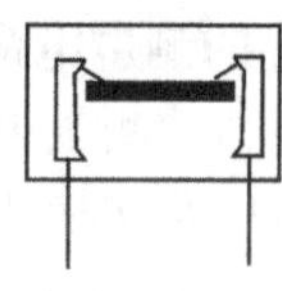

(a)丝式(U 形)　(b)短接式(H 形)　(c)箔式　(d)半导体应变片

图 2-3　应变片的类型

丝式应变片如图 2-3(a)、(b)所示,它分为回绕式应变片(U 形)和短接式应变片(H 形)两种。其优点是粘贴性能好,能保证有效地传递变形,性能稳定,且可制成满足高温、强磁场、核辐射等特殊条件使用的应变片。缺点是 U 形应变片的圆弧形弯曲段呈现横向效应,H 形应变片因焊点过多,可靠性下降。

箔式应变片如图 2-3(c)所示。它是用照相制版,光刻、腐蚀等工艺制成的金属箔栅。优点是黏合情况好、散热能力较强、输出功率较大、灵敏度高等。在工艺上可按需要制成任意形状,易于大量生产,成本低廉,在电测中获得广泛应用。尤其在常温条件下,箔式应变片已逐渐取代了丝式应变片。薄膜型是在薄绝缘基片上蒸镀金属制成的。

半导体应变片是用锗或硅等半导体材料制成敏感栅。图 2-3(d)给出了 P 形单晶硅半导体应变片结构示意图。半导体应变片灵敏系数大、机械滞后小、频率响应快、阻值范围宽(可从几欧到几十千欧),易于做成小型和超小型;但热稳定性差,测量误差较大。

在平面力场中,为测量某一点上主应力的大小和方向,常须测量该点上两个或三个方向的应变。为此,需要把两个或三个应变片逐个黏结成应变花,或直接通过光刻技术制成。应变花分互成 45°的直角形应变花和互成 60°的等角形应变花两种基本形式,如图 2-4 所示。

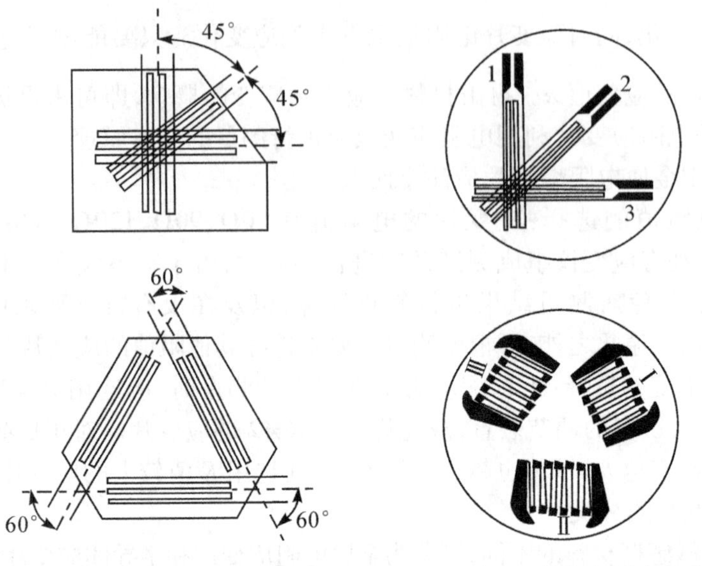

(a)互成45°的直角形应变花　　(b)互成60°的等角形应变花

图2－4　应变花的基本形式

(三)电阻应变片的测量电路

电阻应变式传感器的测量电路是将构件的应变转换成应变片电阻的变化,再把应变片电阻的变化通过测量电路转换成电压或电流的变化,最后送入显示或记录仪来反应或记录构件材料应力的大小。工程中通常采用直流电桥和交流电桥。现在,我们以直流电桥为例,来介绍一下电阻应变式传感器的测量电路。

1. 直流电桥

由于应变片电桥电路的输出信号一般比较微弱,所以目前大部分电阻应变式传感器的电桥输出端与直流放大器相连,如图2－5所示。

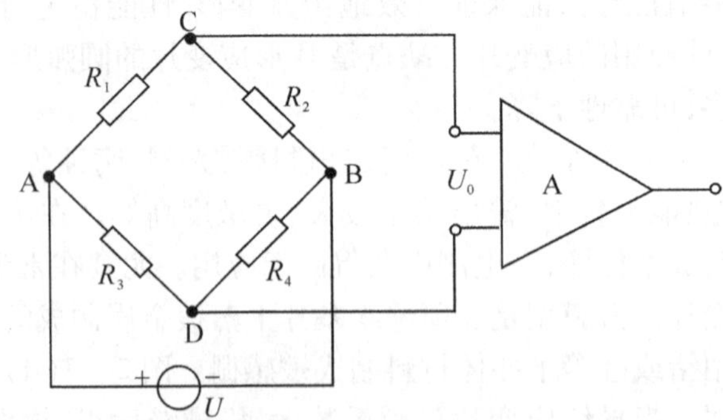

图2－5　直流电桥

设电桥各臂的电阻分别为 R_1、R_2、R_3 和 R_4,它们可以全部或部分是应变片,由于直流放大器的输入电阻比电桥电阻大得多,因此可将电桥输出端看成开路,这种电桥称为“电压输出桥”,输出电压 U_0 为:

$$U_0 = U\frac{R_1R_4 - R_2R_3}{(R_1 + R_2)(R_3 + R_4)} \tag{2-12}$$

实际使用时，一般多采用等臂电桥或差动电桥，分别介绍如下：

(1)等臂电桥：当 $R_1R_4 = R_2R_3$ 时，称为等臂电桥，即电桥处于平衡状态时，输出电压 $U_0 = 0$。若电桥各臂均有相应电阻增量 ΔR_1、ΔR_2、ΔR_3 和 ΔR_4，则由式(2-12)得：

$$U_0 = U\frac{(R_1+\Delta R_1)(R_4+\Delta R_4)-(R_2+\Delta R_2)(R_3+\Delta R_3)}{(R_1+\Delta R_1+R_2+\Delta R_2)(R_3+\Delta R_3+R_4+\Delta R_4)} \tag{2-13}$$

当 $R_1 = R_2 = R_3 = R_4 = R$ 时，又 $\Delta R_i(i=1、2、3、4)$很小，即 $\Delta R_i \ll R$，式(2-13)可简化为

$$U_0 = \frac{U}{4}\left(\frac{\Delta R_1}{R}-\frac{\Delta R_2}{R}-\frac{\Delta R_3}{R}+\frac{\Delta R_4}{R}\right) \tag{2-14}$$

利用式(2-11)、式(2-14)可写为

$$U_0 = \frac{UK}{4}(\varepsilon_1+\varepsilon_2+\varepsilon_3+\varepsilon_4) \tag{2-15}$$

式(2-15)表明：

1) $\Delta R_i \ll R$ 时，电桥的输出电压 U_0 与应变 ε 呈线性关系。

2)若相邻两桥臂的应变极性一致，即均为拉应变或压应变时，输出电压为两者之差；若相邻两桥臂的应变极性不同，则输出电压为两者之和。

3)若相对两桥臂应变的极性一致，输出电压为两者之和；反之，则为两者之差。

4)电桥供电电压 U 越高，输出电压 U_0 越大。但是，当 U 大时，电阻应变片通过的电流也大，若超过电阻应变片所允许通过的最大工作电流，传感器就会出现蠕变和零漂。

5)增大电阻应变片的灵敏系数 K，可提高电桥的输出电压。

(2)差动电桥：为了克服和减小非线性误差，提高电桥灵敏度，常采用如图 2-6 所示的差动电桥。

1)半桥差动电路：若电桥桥臂两两相等，即 $R_1 = R_2 = R$，$R_3 = R_4 = R'$，则称为半桥差动电路。

在试件上安装两个工作应变计：一个受拉应变，一个受压应变，如图 2-6(a)所示。

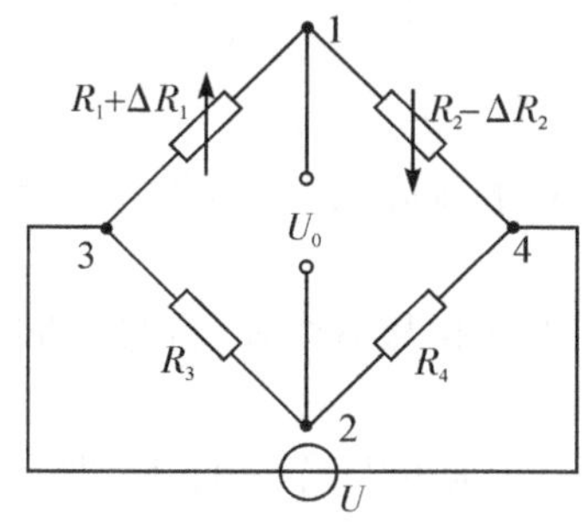

(a)半桥差动电路

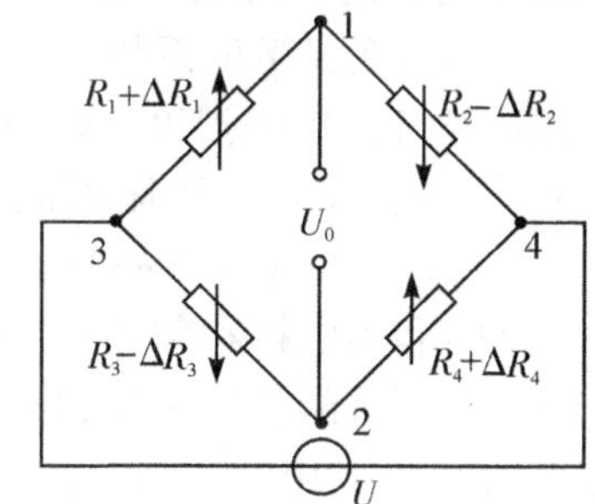

(b)全桥差动电路

图 2-6　差动电桥

该电桥输出电压为：

$$U_0 = U\left(\frac{\Delta R_1+R_1}{\Delta R_1+R_1+R_2-\Delta R_2}-\frac{R_3}{R_3+R_4}\right) \tag{2-16}$$

若 $\Delta R_1 = \Delta R_2$，$R_1 = R_2$，$R_3 = R_4$，则得

$$U_0 = \frac{U}{2}\frac{\Delta R_1}{R_1} \tag{2-17}$$

由式(2-15)可知，U_0 与 $\Delta R_1/R_1$ 呈线性关系，差动电桥无非线性误差，而且电桥电压灵

敏度 $K_U=\frac{U}{2}$,是单臂工作时的 2 倍,同时还具有温度补偿作用。

2)全桥差动电路:若将电桥 4 个臂接入 4 个应变计,如图 2-6(b)所示,即 2 个受拉应变,2 个受压应变,将 2 个应变相同的应变计接入相对桥臂上,构成全桥差动电路。若 $\Delta R_1=\Delta R_2=\Delta R_3=\Delta R_4$ 且 $R_1=R_2=R_3=R_4$,则:

$$U_0=U\frac{\Delta R_1}{R_1} \tag{2-18}$$

$$K_0=U \tag{2-19}$$

此时,全桥差动电路不仅没有非线性误差,而且电压灵敏度为单片工作时的 4 倍,同时仍具有温度补偿作用。

2. 交流电桥

交流电桥的结构、工作原理与直流电桥基本相同,不同的是电桥输入与输出均为交流,具体内容见拓展知识。

3. 温度补偿

造成应变片测量产生误差的原因有很多,其中温度影响是最重要的。当环境温度发生变化时,会导致应变片本身电阻阻值发生变化。这主要有两个原因:一是由电阻丝本身的电阻温度系数引起;二是由于电阻丝与被测件的线膨胀系数不同引起。

若环境温度变化 Δt℃时,应变片电阻的增量 ΔR_t 可由下式来表示:

$$\Delta R_t=R_0\alpha\Delta t+R_0K(\beta_1-\beta_2)\Delta t=R_0[\alpha+K(\beta_1-\beta_2)]\Delta t \tag{2-20}$$

令

$$\alpha_t=\alpha+K(\beta_1-\beta_2)$$

所以

$$\Delta R_t=R_0\alpha_t\Delta t \tag{2-21}$$

式中:R_0——0℃时电阻丝应变片的电阻值(Ω);

α——电阻丝材料的电阻温度系数(1/℃);

β_1——测件材料的线膨胀系数(1/℃);

β_2——电阻丝材料的线膨胀系数(1/℃);

K——电阻丝的应变灵敏度系数;

α_t——电阻应变片的电阻温度系数(1/℃)。

由于温度变化会引起应变片电阻阻值变化,对测量造成误差,因此对误差进行消除或对桥路输出进行补偿的方法叫作温度补偿。

(1)电桥补偿法:利用电桥相邻的相等两臂同时产生大小相等、符号相同的电阻增量不会破坏电桥平衡(无输出)的特性来达到补偿的方法。

将两个相同的应变片,用相同的方法粘贴在同样材质的两个试件上,把这两个试件放置在相同的环境温度下,一个试件上的应变片作为工作片,另外一个作为补偿片。测量时,当环境温度发生变化时,两个应变片所产生的电阻增量相同,由于它们采用的是相邻臂接入,桥路平衡,温度不会对桥路输出产生影响。

(2)应变片自补偿:使用特殊的应变片,当温度发生变化时,应变片本身的电阻增量为零,这种应变片称为自补偿片。

1)选择式自补偿片:使应变片实现自补偿的条件是使 $\alpha_t=0$,即

$$\alpha_t=\alpha+K(\beta_1-\beta_2)=0$$

$$\alpha=-K(\beta_1-\beta_2) \tag{2-22}$$

2）组合式自补偿应变片：利用某些电阻材料的电阻温度系数有正、负的特征，将这两种不同的电阻丝串接在一起形成一个应变片，只要满足两段电阻丝随温度变化而导致应变片所产生的电阻增量大小相等、符号相反这样的条件，即 $\Delta R_1 = -\Delta R_2$，两段电阻丝的电阻大小可由式（2－23）来进行选择：这种补偿主要补偿的是电阻丝的温度系数产生的误差，而不能对电阻丝和被测件材料的热膨胀系数不同所产生的测量误度来进行补偿。

$$\frac{R_1}{R_2}=\frac{\left(\frac{\Delta R_2}{R_2}\right)}{\left(\frac{\Delta R_1}{R_1}\right)}=\frac{K_2\varepsilon}{K_1\varepsilon}=\frac{K_2}{K_1} \tag{2-23}$$

（四）电阻应变式传感器的应用

1. 电阻应变式力传感器

电阻应变式力传感器根据弹性元件的不同形状可制成柱形、环形、悬臂梁式等。

（1）柱式力传感器：圆柱式力传感器的弹性元件分为实心柱体和空心柱体两种，如图2－9所示。实心圆柱可以承受较大的负荷，在弹性范围内应力与应变成正比关系，即：

$$\varepsilon=\frac{\Delta L}{L}=\frac{\sigma}{E}=\frac{F}{SE} \tag{2-24}$$

式中：F——作用在弹性元件上的集中力；

S——圆柱的横截面积；

E——弹性元件的弹性模量。

空心圆筒多用于较小集中力的测量。应变片对称地粘贴在弹性体外臂应力分布均匀的中间部分，电桥接线时应尽量减小载荷偏心和弯矩的影响，贴片在圆柱面上的位置及其在桥路中的连接如图2－7（c）、（d）所示，R_1 和 R_3 串接，R_2 和 R_4 串接，并置于桥路对臂上以减少弯矩影响，横向贴片作温度补偿用。

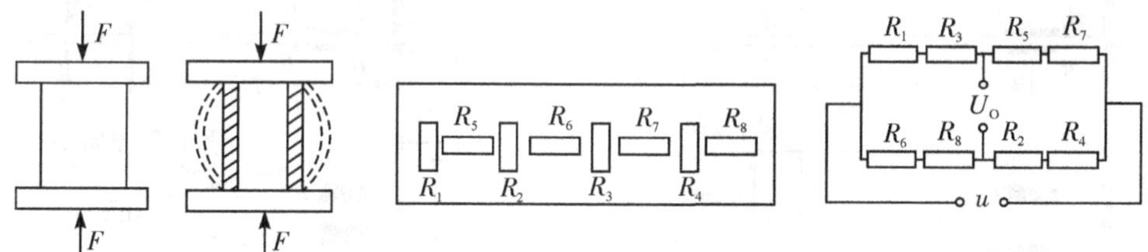

（a）实心圆柱 （b）空心圆柱 （c）圆柱面展开图 （d）桥路连接图

图2－7 圆柱式应变弹性体结构图

（2）环式力传感器：如图2－8（a）所示为环式力传感器结构。与柱式相比，应力分布变化较大，且有正有负。

对 $\frac{R}{h}>5$ 的小曲率圆环，可用下式（2－25）及式（2－26）计算出 A、B 点的应变。

$$\varepsilon_A=-\frac{1.09FR}{bh^2E} \tag{2-25}$$

$$\varepsilon_B=-\frac{1.91FR}{bh^2E} \tag{2-26}$$

式中：h——圆环厚度；

b——圆环宽度。

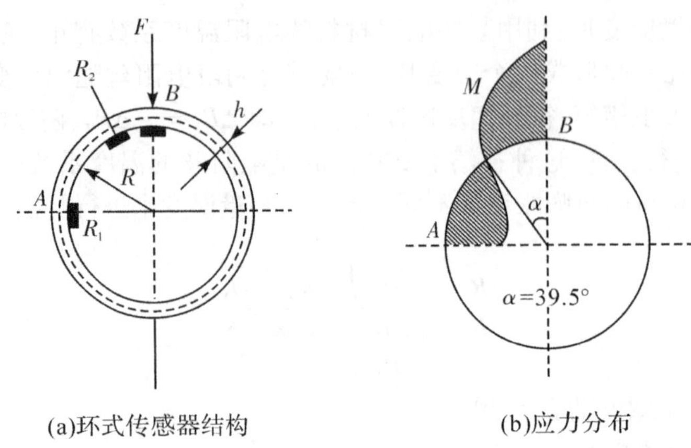

(a)环式传感器结构　　(b)应力分布

图 2－8　环式力传感器

这样测出 A、B 处的应变，即可得到载荷 F。

图 2－8(b)中的 M 为圆环应力分布曲线，从图中可以看出，R_2 应变片所在位置应变为零，故 R_2 应变片起温度补偿作用。

(3)梁式力传感器：

1)等截面悬臂梁应变式力传感器

如图 2－9 所示，弹性元件为一端固定的悬臂梁，力作用在自由端。在梁固定端附近的上、下表面顺着 l 方向各粘贴两片电阻应变片，此时若 R_1 和 R_4 受拉，则 R_2 和 R_3 受压，两者发生极性相反的等量应变，4 个电阻应变片组成全桥测量电路。粘贴应变片处的应变为

$$\varepsilon = \frac{6lF}{bh^2E} \tag{2-27}$$

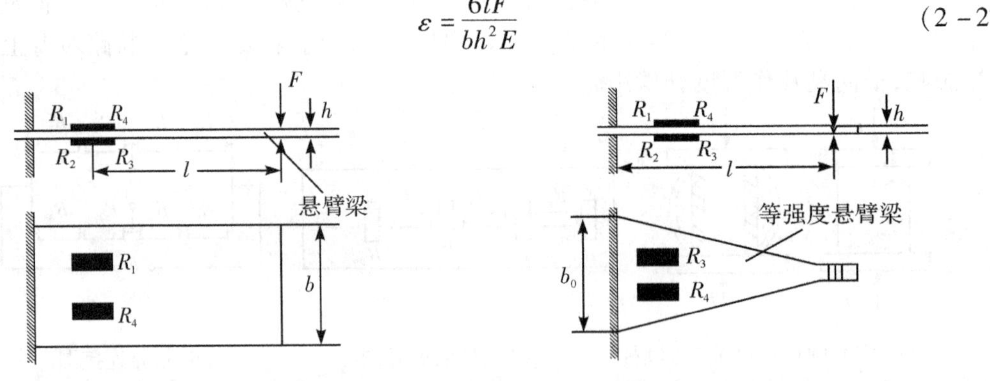

图 2－9　等截面悬臂梁应变式力传感器原理图　　**图 2－10　等强度悬臂梁应变式力传感器原理图**

由梁式弹性元件制作的力传感器适于测量 500kg 以下的载荷，最小的可测几十克重的力。这种传感器具有结构简单、加工容易、应变片容易粘贴、灵敏度高等特点。

2)等强度悬臂梁应变式力传感器：应变片在悬臂梁上的粘贴位置如图 2－10 所示，其组桥方式与等截面悬臂梁式相同。当在自由端加上作用力时，在梁上各处产生的应变大小相等。因此，应变片沿纵向的粘贴位置误差为零，但上下片对应位置要求仍然严格。梁上各点的应变为

$$\varepsilon = \frac{6lF}{b_0h^2E} \tag{2-28}$$

3)双端固定梁应变式力传感器：如图 2－11 所示，梁的两端都固定，中间加载荷，应变片粘贴在中间位置，并按图 2－12 组成全桥。双端固定梁的应变为

$$\varepsilon = \frac{3lF}{4bh^2E} \tag{2-29}$$

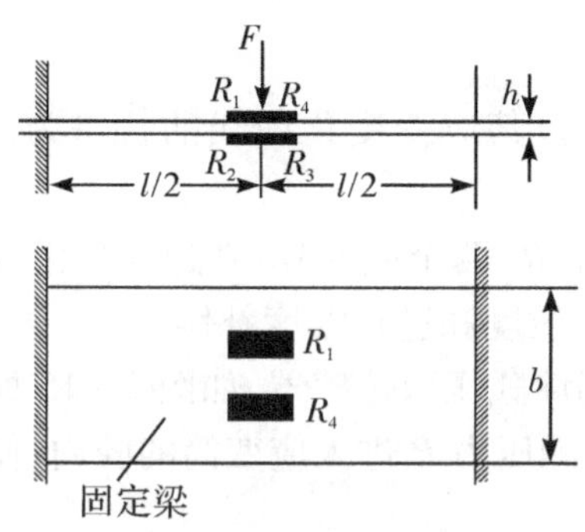

图 2-11　双端固定梁应变式力传感器原理

图 2-12　全桥电路

2. 应变式加速度传感器

应变式加速度传感器结构原理如图 2-13 所示。它通过弹簧-质量的惯性系统将加速度转化为力，然后再作用于弹性元件上。

测量时将该装置固定于被测物体上，当被测物体以加速度 a 运动时，质量块受到与加速度方向相反的惯性力 $F=ma$，使悬臂梁产生弯曲变形，由应变片测出应变的大小，便可算出被测加速度的大小。

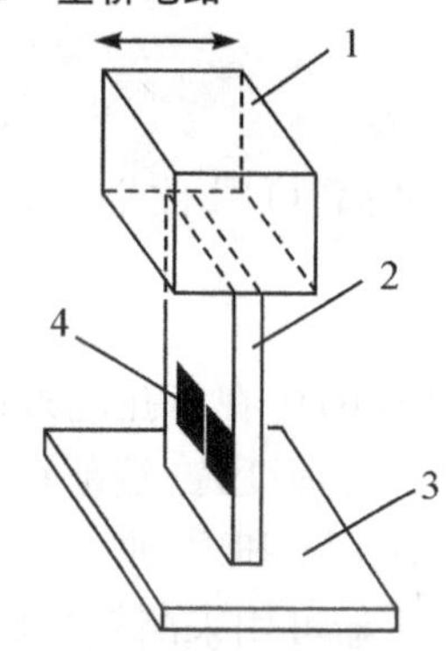

图 2-13　应变式加速度传感器

1. 质量块　2. 悬臂梁　3. 基座　4. 应变片

3. 应变式压力传感器

应变式压力传感器主要用于气体、液体静态和动态压力的测量。传感器主要采用膜片式、筒式、组合式的弹性元件。

(1) 膜片式压力传感器：如图 2-14 所示，应变片贴在膜片内壁，在压力 P 作用下，膜片产生径向应变 ε_r 和切向应变 ε_t，表达式分别为

$$\varepsilon_r = \frac{3P(1-\mu^2)(R^2-3x^2)}{8h^2E} \tag{2-30}$$

$$\varepsilon_t = \frac{3P(1-\mu^2)(R^2-x^2)}{8h^2E} \tag{2-31}$$

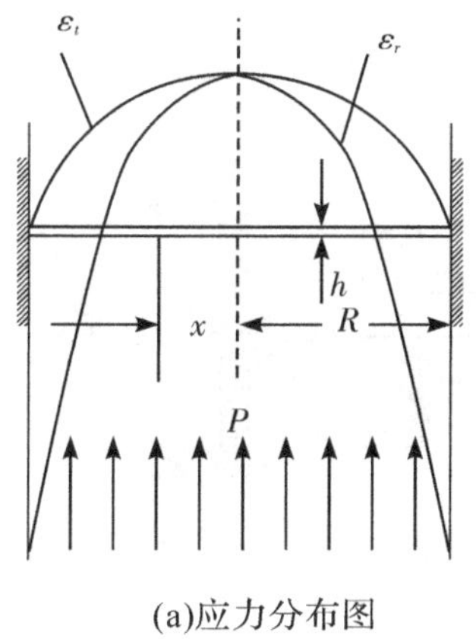

(a)应力分布图

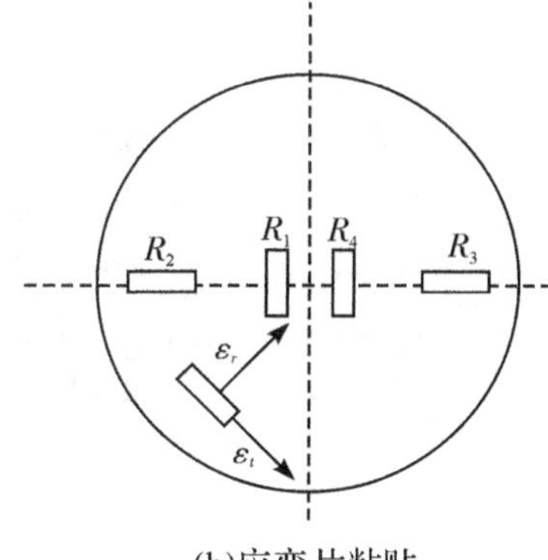

(b)应变片粘贴

图 2-14　膜片式压力传感器

式中:P——膜片上均匀分布的压力(Pa);

R、h——膜片的半径和厚度(m);

X——离圆心的径向距离(m)。

由应力分布图可知,膜片弹性元件承受压力 P 时,其应变变化曲线的特点为:当 $x=0$ 时,$\varepsilon_{max}=\varepsilon_{tmax}$;当 $x=R$ 时,$\varepsilon_t=0$,$\varepsilon_r=-2\varepsilon_{max}$。

根据以上特点,一般在平膜片圆心处切向粘贴 R_1、R_4 两个应变片,在边缘处沿径向粘贴 R_2、R_3 两个应变片,然后接成全桥测量电路,以提高灵敏度和进行温度补偿。

(2)筒式压力传感器:当被测压力较大时,多采用筒式压力传感器,如图 2-15 所示。圆柱体内有一盲孔,一端有法兰盘与被测系统连接。被测压力 P 进入应变筒的腔内,使筒发生变形。圆筒外表面上的环向应变(沿着圆周线)为

$$\varepsilon=\frac{P(2-\mu)}{E(n^2-1)} \tag{2-32}$$

式中,$n=D_0/D$。

对于薄壁筒,可用下式计算

$$\varepsilon=\frac{PD}{2hE}(1-0.5\mu) \tag{2-33}$$

图 2-15(b)中在盲孔的外端部有一个实心部分,制作传感器时,在筒壁和端部沿圆周方向各粘贴一片应变片,端部在筒内有压力时不产生变形,只作温度补偿用。图 2-15(c)中没有端部,则 R_1 和 R_2 垂直粘贴,一沿圆周,一沿筒长,沿筒长方向的 R_2 用作温度补偿。

这类传感器可用来测量机床液压系统的压力($10^6\sim10^7$Pa),也可用来测量枪炮的膛内压力(10^8Pa),其动特性和灵敏度主要由材料的 E 值和尺寸决定。

(3)组合式压力传感器:组合式压力传感器的压力敏感元件为膜片或膜盒、波纹管、弹簧管等,应变片粘贴在悬臂梁上。利用弹性元件先将流体压力转换成应力,然后再转换成应变,从而使应变片电阻发生变化,如图 2-16 所示。通常取悬臂梁的刚度比压力敏感元件的刚度高得多,以抑制后者的不稳定性和滞后等对测量的影响。这种传感器通常用于测量小压力,其缺点是固有频率低,不适于测量瞬态过程。

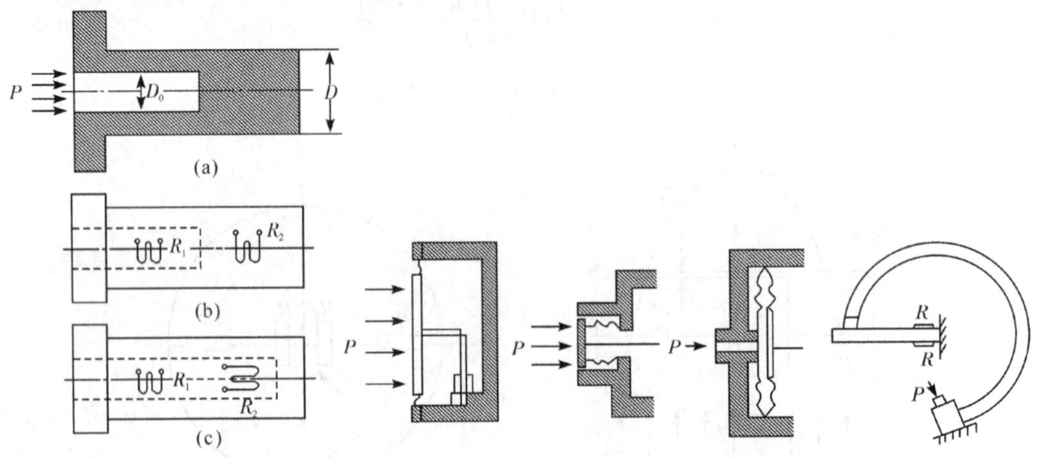

图 2-15 筒式压力传感器

图 2-16 组合式压力传感器

三、项目实施

任务一　金属箔式应变片单臂性能测试

(一)实施要求

了解金属箔式应变片的应变效应,单臂电桥工作原理和性能。

(二)实施内容

电阻丝在外力作用下发生机械变形时,其电阻值发生变化,这就是电阻应变效应,描述电阻应变效应的关系式为

$$\frac{\Delta R}{R}=k\cdot\varepsilon \tag{2-34}$$

式中:$\frac{\Delta R}{R}$——电阻丝电阻相对变化;

k——应变灵敏系数;

$\varepsilon=\frac{\Delta l}{l}$——电阻丝长度相对变化。

金属箔式应变片就是通过光刻、腐蚀等工艺制成的应变敏感组件。如图 2-17 所示,将四个金属箔应变片分别贴在双孔悬臂梁式弹性体的上下两侧,弹性体受到压力发生形变,应变片随弹性体形变被拉伸,或被压缩。

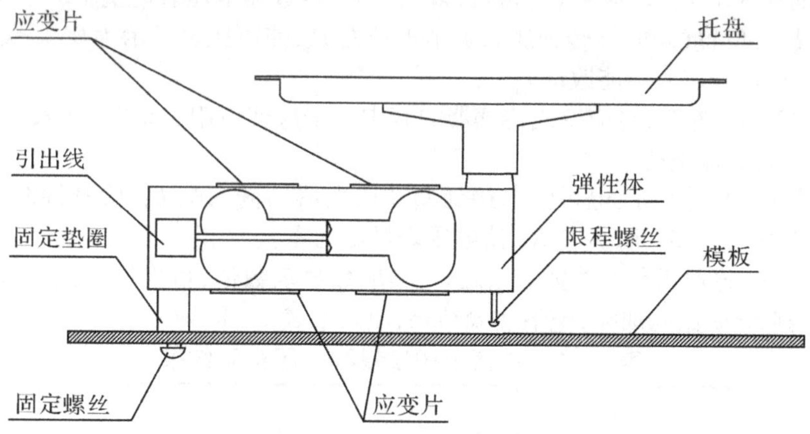

图 2-17　双孔悬臂梁式称重传感器结构

通过这些应变片转换弹性体被测部位受力状态变化,电桥的作用完成电阻到电压的比例变化,如图 2-18 所示 $R_5=R_6=R_7=R$ 为固定电阻,与应变片一起构成一个单臂电桥,其输出电压

$$U_0=\frac{E}{4}\cdot\frac{\Delta R/R}{1+\frac{1}{2}\cdot\frac{\Delta R}{R}} \tag{2-35}$$

其中 E 为电桥电源电压。

式(2-35)表明单臂电桥输出为非线性,非线性误差为 $L=-\frac{1}{2}\cdot\frac{\Delta R}{R}\cdot 100\%$。

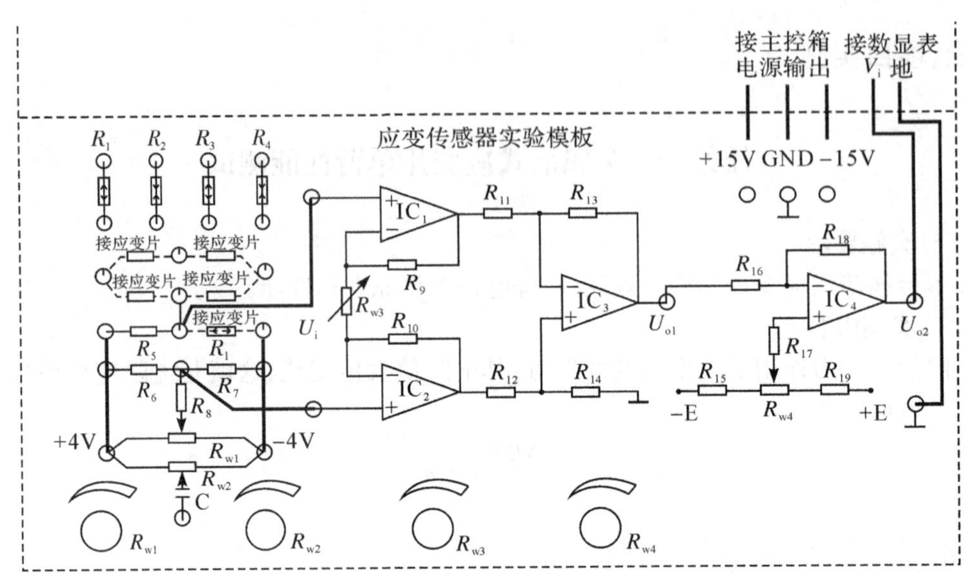

图 2－18　单臂电桥面板接线图

(三)实施步骤

(1)应变传感器上的各应变片已分别接到应变传感器模块左上方的 R_1、R_2、R_3、R_4 上,可用万用表测量判别,$R_1 = R_2 = R_3 = R_4 = 350\Omega$。

(2)差动放大器调零:从主控台接入 ±15V 电源,检查无误后,合上主控台电源开关,将差动放大器的输入端 U_i 短接并与地短接,输出端 U_{o2} 接数显电压表(选择 2V 档)。将电位器 R_{w3} 调到增益最大位置(顺时针转到底),调节电位器 R_{w4} 使电压表显示为 0V。关闭主控台电源(R_{w3}、R_{w4} 的位置确定后不能改动)。

(3)按图 2－18 连线,将应变式传感器的其中一个应变电阻(如 R_1)接入电桥与 R_5、R_6、R_7 构成一个单臂直流电桥。

(4)加托盘后电桥调零:电桥输出接到差动放大器的输入端 U_i,检查接线无误后,合上主控台电源开关,预热 5min,调节 R_{w1} 使电压表显示为零。

(5)在应变传感器托盘上放置一只砝码,读取数显表数值,依次增加砝码和读取相应的数显表值,直到 200g 砝码加完,记下实验结果,填入下表 2－1。

表 2－1　单臂电桥质量和电压实验结果

质量(g)										
电压(mV)										

(6)实验结束后,关闭实验台电源,整理好实验设备。

任务二　金属箔式应变片半桥性能测试

(一)实施要求

比较半桥与单臂电桥的不同性能,了解其特点。

(二)实施内容

不同受力方向的两只应变片接入电桥作为邻边,电桥输出灵敏度提高,非线性得到改

善，当两只应变片的阻值相同、应变数也相同时，半桥的输出电压为

$$U_0 = \frac{E \cdot k \cdot \varepsilon}{2} = \frac{E}{2} \cdot \frac{\Delta R}{R} \tag{2-36}$$

式中：$\frac{\Delta R}{R}$——电阻丝电阻相对变化；

k——应变灵敏系数；

$\varepsilon = \frac{\Delta l}{l}$——电阻丝长度相对变化；

E——电桥电源电压。

式(2－36)表明，半桥输出与应变片阻值变化率呈线性关系。

(三)实施步骤

(1)应变传感器已安装在应变传感器实验模块上，可参考图 2－19。

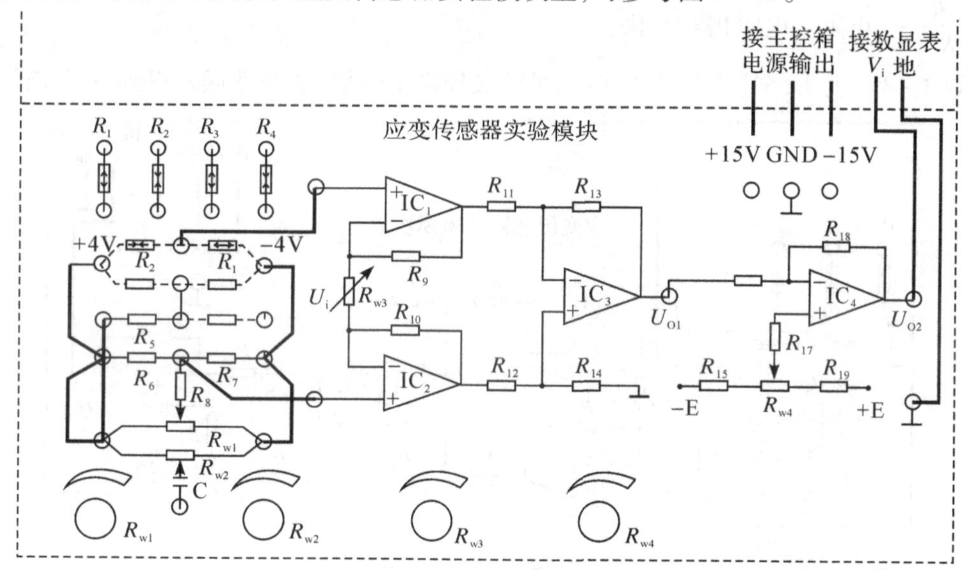

图 2－19　半桥面板接线图

(2)差动放大器调零，参考任务一实施步骤(2)。

(3)按图 2－19 接线，将受力相反(一片受拉，一片受压)的两只应变片接入电桥的邻边。

(4)加托盘后电桥调零，参考任务一实施步骤(4)。

(5)在应变传感器托盘上放置一只砝码，读取数显表数值，依次增加砝码和读取相应的数显表值，直到 200g 砝码加完，记下实验结果，填入下表 2－2。

表 2－2　半桥差动电路质量和电压实验结果

质量(g)										
电压(mV)										

(6)实验结束后，关闭实验台电源，整理好实验设备。

任务三　金属箔式应变片全桥性能测试

(一)实施要求

了解全桥测量电路的优点。

(二)实施内容

全桥测量电路中,将受力性质相同的两只应变片接到电桥的对边,不同的接入邻边,如图 2-20 所示,当应变片初始值相等,变化量也相等时,其桥路输出

$$U_0 = E \cdot \frac{\Delta R}{R} \tag{2-37}$$

式中:E——电桥电源电压;

$\frac{\Delta R}{R}$——电阻丝电阻相对变化。

式(2-37)表明,全桥输出灵敏度比半桥又提高了一倍,非线性误差得到进一步改善。

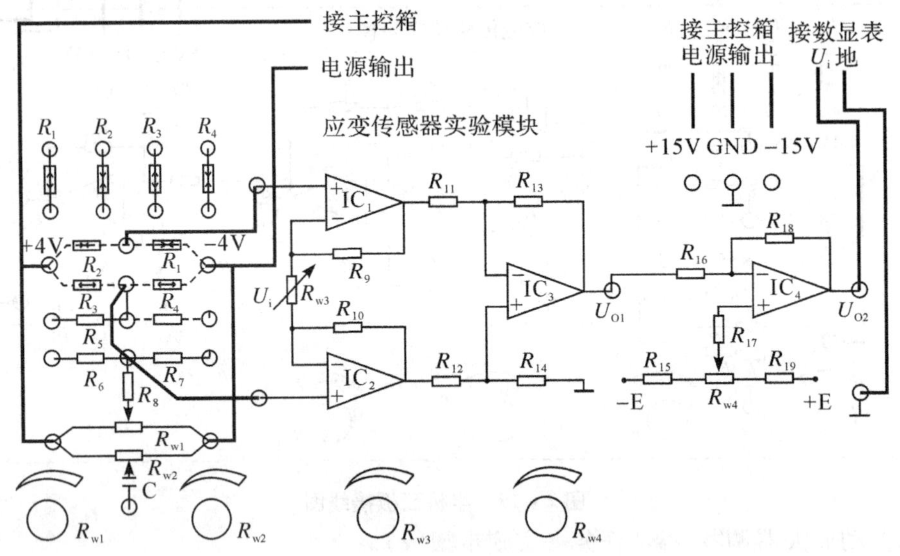

图 2-20　全桥面板接线图

(三)实施步骤

(1)应变传感器已安装在应变传感器实验模块上。

(2)差动放大器调零,参考任务一实施步骤(2)。

(3)按图 2-20 接线,将受力相反(一片受拉,一片受压)的两对应变片分别接入电桥的邻边。

(4)加托盘后电桥调零,参考任务一实施步骤(4)。

(5)在应变传感器托盘上放置一只砝码,读取数显表数值,依次增加砝码和读取相应的数显表值,直到 200g 砝码加完,记下实验结果,填入下表 2-3。

表 2-3　全桥电路质量和电压实验结果

质量(g)										
电压(mV)										

(6)实验结束后,关闭实验台电源,整理好实验设备。

四、拓展知识

(一)交流电桥

交流电桥的结构、工作原理与直流电桥基本相同,不同的是电桥输入与输出均为交流。

图 2-21 所示为交流电桥。U 为交流电压源,由于供桥电源为交流电源,引线分布电容使得二桥臂应变片呈现复阻抗特性,即相当于两只应变片各并联了一个电容,则每一桥臂上复阻抗分别为:

$$\begin{aligned} Z_1 &= \frac{R_1}{1+\mathrm{j}\omega R_1 C_1} \\ Z_2 &= \frac{R_2}{1+\mathrm{j}\omega R_2 C_2} \\ Z_3 &= R_3 \\ Z_4 &= R_4 \end{aligned} \tag{2-38}$$

式中:C_1、C_2——表示应变片引线分布电容。

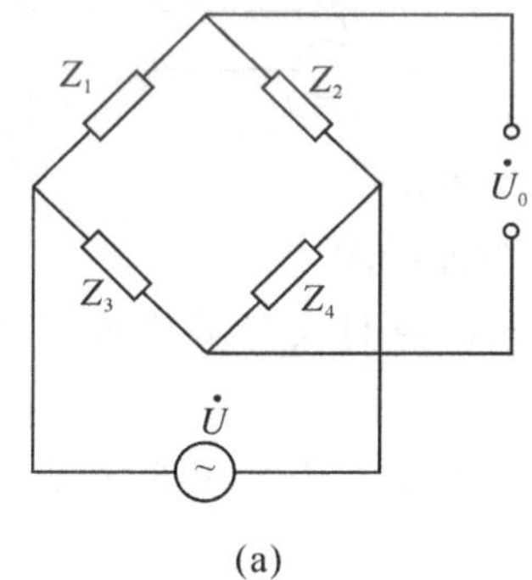

(a)

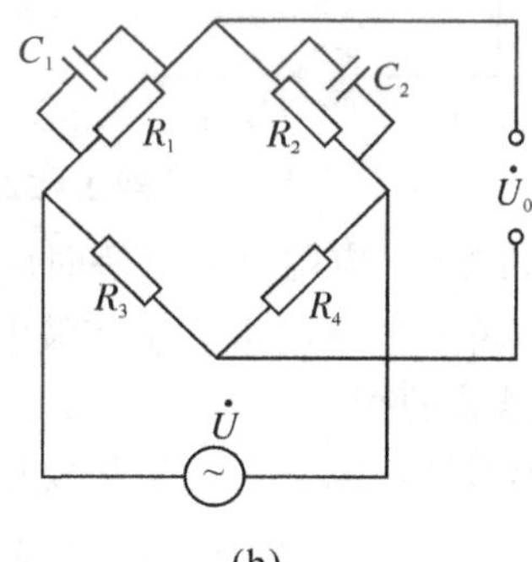

(b)

图 2-21　交流电桥

由交流电路分析可得:

$$\dot{U}_0 = \dot{U}\frac{Z_1 Z_4 - Z_2 Z_3}{(Z_1+Z_2)(Z_3+Z_4)} \tag{2-39}$$

要满足电桥平衡条件,即 $U_0=0$,则有:

$$Z_1 Z_4 = Z_2 Z_3 \tag{2-40}$$

把各复阻抗用指数形式表示,即用 $Z=|Z|\mathrm{e}^{\mathrm{j}\varphi}$ 表示,则交流电桥平衡条件可写成

$$|Z_1|\cdot|Z_4|\mathrm{e}^{\mathrm{j}(\varphi_1+\varphi_4)} = |Z_2|\cdot|Z_3|\mathrm{e}^{\mathrm{j}(\varphi_2+\varphi_3)} \tag{2-41}$$

根据复数相等条件,交流电桥平衡必须同时满足下列关系

$$\begin{aligned} |Z_1|\cdot|Z_4| &= |Z_2|\cdot|Z_3| \\ \varphi_1+\varphi_4 &= \varphi_2+\varphi_3 \end{aligned} \tag{2-42}$$

式中:$|Z_1|$、$|Z_2|$、$|Z_3|$、$|Z_4|$——各复阻抗的模;

φ_1、φ_2、φ_3、φ_4——各复阻抗的相位角。

由式(2-42)可知,交流电桥平衡条件有两个:相对两臂阻抗模的乘积相等,相对两臂复阻抗角之和相等。两个条件缺一不可,否则交流电桥永远不能平衡。

交流电桥基本上分电容电桥和电感电桥两大类,它们广泛用于电容式传感器和电感式传感器的测量电路中。交流电桥平衡调节电路如图2-22所示。

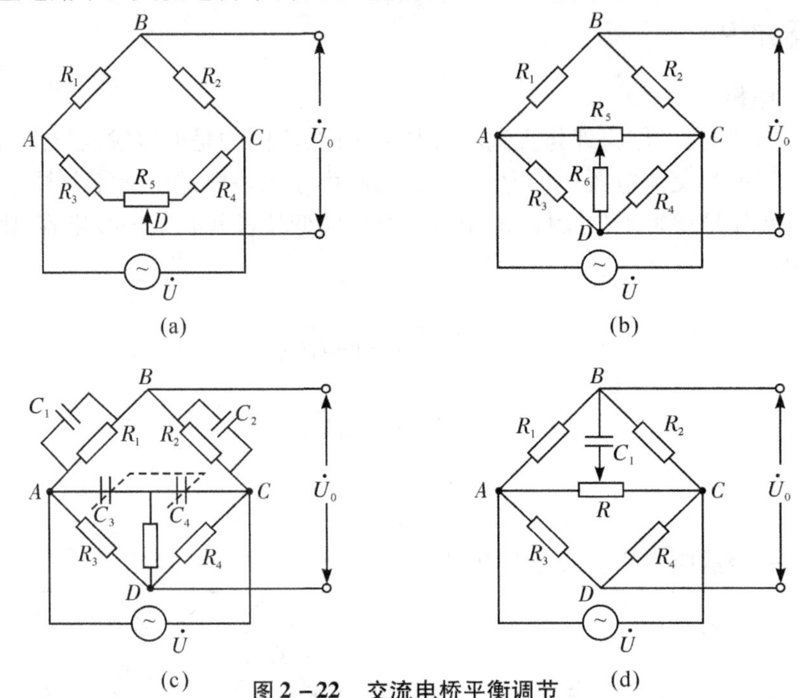

图2-22　交流电桥平衡调节

与直流电桥相比,应用交流电桥时应注意以下几方面的问题:

(1)交流电桥的电源通常为正弦波电源。在分析、计算时仅对基波而言,而在误差分析中须考虑高次谐波的影响。

(2)可以用线性电路和方法分析交流电桥,但对非线性元件须在规定的条件下(如提高工作频率、工作电压、工作电流等)进行线性化处理。

(3)交流电桥至少需要两个可调参数,才能保证电桥平衡,调整参数时必须满足式(2-42)的平衡条件。

(二)电阻应变片的粘贴

应变片的粘贴是电测法的重要工序,贴片的质量对测量的可靠性影响极大,必须给予足够重视。电阻应变片的粘贴主要分为以下步骤。

1. 应变片的准备

检查应变片的丝栅是否整齐,引出线是否牢固,底基之间是否有气泡。检查没问题时,方可以用四位电桥对电阻值进行分选,把阻值相差在±0.5Ω的应变片包装在一起,工作片和补偿片最好使用同一包装袋内的。否则,若初始电阻值相差超过0.5Ω以上时,应变指示器将不易调节初始平衡。

2. 构件表面的处理

首先用刮刀或锉刀清除构件表面的油漆、氧化皮和污垢,然后用砂轮将表面打平,再用

砂布磨光，打磨面积为应变片面积的 3～5 倍。最后用划针在测点处画出贴片方位线，采用手持砂轮工具除去构件表面的油污、漆、锈斑等，并用细纱布交叉打磨出细纹以增加粘贴力，用浸有酒精或丙酮的纱布片或脱脂棉球擦洗。

3. 贴片

贴片前先用棉纱或脱脂棉球蘸丙酮或无水酒精、四氯化碳擦洗测点表面二三次，直至无污垢为止。清洗后的表面不要用手再摸。在应变片粘贴表面上涂一薄层黏结剂，然后将应变片放在测点位置上，将片的方位线对准划在构件上的方位线。在应变片上盖一张塑料膜（聚四氟乙烯、聚乙烯、聚丙烯），一手捏住引线（定位），另一手的拇指（或食指）滚压塑料上表面。要将多余的胶水和气泡完全挤出使应变片粘牢。切记要使应变片受垂直压力，而不要滑动或转动。

4. 干燥固化

贴片后应按照使用的黏结剂所规定的方法和时间进行干燥固化。一般选用室温可以固化的黏结剂（如 501、502），自然干燥时间为 15～24h。若在潮湿的环境中贴片，烘干后，应立即采取防潮措施。

5. 粘贴质量检查

首先观察应变片粘贴位置是否正确，粘贴面有无气泡。用万用表测量应变片是否有短路或断路现象，再用兆欧表检查绝缘电阻应在 50MΩ 以上。

6. 导线的焊接与固定

为了保证应变片引出线在焊点的绝缘，焊前在引出线下面粘一层绝缘层（可用绝缘胶布或医用白橡皮粘膏）。在导线端头焊上一双头接线架，用胶水把接线架固定住后，再把引出线与接线架焊在一起。为了防止导线与接线架的焊点折坏，可将导线用金属夹子固定在构件上（用点焊机把夹子点焊在构件上），导线端部固定牢是十分必要的，否则当摇曳导线或导线自重都可能将焊头或片子一起扯坏。

7. 应变片的防护

应变片接好导线后，应立即涂上防护层，以防止大气中水分或其他介质浸入，如图 2－23 所示。短期防护，用凡士林或石蜡涂在应变片上；长期防护，可用环氧树脂、氯丁橡胶等。为防止机械创伤，可安装有足够强度的保护罩等。

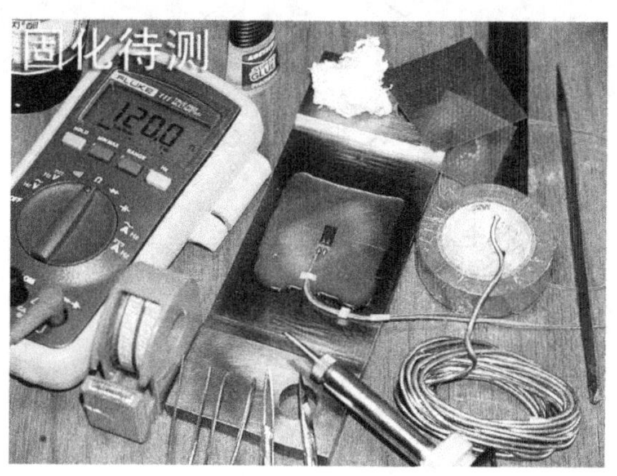

图 2－23　粘贴好的应变片

小　结

(1)电阻应变式传感器由弹性元件和电阻应变片构成。当弹性元件感受被测物理量时，其表面产生应变，粘贴在弹性元件表面的电阻应变片的阻值将随着弹性元件的应变而相应变化，通过测量电阻应变片的电阻值变化，可以测量位移、加速度、力、力矩、压力等各种参数。

(2)电阻应变式传感器的测量电路通常采用的是直流电桥和交流电桥。

(3)应变片由于温度变化所引起的误差将影响测量精度，通常采用电桥补偿法、应变片自补偿的方法抵消温度变化的影响。

思考与练习

1. 什么叫应变效应？利用应变效应解释金属电阻应变片的工作原理。

2. 金属电阻应变片与半导体应变片的工作原理有何区别？各有何优缺点？

3. 电阻应变片是如何进行分类的？

4. 电阻应变片的基本测量电路有哪些？试比较它们的特点。

5. 什么是直流电桥？若按不同的桥臂工作方式，可分为哪几种？各自的输出电压如何计算？

6. 图 2－24 所示为一直流电桥，其中 $E=4\text{V}$，$R_1=R_2=R_3=R_4=120\Omega$，试求：

(1)R_1 为金属应变片，其余为外接电阻，当 R_1 的增量为 $\Delta R_1=1.2\Omega$ 时，电桥输出电压 $U_0=?$

(2)R_1、R_2 都是应变片，且型号规格相同，感应应变的极性和大小都相同，其余为外接电阻，电桥输出电压 $U_0=?$

(3)题(2)中，如果 R_2 和 R_1 感受应变的极性相反，且 $\Delta R_1=\Delta R_2=1.2\Omega$ 时，电桥输出电压 $U_0=?$

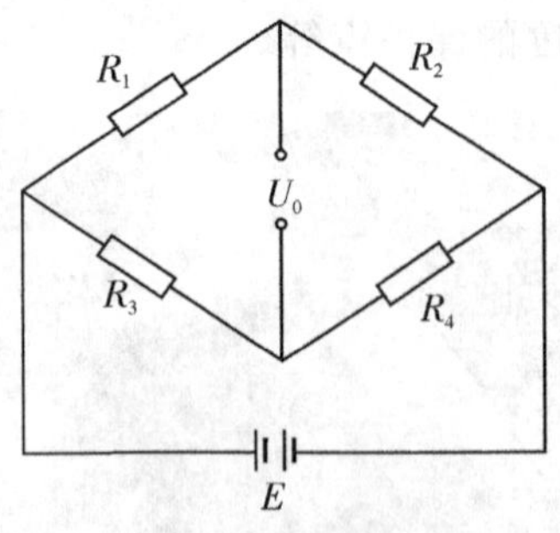

图 2－24　题 6 直流电桥

项目 3 ▶ 电感式传感器的认识及使用

一、项目分析

电感式传感器是一种利用待测工件运动使磁路磁阻发生变化,从而引起传感器线圈的电感(自感或互感)变化来检测非电量的机电转换装置。常用来检测位移、振动、压力、应变、流量、密度等多种机械物理量。电感式传感器的种类很多,既有利用磁阻变化实现的,也有利用电磁感应实现的,还有利用一些特殊的磁电效应如电涡流效应等实现的。

电感式传感器具有结构简单、工作可靠,灵敏度高、分辨率高,线性度比较好,测量精度高,零点稳定,输出功率较大等优点,在计量技术、工业生产和科学研究领域得到了广泛应用。

本项目主要介绍自感式传感器、互感式传感器、电涡流式传感器的工作原理、特性、测量电路及基本应用。

知识点

- 自感式传感器的工作原理、特性、分类、测量电路及基本应用。
- 互感式传感器的工作原理、特性、测量电路及基本应用。
- 电涡流式传感器的工作原理、特性及基本应用。

能力点

- 能根据要求选用合理的电感式传感器进行位移测量。
- 能根据要求选用合理的电感式传感器进行振动测量。
- 能根据要求选用合理的电感式传感器进行转速测量。

二、相关知识

(一) 自感式电感传感器

1. 自感式传感器的工作原理与基本特性

(1)工作原理:自感式传感器的基本结构如图 3 - 1 所示,它由线圈、铁芯和活动衔铁三部分组成。铁芯和衔铁均由导磁材料如硅钢片或坡莫合金制成,可以是整体的或者是叠片的,衔铁和铁芯之间有空气隙。当衔铁移动时,磁路中气隙的磁阻发生变化,从而引起线圈电感的变化,这种电感量的变化与衔铁位置(气隙大小)相对应,因此,只要能测出这种电感量的变化,就能获得衔铁位移量的大小和方向。

若设电感式传感器线圈的匝数为 W,根据电感的定义,此线圈的电感量为

$$L=\frac{W\Phi}{I} \quad (3-1)$$

式中:Φ——穿过线圈的磁通量(Wb);

I——通过线圈的电流(A);

W——线圈的匝数。

由磁路欧姆定律得

$$\Phi=\frac{IW}{R_m} \quad (3-2)$$

式中:R_m——磁路总磁阻,$R_m=R_F+R_\delta$。其中 R_F 为铁芯的磁阻,$R_F=\frac{L_1}{\mu_1 S_1}+\frac{L_2}{\mu_2 S_2}$;$R_\delta$ 为空气隙的磁阻,$R_\delta=\frac{2\delta}{\mu_0 S_0}$。

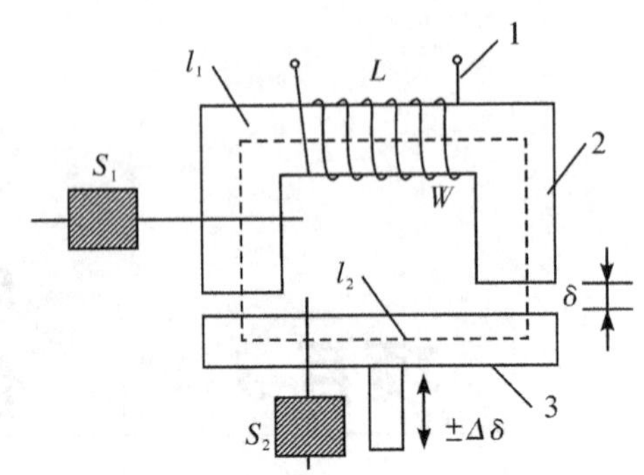

图 3-1 变磁阻式传感器

1. 线圈 2. 铁芯(定铁芯) 3. 衔铁(动铁芯)

对于变隙式传感器,因为气隙很小,所以可以认为气隙中的磁场是均匀的。若忽略磁路磁损,则磁路总磁阻为:

$$R_m=\frac{L_1}{\mu_1 S_1}+\frac{L_2}{\mu_2 S_2}+\frac{2\delta}{\mu_0 S_0} \quad (3-3)$$

式中:μ_1——铁芯在磁感应强度 B_1 处的磁导率(H/m);

μ_2——铁芯在磁感应强度 B_2 处的磁导率(H/m);

L_1——磁通通过铁芯的长度(m);

L_2——磁通通过衔铁的长度(m);

S_1——铁芯的截面积(m^2);

S_2——衔铁的截面积(m^2);

μ_0——空气的磁导率(H/m),$\mu_0=4\pi\times10^{-7}$H/m;

S_0——气隙的截面积;

δ——气隙的厚度。

通常,铁芯的磁导率 μ_1 与衔铁的磁导率 μ_2 远远大于空气的磁导率 μ_0,因此 $R_F \ll R_\delta$,即 $R_m\approx R_\delta$,则

$$L\approx\frac{W^2}{R_\delta}=\frac{W^2\mu_0 S_0}{2\delta} \quad (3-4)$$

式(3-4)为电感元件的基本特性方程,当线圈的匝数确定后,只要气隙或气隙的截面积发生变化,电感 L 就发生变化。因此电感式传感器主要有变气隙式和变截面积式。变气隙式主要用于测量线位移及与线位移有关的量;变截面积式主要用于测量角位移以及与角位移有关的量。

(2)基本特性:设电感元件气隙的初始值为 δ_0,由式(3-4)可得初始电感为

$$L_0=\frac{W^2\mu_0 S_0}{2\delta_0} \quad (3-5)$$

当衔铁受外力作用使气隙厚度减小 $\Delta\delta$,则线圈电感也发生变化,为

$$L=\frac{W^2\mu_0 S_0}{2(\delta_0-\Delta\delta)} \tag{3-6}$$

电感的变化量和相对变化量分别为

$$\Delta L=L-L_0=\left(\frac{\Delta\delta}{\delta_0-\Delta\delta}\right)L_0 \tag{3-7}$$

$$\frac{\Delta L}{L_0}=\frac{\Delta\delta}{\delta_0-\Delta\delta}=\frac{\Delta\delta}{\delta_0}\left(\frac{1}{1-\frac{\Delta\delta}{\delta_0}}\right) \tag{3-8}$$

实际应用中$\left|\frac{\Delta\delta}{\delta_0}\right| \ll 1$，将式(3-8)按级数形式展开

$$\frac{\Delta L}{L_0}=\frac{\Delta\delta}{\delta_0}+\left(\frac{\Delta\delta}{\delta_0}\right)^2+\left(\frac{\Delta\delta}{\delta_0}\right)^3+\cdots+\left(\frac{\Delta\delta}{\delta_0}\right)^n \tag{3-9}$$

由式(3-9)可知当$\left|\frac{\Delta\delta}{\delta_0}\right|$很小时，如果不考虑二次以上的各高次项，则

$$\frac{\Delta L}{L_0}\approx\frac{\Delta\delta}{\delta_0} \tag{3-10}$$

因此，高次项的存在是造成非线性的主要原因。当气隙的相对变化$\Delta\delta/\delta_0$减小时，高次项的影响将迅速减小，非线性可得到改善。但是，这又会使传感器的测量范围(衔铁的允许工作位移)变小。所以，电感式传感器只适于测量微小位移，通常$\left|\frac{\Delta\delta}{\delta_0}\right|=0.1\sim0.2$。

2. 自感式传感器的分类

自感式传感器是把被测量的变化转换成自感L的变化，通过一定的转换电路转换成电压或电流输出达到测量的目的。从结构上看，自感式传感器可以分为变气隙式自感传感器、变面积式自感传感器和螺管式自感传感器三种。在实际应用中，一般将自感式传感器做成差动型，这样做可以改善传感器的特性和性能。图3-2所示为自感式传感器结构原理。

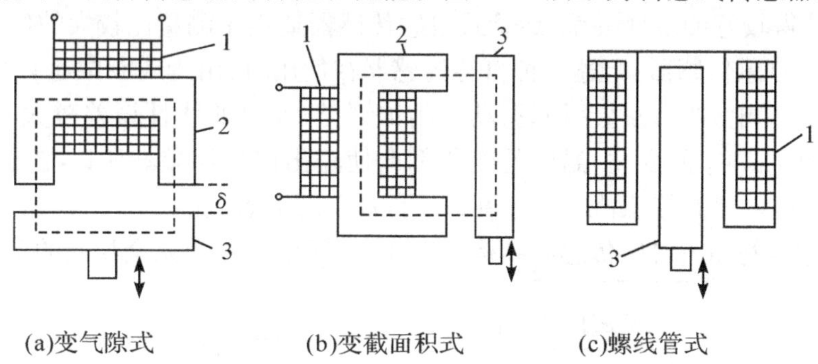

图3-2　自感式传感器结构原理图

1. 线圈　2. 铁芯　3. 衔铁

(1)变气隙式自感传感器：变气隙式自感传感器结构如图3-2(a)所示。它由线圈、铁芯和衔铁组成，在铁芯和衔铁之间保持一定的空气隙δ，被测工件与衔铁相连。当被测量变化引起了空气隙厚度发生变化时，线圈的电感量值也随之发生变化，通过测量电路测出线圈电感量的变化，就可以测得衔铁的位移，实现非电量到电量的转换。

由(3-5)式可知，当自感电感传感器的线圈匝数和铁芯及衔铁的材料及形状确定后，电

感量 L_0 就是气隙厚度和气隙相对截面积 S_0 的函数，如果 S_0 保持不变，L_0 则为 δ_0 的单值函数，从而构成了变气隙式自感式电感传感器。如果气隙厚度 δ_0 保持不变，L_0 则为 S_0 的单值函数，构成了变面积式自感式电感传感器。在实际应用中，前者多用于测量线位移，后者多用于测量角位移。

对于变气隙式自感传感器，电感量 L_0 与气隙厚度 δ_0 成反比，其输出特性如图 3－3(a)所示。

(2)变截面积式自感传感器：由图 3－2(b)和式(3－5)可知，当线圈匝数 W 确定后，如果气隙厚度 δ_0 不变，则电感量 L 与气隙截面积 S 成正比，输入输出呈线性关系。

对于变面积式自感传感器，输入输出特性曲线如图 3－3(b)所示。

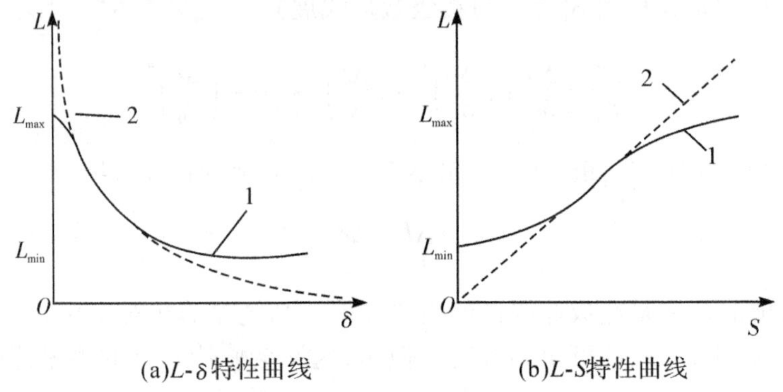

图 3－3　自感式传感器的输出特性

1. 实际输出特性　2. 理想输出特性

(3)螺管式自感传感器：图 3－2(c)所示的单线圈螺管式自感传感器由一只螺管线圈和一根可沿线圈轴向移动的柱形活动衔铁组成。传感器工作时，活动铁芯随被测体移动，导致线圈电感量发生变化。

这种传感器结构简单，制作容易，但灵敏度稍低，而且只有衔铁在螺线管中间部分工作时，才有可能获得较好的线性关系，螺管式自感传感器适用于测量比较大的位移量。

(4)差动式自感传感器：上述三种自感传感器在使用时，由于线圈中通有交流励磁电流，因而衔铁始终承受电磁吸力，会引起振动及附加误差，而且非线性误差较大。另外，外界的干扰加上电源电压频率的变化、温度的变化都会使输出产生误差。所以在实际工作中常采用差动形式，既可以提高传感器的灵敏度，又可以减小测量误差。

1)结构特点：差动式自感传感器结构如图 3－4 所示。两个完全相同的单个线圈的自感

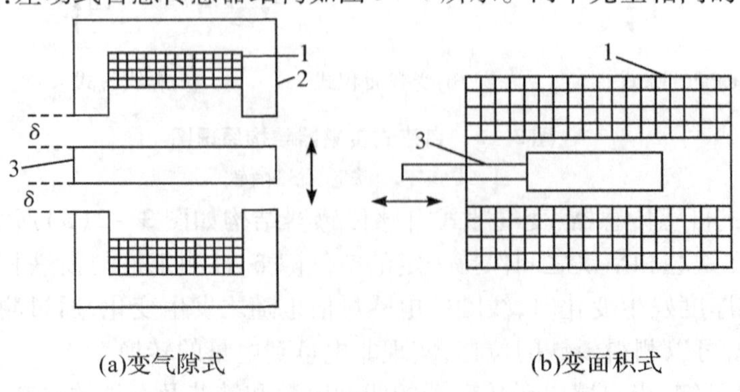

图 3－4　差动式自感传感器结构

1. 线圈　2. 铁芯　3. 衔铁

传感器共用一个活动衔铁就构成了差动式自感传感器。

差动式自感传感器的结构要求两个导磁体的几何尺寸完全相同,材料性能也完全相同,两个线圈的电气性能参数(如电感、匝数、直流电阻、分布电容等)和几何尺寸也完全相同。

2)工作原理和特性:在变气隙式差动自感传感器中,当衔铁随被测量移动而偏离中间位置时,两个线圈的电感量一个增加一个减小,形成差动形式。

图3-5给出了差动式自感传感器的特性曲线。从图中可以看出,差动式自感传感器的线性较好,输出曲线较陡,灵敏度约为非差动式自感传感器的两倍。

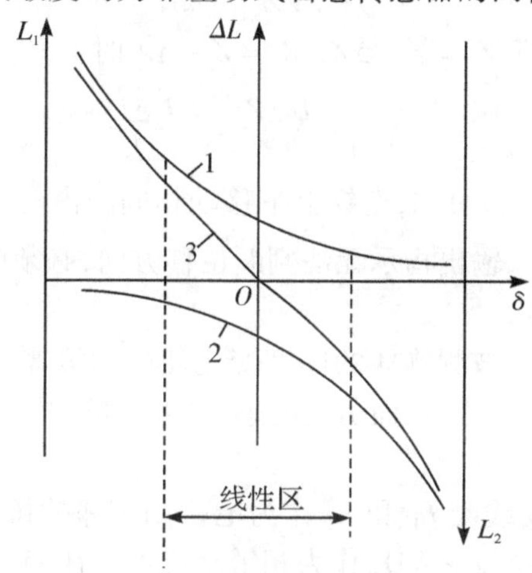

图3-5 差动式与单线圈电感传感器非线性比较

1. 上线圈特性 2. 下线圈特性 3. 差接后的特性

采用差动式结构除了可以改善线性、提高灵敏度外,对外界的影响,如温度的变化、电源频率变化等的抗干扰能力也大为增强。

3. 测量转换电路

(1)交流电桥式测量电路:测量电路的作用是将自感式传感器电感量的变化转换成电压或电流信号,以便进行放大,而后用仪表显示或记录。电感式传感器的测量电路主要是交流电桥,交流电桥的形式很多,如图3-6所示是它的一般形式,桥臂可以是电阻或电抗元件。电感式传感器大多采用差动形式,所以通常将差动式传感器的两个线圈作为电桥的两个工作臂,称为电阻平衡电桥;当电桥的平衡臂为变压器的两组二次线圈时,则称为变压器式交流电桥,如图3-7所示。

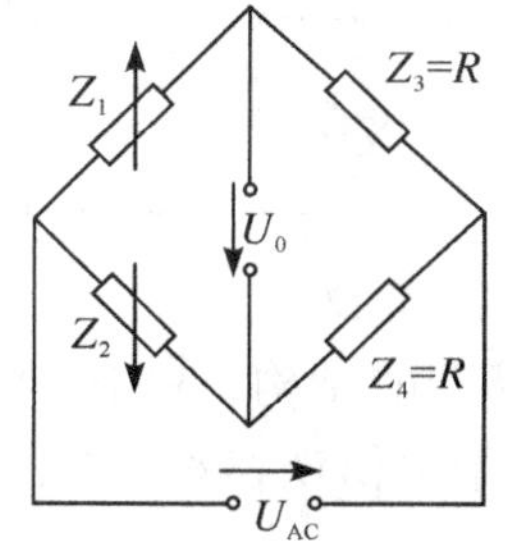

图3-6 交流电桥式测量电路

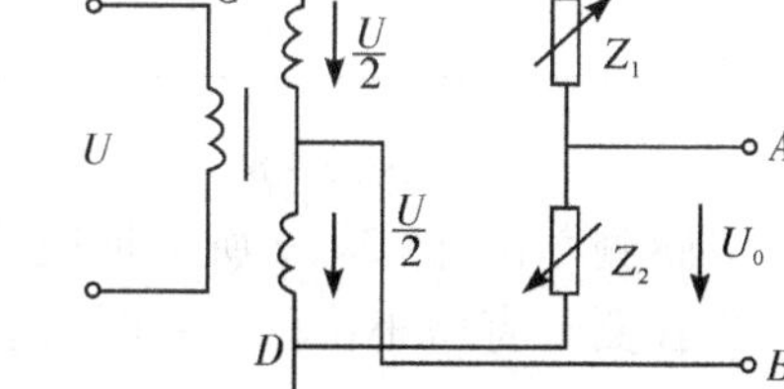

图3-7 变压器式交流电桥

(2)变压器式交流电桥:变压器式交流电桥测量电路如图3-7所示,电桥两臂 Z_1、Z_2 为传感器线圈阻抗,另外两桥臂为交流变压器次级线圈的1/2阻抗,当负载阻抗无穷大时,桥

路输出电压为

$$\dot{U}_0=\frac{Z_2\dot{U}}{(Z_1+Z_2)}-\frac{\dot{U}}{2}=\frac{(Z_2-Z_1)\dot{U}}{(Z_1+Z_2)2} \tag{3-11}$$

当传感器的衔铁处于中间位置时，即 $Z_1=Z_2=Z$，此时有 $\dot{U}_0=0$，电桥平衡。当传感器的衔铁上移，即 $Z_1=Z-\Delta Z, Z_2=Z+\Delta Z$ 时：

$$\dot{U}_0=\frac{\dot{U}\Delta Z}{2Z}=\frac{\dot{U}\Delta L}{2L} \tag{3-12}$$

当传感器的衔铁下移，即 $Z_1=Z+\Delta Z,\ Z_2=Z-\Delta Z$ 时：

$$\dot{U}_0=-\frac{\dot{U}\Delta Z}{2Z}=-\frac{\dot{U}\Delta L}{2L} \tag{3-13}$$

从式(3－12)及式(3－13)可知，衔铁上下移动相同距离时，输出电压的大小相等，但方向相反，由于 $\dot{U}_0$ 是交流电压，输出指示无法判断位移方向，必须配合相敏检波电路来解决。

4. 自感式传感器的应用

(1)JGH 型电感测厚仪：被测物体的厚度变化使电感测厚仪的感辨头带动差动式结构自感传感器的衔铁位置发生变化，从而引起电感 L 的差动变化。测量电路采用图 3－8 所示的 JGH 型电感测厚仪电路。

自感传感器的两个差动线圈 L_1 和 L_2 作为电桥俩相邻的桥臂，另两相邻的桥臂采用 C_1 和 C_2，并且使用 4 只二极管 $VD_1\sim VD_4$ 作为相敏整流器。在相敏整流器的输出端，用指示器 V 指示。二极管中串联 4 个电阻 $R_1\sim R_4$ 作附加使用，目的是减少由于温度变化而引起的误差，故选用温度系数小的绕线电阻。电桥的电源对角线是由变压器提供的。变压器的原边用磁铁和稳压器 R_7 和 C_4。C_3 起滤波作用，RP_1 调节电桥电路的零位，RP_2 用来调节指示器满刻度，SD 为指示灯。图 3－8 中使用相敏整流电路的目的，是使输出电压的极性能真正反映衔铁的移动方向，从而确定厚度是增加还是减小。

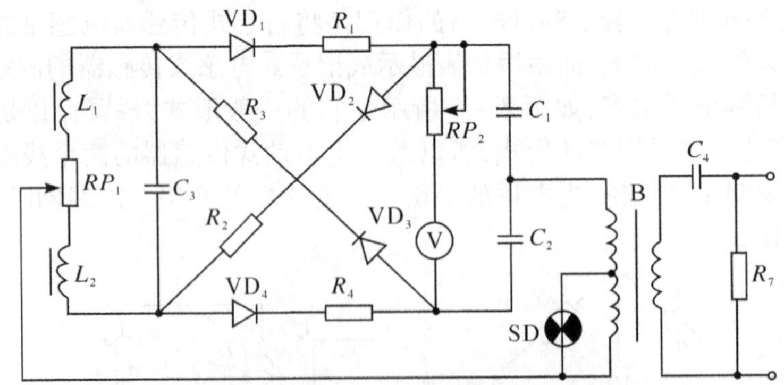

图 3－8　JGH 型电感测厚仪电路

(2)GDH 型电感测厚仪：图 3－9 所示是这种传感器的结构，从图中可以看出，这是差动式自感传感器。当在测端有微小位移作用时，则测杆带动衔铁移动，改变了差动电感传感器的截面积。线圈电感差动变化，通过电缆接到电桥。

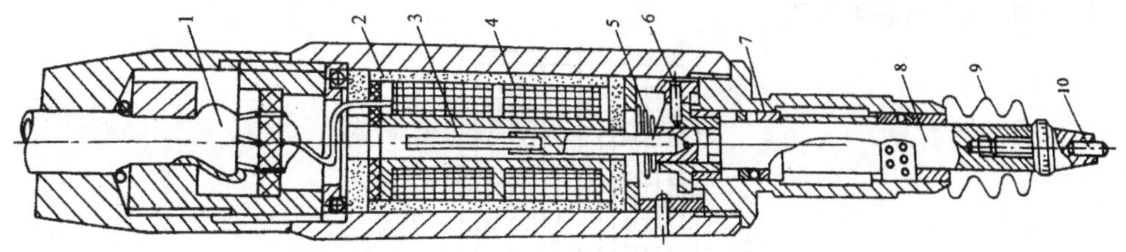

图 3 -9　GDH 型电感测微仪结构

1. 引起电缆　2. 固定磁筒　3. 衔铁　4. 线圈　5. 弹簧

6. 防转销　7. 导轨　8. 测杆　9. 密封套　10. 测端

当没有位移在测端，两线圈电感相等，电桥平衡，无输出信号。若衔铁偏离中间位置，电桥有电压输出。幅值与衔铁位移成正比。

(3)变磁阻式传感器的应用：图 3 -10 是变隙式压力传感器的结构图，它由膜盒、铁芯、衔铁及线圈等组成，衔铁与膜盒的上端连在一起。

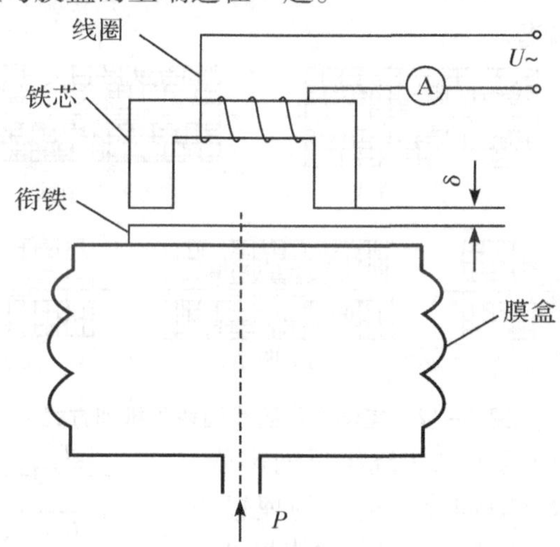

图 3 -10　变隙电感式压力传感器结构

当压力进入膜盒时，膜盒的顶端在压力 P 的作用下产生与压力 P 大小成正比的位移，于是衔铁也发生移动，从而使气隙发生变化，流过线圈的电流也发生相应的变化，电流表 A 的指示值就反映了被测压力的大小。

(二) 互感式传感器(差动变压器)

互感式传感器是一种线圈互感随衔铁位移变化的变磁阻式传感器，其原理类似于变压器。变压器的一、二次绕组间的互感为常数，而互感式传感器的互感随衔铁的移动而变化，且两个次级绕组按差动方式工作，因此又称为差动变压器。

差动变压器的结构形式较多，有变隙式、变面积式和螺线管式等。在非电量测量中，应用最多的是螺线管式差动变压器，它可以测量 1 ~ 100mm 范围内的机械位移，并且具有测量精度高、灵敏度高、结构简单、性能可靠等优点。

1. 工作原理与结构

螺线管式差动变压器结构如图 3 -11 所示，它由一个初级线圈、两个次级线圈和插入线圈中央的圆柱形铁芯等组成。

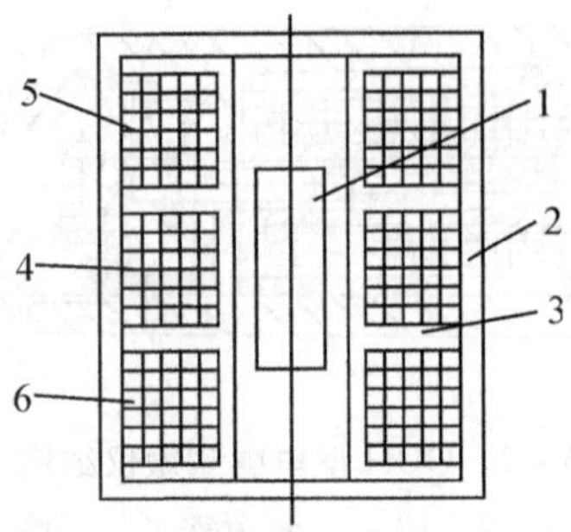

图 3－11　螺线管式差动变压器结构

1. 活动衔铁　2. 导磁外壳　3. 骨架　4. 匝数为 W_1 的初级绕组

5. 匝数为 W_{2a} 的次级绕组　6. 匝数为 W_{2b} 的次级绕组

螺线管式差动变压器按线圈绕组排列方式的不同可分为一节式、二节式、三节式、四节式和五节式等类型，如图 3－12 所示。一节式灵敏度高，三节式零点残余电压较小，通常采用的是二节式和三节式两类。

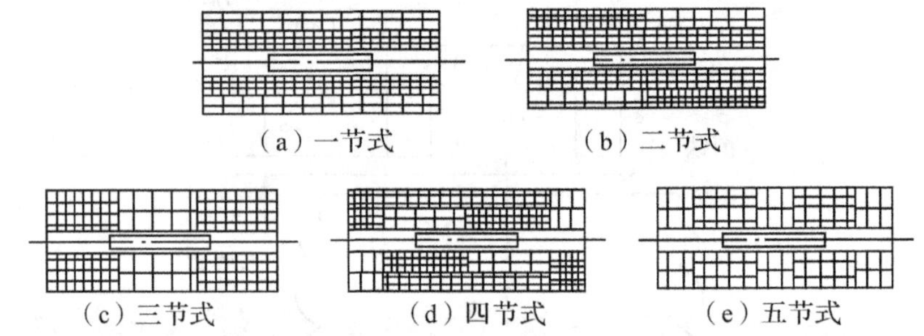

图 3－12　差动变压器线圈各种排列方式

差动变压器传感器中两个二次绕组反向串联，并且在忽略铁损、导磁体磁阻和分布电容的理想条件下，其等效电路如图 3－13 所示。当一次绕组 W_1，加以激励电压 U_1 时，根据变压器的工作原理，在两个二次绕组 W_{2a} 和 W_{2b} 中便会产生感应电动势 E_{2a} 和 E_{2b}。如果工艺上保证变压器结构完全对称，则当活动衔铁处于初始平衡位置时，必然会使两互感系数 $M_1 = M_2$。根据电磁感应原理，将有 $E_{2a} = E_{2b}$。由于变压器两个二次绕组反向串联，因而 $U_2 = E_{2a} - E_{2b} = 0$，即差动变压器输出电压为零。实际上衔铁处于初始平衡位置时输出电压并不等于零，而是一个很小的电压值，称为零点残余电压。如上所述，三节式零点残余电压较小，在具体测量电路中可予以消除。

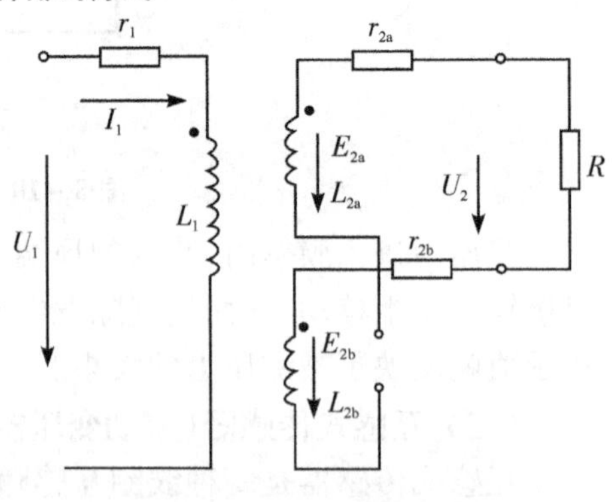

图 3－13　差动变压器等效电路

当活动衔铁向上移动时，由于磁阻的影响，W_{2a} 中磁通将大于 W_{2b}。使 $M_1 > M_2$，因而 E_{2a} 增加，而 E_{2b} 减小。反之，E_{2b} 增加，E_{2a} 减小，因为 $U_2 = E_{2a} - E_{2b}$，所以当 E_{2a}、E_{2b} 随着衔铁位移 x 变化时，U_2 也必将随 x 变化。

2. 基本特性

差动变压器等效电路如图 3-13 所示，当次级开路时有

$$\dot{I}_1=\frac{\dot{U}_1}{r_1+\mathrm{j}\omega L_1} \tag{3-14}$$

式中：$\dot{U}_1$——初级线圈的激励电压；

ω——激励电压 $\dot{U}_1$ 的角频率；

$\dot{I}_1$——初级线圈激励电流；

r_1、L_1——初级线圈直流电阻和电感。

根据电磁感应定律，次级绕组中感应电势的表达式分别为

$$\dot{E}_{2a}=-\mathrm{j}\omega M_1\dot{I}_1 \tag{3-15}$$

$$\dot{E}_{2b}=-\mathrm{j}\omega M_2\dot{I}_1 \tag{3-16}$$

式中：M_1、M_2——初级绕组与两次级绕组的互感。

由于次级两绕组反相串联，且考虑到次级绕组开路，则由以上关系可得

$$\dot{U}_2=\dot{E}_{2a}-\dot{E}_{2b}=-\frac{\mathrm{j}\omega(M_1-M_2)\dot{U}_1}{r_1+\mathrm{j}\omega L_1} \tag{3-17}$$

输出电压有效值为

$$U_2=\frac{\omega(M_1-M_2)U_1}{\sqrt{r_1^2+(\omega L_1)^2}} \tag{3-18}$$

式(3-18)说明，当激磁电压的幅值 U_1 和角频率 ω、初级绕组的直流电阻 r_1 及电感 L_1 为定值时，差动变压器输出电压仅仅是初级绕组与两个次级绕组之间互感之差的函数。因此，只要求出互感 M_1 和 M_2 对活动衔铁位移 x 的关系式，再代入式(3-17)即可得到螺线管式差动变压器的基本特性。

下面分三种情况进行分析：

(1)活动衔铁处于中间位置时

$$M_1=M_2=M \qquad U_2=0$$

(2)活动衔铁向上移动时

$$M_1=M+\Delta M,\quad M_2=M-\Delta M$$

故 $U_2=\dfrac{2\omega\Delta MU_1}{\sqrt{r_1^2+(\omega L_1)^2}}$与 E_{2a}同极性。

(3)活动衔铁向下移动时

$$M_1=M-\Delta M,M_2=M+\Delta M$$

故 $U_2=-\dfrac{2\omega\Delta MU_1}{\sqrt{r_1^2+(\omega L_1)^2}}$与 E_{2b}同极性。

3. 差动变压器式传感器测量电路

差动变压器的输出是交流电压，若用交流电压表测量，只能反映衔铁位移的大小，不能反映移动的方向。另外，其测量值中将包含零点残余电压，为了达到能判别移动方向和消除零点残余电压的目的，常采用差动整流电路和差动相敏检波电路进行测量。

差动整流电路是把差动变压器的两个二次电压分别整流，然后将整流的电压或是电流

的差值作为输出,如图 3-14 给出了几种典型电路形式。图中电阻 R_0 用于调整零点残余电压。

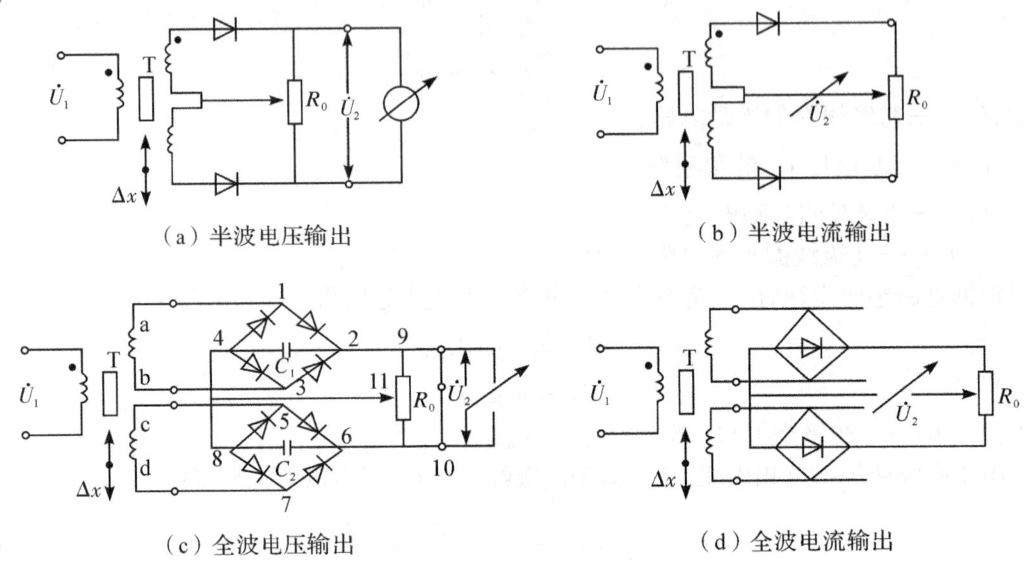

(a)半波电压输出

(b)半波电流输出

(c)全波电压输出

(d)全波电流输出

图 3-14 差动整流电路

下面以全波电压输出电路为例,分析差动整流工作原理。

由图 3-14(c)可知,不论两个二次绕组的输出瞬时电压极性如何,流经电容 C_1 的电流方向从 2 到 4,流经电容 C_2 的电流方向从 6 到 8,故整流电路的输出电压为

$$U_2 = U_{24} - U_{68} \tag{3-19}$$

当衔铁在零位时,因为 $U_{24} = U_{68}$,所以 $U_2 = 0$;当衔铁在零位以上时,因为 $U_{24} > U_{68}$,则 $U_2 > 0$;而当衔铁在零位以下时,则有 $U_{24} < U_{68}$,则 $U_2 < 0$。

差动整流电路结构简单,不需要考虑相位调整和零点残余电压的影响,分布电容影响小,输出为直流,便于远距离传输,因而得到广泛应用。

(三)电涡流式传感器

1. 电涡流式传感器的工作原理

置于变化磁场中的块状金属导体或在磁场中作切割磁力线的块状金属导体,则在此块状金属导体内将会产生旋涡状的感应电流的现象,称为电涡流效应,该旋涡状的感应电流称为电涡流,简称涡流,如图 3-15 所示。被测金属导体放置在一个扁平线圈附近,两者并不接触,线圈中通过高频正弦交变电流时,线圈周围就产生一个交变磁场 H_1,被测导体置于磁场范围之内产生电涡流 $\dot{I}_2$,此电涡流产生新的磁场 H_2,H_2 与 H_1 方向相反,可抵消部分 H_1 磁场,导致线圈的电感量、阻抗和品质因素发生改变。

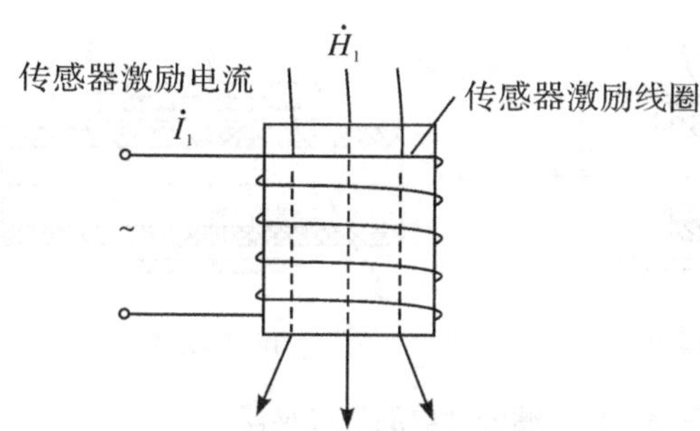

(a)传感器激励线圈

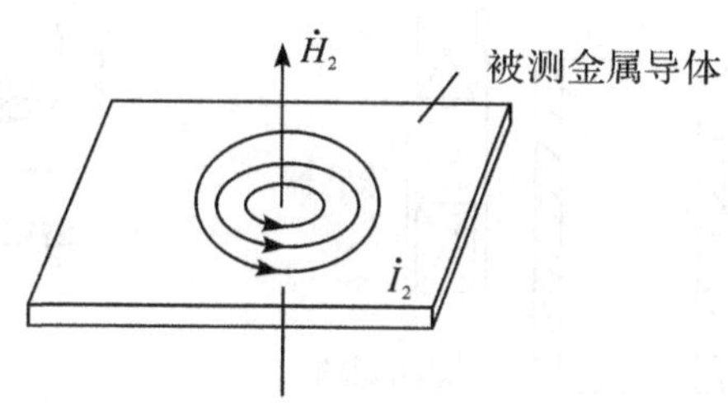

(b)被测金属导体

图 3－15　电涡流式传感器原理

线圈阻抗、电感和品质因素的变化与导体的几何形状、导电率、导磁率有关,也与线圈的几何尺寸、励磁电流和频率及线圈到被测导体的距离 x 有关。控制可变参数,只改变其中的一个参数,线圈阻抗等变化是该参数的单值函数。电涡流位移式传感器是保持其他参数恒定不变,使阻抗 Z 为距离 x 的函数。

2. 电涡流传感器的分类

用于测量位移的电涡流式传感器有变间隙型、变面积型和螺管型三种形式。

(1)变间隙型电涡流传感器:该传感器进行位移测量的原理是基于传感器线圈与被测导体平面之间间隙的变化引起涡流效应的变化,导致线圈电感和阻抗的变化,如图 3－16 所示。电涡流传感器由一个固定在框架上的扁平圆线组成,线圈用多股漆包线和银线绕制而成,一般放在传感器的端部,可绕在框架的槽内,也可用黏结剂黏结在端部。图 3－17 所示为 CZF1 型电涡流传感器的结构。这种系列传感器与 BZF 型变换器和 ZZF6 指示仪配套可组成位移振幅测量仪,能用于测量航空发动机、汽轮机、压缩机、电动机等各种旋转机械的轴向位移和径向振动及轴的运动轨迹,也可用于其他各种需要测位移和振动的场合。

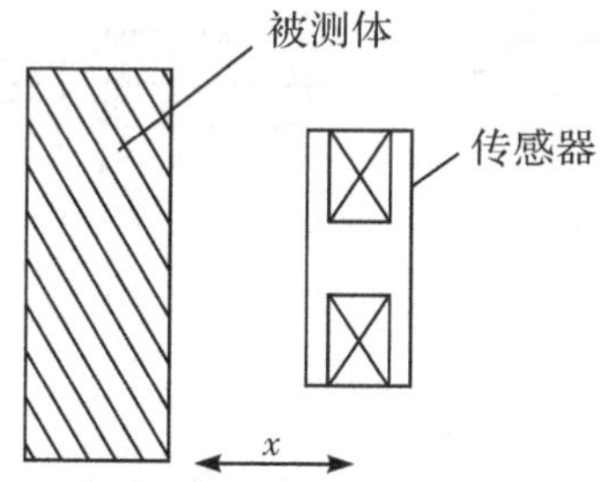

图 3－16　变间隙型电涡流传感器测量位移的原理

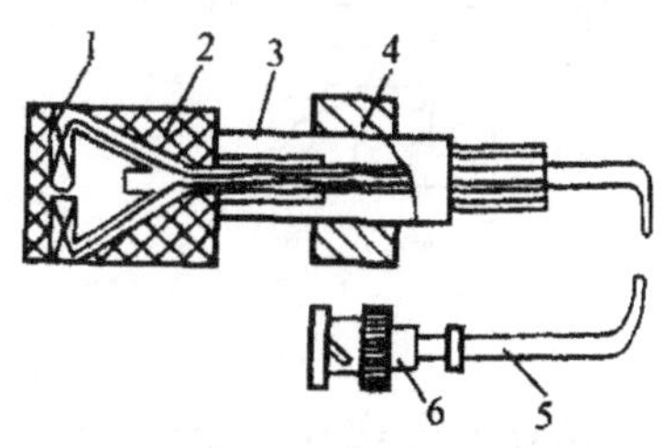

图 3－17　CZF1 型电涡流传感器的结构

1. 线圈　2. 框架　3. 框架衬套

4. 支架　5. 电缆　6. 插头

(2)变面积型电涡流传感器:该传感器是利用被测导体与传感器线圈之间相对面积的变化,引起电涡流效应的变化,进行位移测量,其原理如图 3－18 所示。

这种形式的电涡流传感器,测量线性范围比变间隙型的大而且线性度也较高,适合于轴向位移的测量。

(3)螺管型电涡流传感器:该传感器由短路套筒和螺管线圈组成,如图 3－19 所示。短路筒可沿着螺管线圈轴向移动,引起螺管线圈电感的变化,测量位移。

这种类型的传感器在其长度较宽范围内有较好的线性,但灵敏度较低。

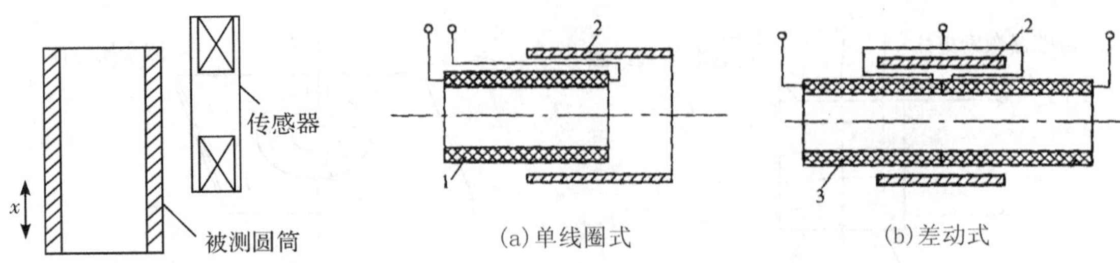

图 3－18　变面积型电涡流传感器测位移原理

图 3－19　螺管型电涡流传感器

1. 线圈　2. 短路套筒　3. 线圈

上面介绍了三种形式的电涡流式位移传感器，与其他传感器相比，具有结构简单、体积小、抗干扰能力强、不受油污等介质的影响、可进行非接触测量、灵敏度高等特点，可测位移量程一般为 0～80mm。除测位移外，还可用于测量厚度尺寸、物体表面光洁度、无损探伤等，在工业生产中获得了广泛应用。

3. 电涡流传感器的应用

(1)位移测量

电涡流式传感器可以用来测量各种形式的位移量，最大位移可达数百毫米，一般分辨率可达 0.1%。目前，电涡流位移传感器的分辨率在 0～15μm，量程范围内最高已到 0.05μm。原则上，凡是可以转换成位移量的参数，都可以用电涡流式传感器测量。例如，汽轮机或空气压缩机等主轴的径向振动、轴向振动；发动机涡轮叶片的振动；金属材料的热膨胀系数、纱线张力、液体压力等。

如图 3－20(a)所示为机器旋转主轴的轴向位移测量，图 3－20(b)所示为先导阀位移测量，图 3－20(c)所示为金属试件的热膨胀系数测量。

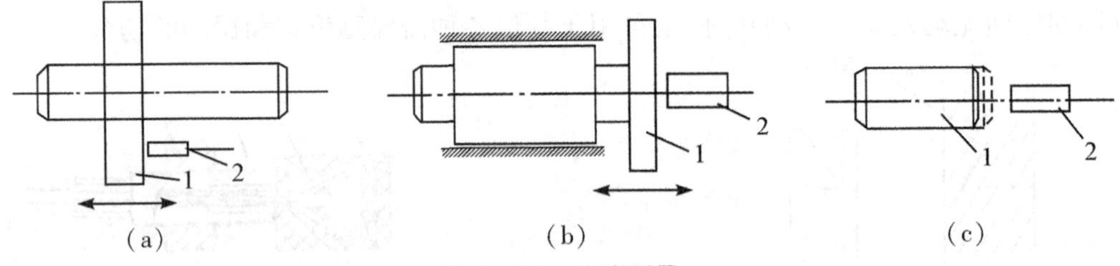

图 3－20　位移测量

1. 被测试件　2. 电涡流式传感器探头

电涡流式传感器不能直接用于液位测量，但可以通过一定的机构进行测量。如图 3－21 所示为电涡流式传感器构成的液位测控系统。通过浮子 3 与杠杆带动涡流板 1 上下位移，由涡流式传感器 2 发出信号控制电动泵的开启而使液位保持一定。

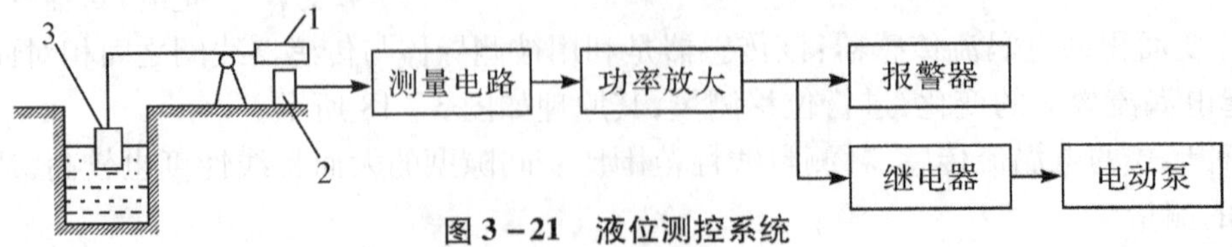

图 3－21　液位测控系统

1. 涡流板　2. 电涡流式传感器　3. 浮子

(2)转速测量：在一个旋转体上开一条或数条槽[图 3－22(a)]，或者做成齿状[图 3－22(b)]。旁边安装一个电涡流式传感器，在距输入表面 d_0 处设置电涡流传感器，输入轴与

被测旋转轴相连。

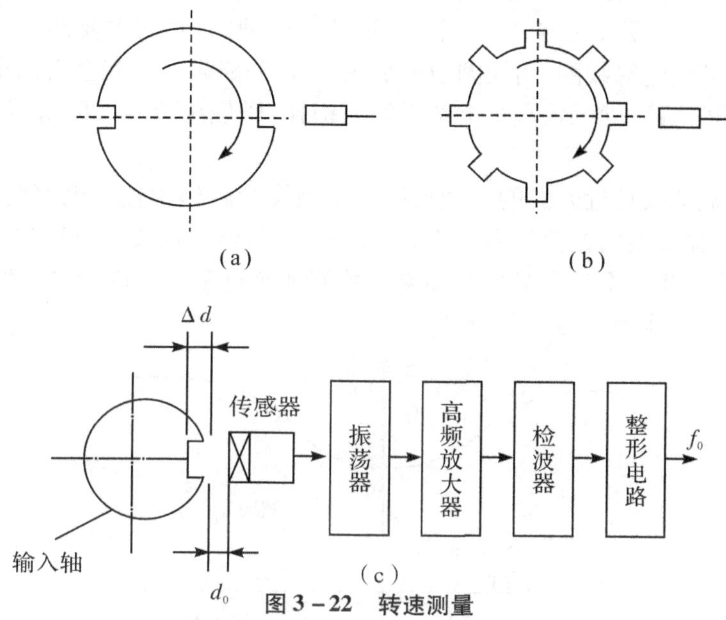

图 3－22　转速测量

当被测旋转轴转动时，电涡流传感器与输出的距离变为 $d_0+\Delta d$。由于电涡流效应，使传感器线圈阻抗 Δd 的变化，这种变化将导致振荡谐振回路的品质因数发生变化，它将直接影响振动器的电压幅值和振荡频率。因此随着输入的旋转，从振荡器输出的信号中包含有与转速成正比的脉冲频率信号。该信号由检波器检出电压幅值的变化量，然后经整形电路输出频率的 f_n 脉冲信号，该信号经电路处理便可得到检测转速。

(3)低频透射式涡流厚度传感器：电涡流式厚度传感器的结构原理如图 3－23 所示。在被测金属板的上方设有发射传感器线圈 L_1，在被测金属板下方设有接收传感器线圈 L_2。当在 L_1 上加低频电压 $\dot{U}_1$ 时，L_1 上产生交变磁通 Φ_1'，若两线圈间无金属板，则交变磁通直接耦合至 L_2 中，L_2 产生感应电压 $\dot{U}_2$。如果将被测金属板放入两线圈之间，则 L_1 线圈产生的磁场将导致在金属板中产生电涡流，并将贯穿金属板，此时磁场能量受到损耗，使到达 L_2 的磁通将减弱为 Φ_1'，从而使 L_2 产生的感应电压 $\dot{U}_2$ 下降。金属板越厚，涡流损失就越大，电压 $\dot{U}_2$ 就越小，因此可以根据电压 $\dot{U}_2$ 的大小得知被测金属板的厚度。透射式涡流厚度传感器的检测范围可达 1～100 mm，分辨率为 0.1μm，线性度为 1%。

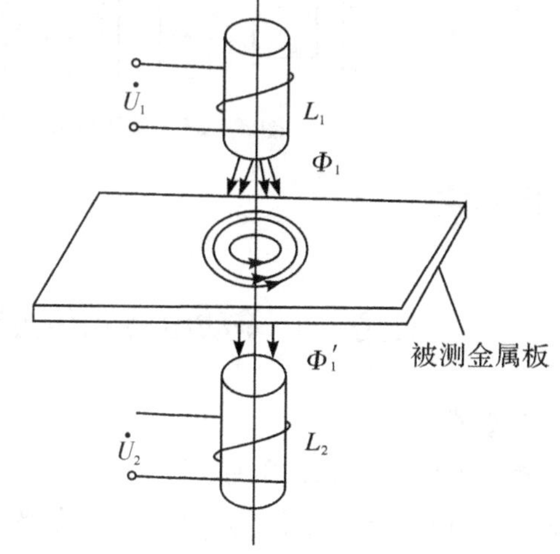

图 3－23　透射式涡流厚度传感器结构原理

(4)涡流式接近开关：为了使公路交通系统正常运行，常须检测公路上汽车的流量，依据它来控制交通信号。图3－24为涡流式接近开关原理图，它的主要部件是埋在公路表面下几厘米深处的环装绝缘线圈，给线圈通上励磁电流，公路表面上就会有图中虚线所示的磁场产生。当汽车进入这一区域，汽车上产生涡流损耗，励磁线圈有效阻抗变化（汽车在正上方时，损耗最大）。

图3－25是涡流式接近开关的原理框图。将绝缘励磁作为振荡电路的一部分，若振荡器有效阻抗变化，振荡器的振荡频率也要变化，经过检波器转换成的电压与比较器提供的电压比较，不等就会产生一个计数脉冲。如果计数累加超过某一上限，会驱动执行机构，改变信号灯的状态或产生报警信号。

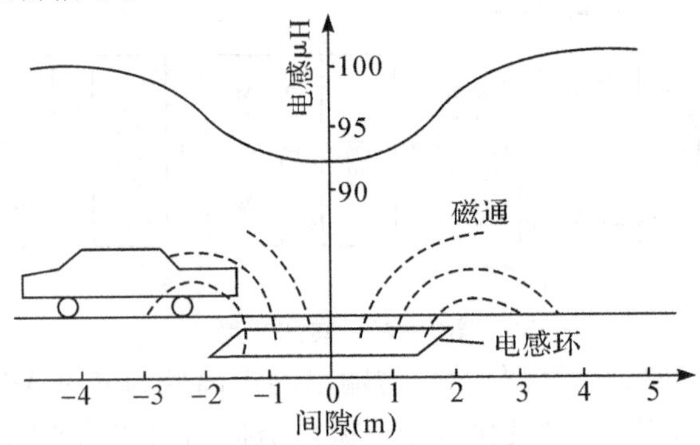

图3－24　涡流式接近开关原理图

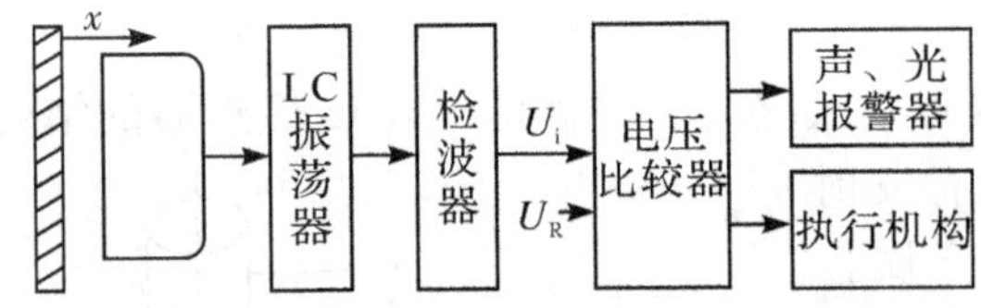

图3－25　涡流式接近开关原理框图

三、项目实施

任务一　差动电感式传感器的位移特性分析

(一)实施要求

1. 了解差动电感式传感器的原理。

2. 比较差动电感式传感器和差动变压器传感器的不同。

(二)实施内容

差动螺管式电感传感器由电感线圈的两个次级线圈反相串接而成，工作在自感基础上，由于衔铁在线圈中位置的变化使两个线圈的电感量发生变化，包括两个线圈在内组成的电桥电路的输出电压信号因而发生相应变化。

(三)实施步骤

(1)按差动变压器性能实验将差动变压器安装在差动变压器实验模块上，将传感器引线

插入实验模块插座中。

(2)连接主机与实验模块电源线,按图 3－26 所示连线组成测试系统,两个次级线圈必须接成差动状态。

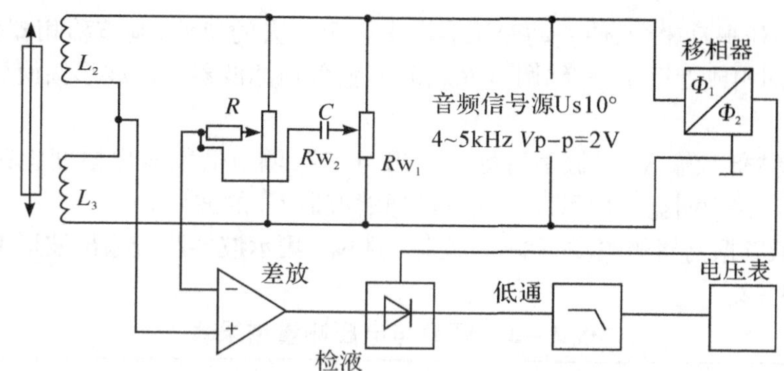

图 3－26　差动电感式传感器位移特性分析接线图

(3)使差动电感传感器的铁芯偏在一边,使差分放大器有一个较大的输出,调节移相器使输入输出同相或者反相,然后调节电感传感器铁芯到中间位置,直至差分放大器输出波形最小。

(4)调节 R_{w1} 和 R_{w2} 使电压表显示为零,当衔铁在线圈中左、右位移时,$L_2 \neq L_3$,电桥失衡,输出电压信号的大小与衔铁位移量成比例。

(5)以衔铁位置居中为起点,分别向左、向右各位移 5mm,记录 X、V_0 值并填入表 3－1(每位移 0.5mm 记录一个数值)。

表 3－1　位移与电压测量结果表

X(mm)																						
V_0(V)																						

任务二　差动变压器的振动测量

(一)实施要求

了解差动变压器测量振动的方法。

(二)实施内容

利用差动变压器的静态位移特性测量动态参数。

(三)实施步骤

(1)将差动变压器按图 3－27 安装在振动源单元上。

(2)合上实验台电源开关,用示波器观察信号源音频振荡器输出“Us10°”音频信号,使其输出频率为 4kHz,$V_{p-p}=2V$ 的正弦信号。

(3)将差动变压器的输出线连接到差动变压器模块上,并按差动变压器系统定标实验接线。检查接线无误后,打开固定稳压电源开关。

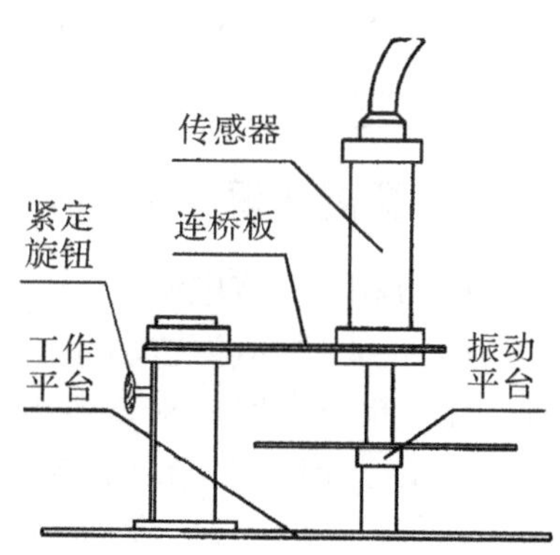

图 3－27　差动变压器安装图

(4)用示波器观察差分放大器输出，调整传感器连接支架的高度，使示波器显示的波形幅值最小。仔细调节差动变压器使差动变压器铁芯能在差动变压器内自由滑动，用“紧定旋钮”固定。

(5)用手按压振动平台，使差动变压器产生一个较大的位移，调节移相器使移相器输入输出波形正好同相或者反相，仔细调节 R_{w1} 和 R_{w2} 使低通滤波器输出波形幅值更小，基本为零点。

(6)振动源“低频输入”接振荡器低频输出“Us2”，调节低频输出幅度旋钮和频率旋钮，使振动平台振荡较为明显。用示波器观察低通滤波器 U_0 的波形。

(7)保持低频振荡器的幅度不变，改变振荡频率，用示波器测量输出波形 V_{p-p}，记下实验数据，填入表 3－2。

表 3－2　频率与电压测量结果表

f(Hz)										
V_{p-p}(V)										

任务三　电涡流传感器的转速测量

(一)实施要求

了解电涡流传感器测量转速的原理与方法。

(二)实施内容

根据电涡流传感器对不同材质的被测物输出不同和静态位移特性，选择合适的工作点即可测量转速。

(三)实施步骤

(1)将电涡流传感器安装到转动源传感器支架上，引出线接电涡流传感器实验模块。

(2)合上主控台电源，选择不同电源 +4V、+6V、+8V、+10V、12V(±6V)、16V(±8V)、20V(±10V)、24V 驱动转动源，可以观察到转动源转速的变化，待转速稳定后，记录驱动电压对应的转速，填入表 3－3 中，也可用示波器观测磁电传感器输出的波形。

表 3－3　驱动电压与转速测量结果

驱动电压(V)	4V	6V	8V	10V	12V	16V	20V	24V
转速(r/min)								

四、拓展知识

(一)相敏检波电路

图 3－28 所示为差动相敏检波电路的一种形式。相敏检波电路要求参考电压与差动变压器二次侧输出电压的频率相同、相位相同或相反，为此常接入移相电路。为了提高检波效率，参考电压的幅值常取为信号电压的 3～5 倍。图中的电位器为调零电位器，当衔铁处于中间位置时，调节电位器

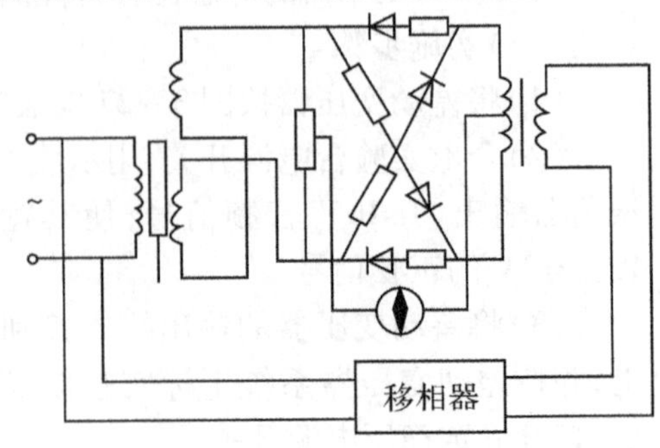

图 3－28　差动相敏检波电路

使输出为零。对于小位移测量的差动变压器,若输出信号太小,电路中可接入放大电器。

(二)电涡流传感器的知识拓展——电涡流简化模型

由于电涡流式传感器的电磁过程十分复杂,难以用基本方法建立数学模型,因而给理论分析带来极大的困难。但是,为了说明传感器的工作原理与基本特性,一般采用如图 3-29 所示的电涡流传感器的简化模型。模型中,把被测金属导体上形成的电涡流等效成一个短路环,假设电涡流仅分布在环体内,h 为电涡流的贯穿深度。

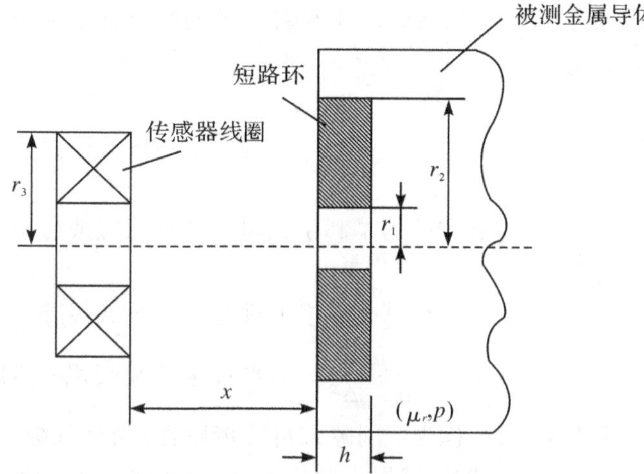

图 3-29　电涡流式传感器的简化模型

根据电涡流传感器的简化模型可画出如图 3-30 所示的等效电路。将被测导体上形成的电涡流等效为一个电流,R_2 和 L_2 为短路环的等效电阻和电感,设线圈的电阻为 R_1,电感为 L_1,加在线圈两端的励磁电压为 $\dot{U}_1$。线圈与被测导体等效为相互耦合的两个线圈,它们之间的互感系数 M 是距离 x 的函数,随 x 的增大而减小。

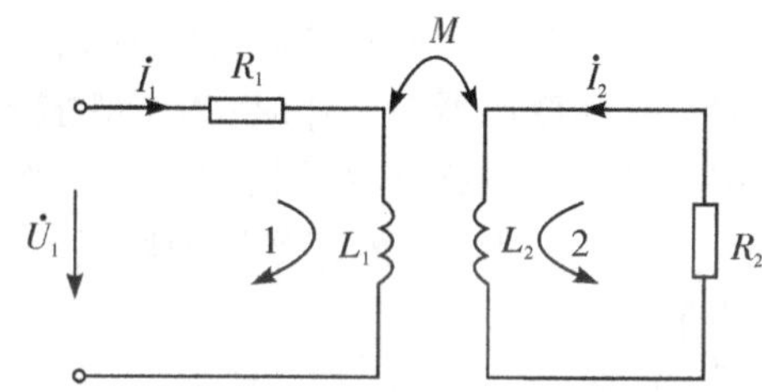

图 3-30　电涡流式传感器等效电路

对于电涡流式传感器的等效电路,根据基尔霍夫定律,列出回路 1 和回路 2 的电压平衡方程如下:

$$\begin{aligned} R_1\dot{I}_1 + \mathrm{j}\omega L_1\dot{I}_1 - \mathrm{j}\omega M\dot{I}_2 &= \dot{U}_1 \\ R_2\dot{I}_2 + \mathrm{j}\omega L_2\dot{I}_2 - \mathrm{j}\omega M\dot{I}_1 &= 0 \end{aligned} \tag{3-20}$$

解方程可求得线圈受金属导体影响后的等效阻抗为

$$\begin{aligned} Z = \frac{\dot{U}_1}{\dot{I}_1} &= R_1 + \frac{\omega^2 M^2}{R_2^2 + (\omega L_2)^2}R_2 + \mathrm{j}\omega\left[L_1 - \frac{\omega^2 M^2}{R_2^2 + (\omega L_2)^2}L_2\right] \\ &= R_{eq} + \mathrm{j}\omega L_{eq} \end{aligned} \tag{3-21}$$

式中:R_{eq}——线圈受电涡流影响后的等效电阻,$R_{eq} = R_1 + \dfrac{\omega^2 M^2}{R_2^2 + (\omega L_2)^2}R^2$;

L_{eq}——线圈受电涡流影响后的等效电感,$L_{eq} = L_1 - \dfrac{\omega^2 M^2}{R_2^2 + (\omega L_2)^2}L_2$。

品质因数:

$$Q = \frac{\omega L_{eq}}{R_{eq}} \tag{3-22}$$

由上面的分析可看出,影响线圈 Z 变化的因素有导体的性质(L_2、R_2)、线圈的参数(L_1、R_1)、电流的频率 ω 及线圈与导体之间的互感系数 M。线圈的等效阻抗 Z 是系统互感系数 M 的平方的函数,当构成电涡流传感器时,$Z = f(x)$ 是位移 x 的非线性函数。但在一定的范围内,可将函数近似地用线性函数表示，于是就可通过测量 Z 的变化线性地获得位移的变化。

电涡流传感器的工作原理可总结为：当传感线圈与被测物体间距离远近不同时，它们间的耦合程度不同，反映出线圈阻抗 Z 的变化就不一样，通过测量 Z 的变化，就可得到位移量的变化。

小　结

（1）电感式传感器是利用磁阻或电磁感应或磁电效应的变化实现非电量检测的机电转换装置。

（2）电感式传感器按转换原理分为自感式传感器、互感式传感器和电涡流式传感器等。

（3）由式 $L=\dfrac{W^2\mu_0 S_0}{2(\delta_0-\Delta\delta)}$ 知，当磁路的截面积一定时，空气隙的厚度发生变化，使线圈电感也发生变化，称为变间隙式自感传感器；当空气隙一定，铁芯与衔铁之间相对覆盖面积发生变化引起线圈电感发生变化的，称为变面积式自感传感器。

（4）互感式传感器又称为差动变压器，是一种线圈互感随衔铁位移变化的变磁阻式传感器，有变隙式、变面积式和螺线管式等。在非电量测量中，应用最多的是螺线管式差动变压器。差动变压器在工作时，为了既能测量大小、判别移动方向，又能消除零点残余电压，常采用差动整流电路和差动相敏检波电路进行测量。

（5）电涡流式传感器是利用涡流效应将非电量转换成阻抗而进行测量的，可实现无接触测量。

思考与练习

1. 说明差动变隙式电感传感器的主要组成、工作原理和基本特性。

2. 差动变压器有哪几种结构形式？各有什么特点？

3. 差动变压器式传感器的零点残余电压产生的原因是什么？怎么减小和消除它的影响？

4. 简述电涡流式传感器的工作原理和特点。

5. 何谓涡流效应？怎样利用涡流效应进行位移测量？

6. 如图 3－31 所示为一差动整流电路，试分析电路的工作原理。

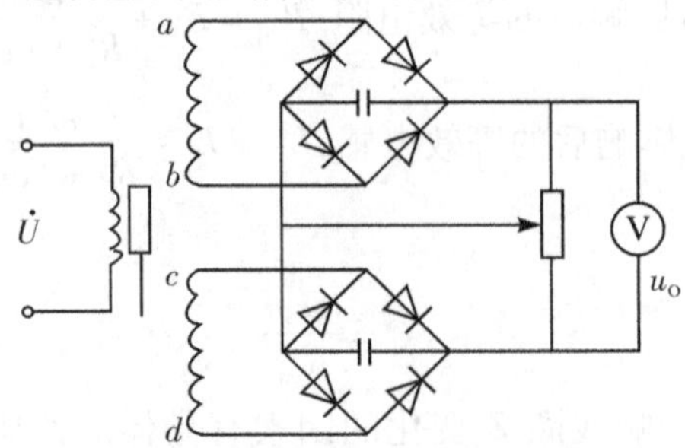

图 3－31　差动整流电路

项目 4 电容式传感器认识及使用

一、项目分析

电容式传感器是将被测非电量的变化转换为电容量变化的一种传感器。它结构简单、体积小、分辨率高，可非接触式测量，并能在高温、辐射和强烈振动等恶劣条件下工作，广泛应用于压力、差压、液位、振动、位移、加速度、成分含量等方面的测量。但电容式传感器的泄漏电阻和非线性等缺点也给应用带来一定的局限，随着电子技术的发展，特别是集成电路的应用，这些缺点也得到了克服，促进了电容式传感器的广泛应用。

本项目主要介绍电容式传感器的工作原理、性能特点、测量电路及基本应用。通过本项目的学习，要能掌握电容式传感器的改善措施及基本应用，并能用电容式传感器进行位移及质量的测量。

知识点

- 电容式传感器的工作原理。
- 电容式传感器的分类。
- 电容式传感器的特性及改善措施。
- 电容式传感器的测量电路。
- 电容式传感器的应用。

能力点

- 能用电容式传感器测量物体的位移。
- 能用电容式传感器测量物体的质量。

二、相关知识

(一)电容式传感器的工作原理

电容式传感器的基本工作原理可以用图 4-1 所示的平板式电容器来说明。设两极板相互覆盖的有效面积为 $S(\mathrm{m}^2)$，两极板间的距离为 $d(\mathrm{m})$，极板间介质的介电常数为 $\varepsilon(\mathrm{F/m})$，在忽略极板边缘效应影响的条件下，平板电容器的电容量 C 为

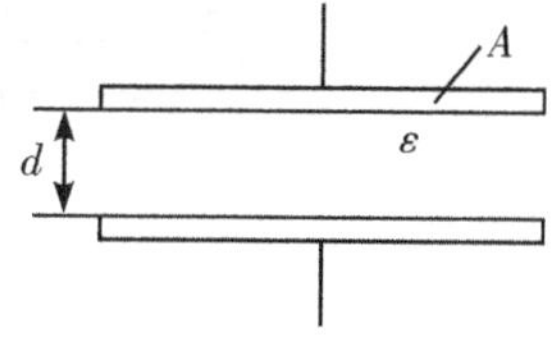

图 4-1 平板电容器

$$C = \frac{\varepsilon S}{d} \tag{4-1}$$

由式(4－1)可知,当ε、S或d改变,则电容量C也随之改变。如果保持其中两个参数不变,通过被测量的变化使另一个参数改变,就可把被测量的变化转换为电容量的变化,通过测量电路就可以转换为电量输出,这就是电容式传感器的基本工作原理。

(二)电容式传感器的类型

由电容式传感器的工作原理知,电容式传感器可以分为变间隙式、变面积式和变介电常数式三种类型,图4－2所示为常用电容式传感器的结构形式,如图4－2(b)、(c)、(d)、(f)、(g)和(h)为变面积型,图4－2(a)和(e)为变极距型,而图4－2(i)、(j)、(k)、(l)则为变介电常数型。

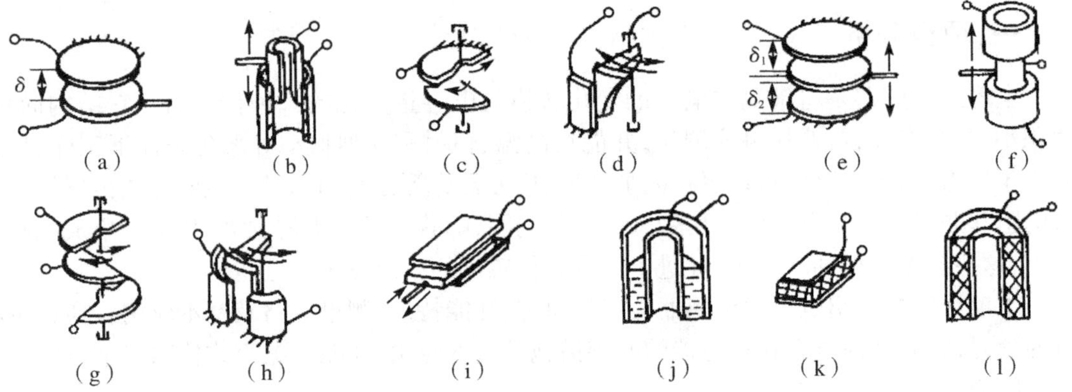

图4－2　电容式传感元件的各种结构形式

1. 变间隙式电容传感器

图4－3所示为变间隙式电容传感器的原理图,当传感器的ε_r和S为常数,初始极距为d_0时,由式(4－1)知其初始电容C_0为

$$C_0 = \frac{\varepsilon_0 \varepsilon_r S}{d_0} \tag{4-2}$$

公式(4－2)中,$\varepsilon = \varepsilon_0 \varepsilon_r$,其中$\varepsilon_0$为真空中的介电常数(F/m),$\varepsilon_0 = \frac{10^{-9}}{4\pi \times 9}$(F/m);$\varepsilon_r$为极板间的相对介电常数,对于空气约为1。

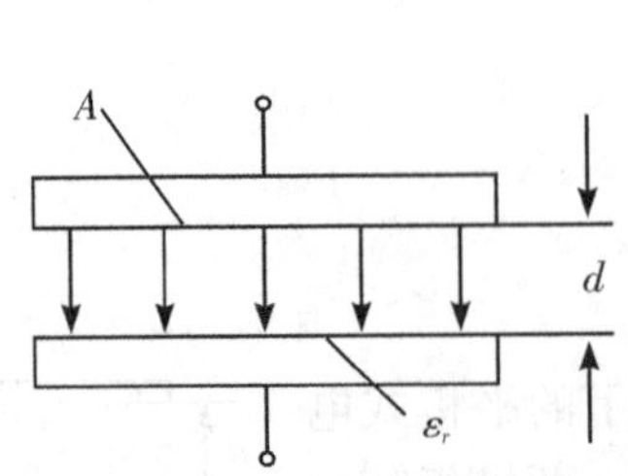

图4－3　变间隙式电容式传感器

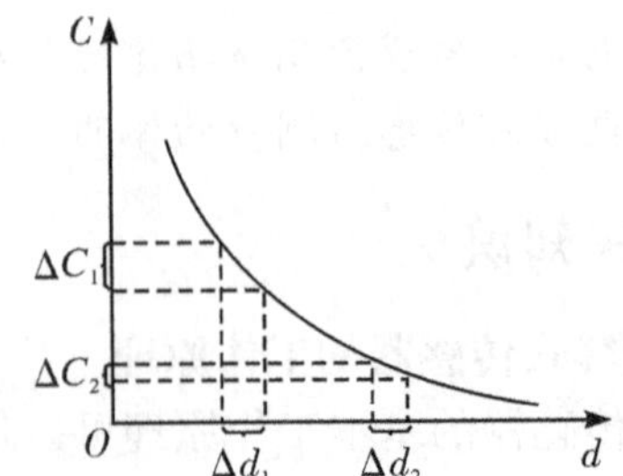

图4－4　电容量与极板间距离的关系

若电容器极板间距离由初始值d_0缩小了Δd,电容量增大了ΔC,则有

$$C_1 = C_0 + \Delta C = \frac{\varepsilon S}{d_0 - \Delta d} = \frac{C_0}{1 - \dfrac{\Delta d}{d_0}} = \frac{C_0\left(1 + \dfrac{\Delta d}{d_0}\right)}{1 - \dfrac{\Delta d^2}{d_0^2}} \tag{4-3}$$

由式(4－3)可知,传感器的输出特性不是线性关系,而是如图4－4所示的关系。

在式(4－3)中若 $\Delta d/d_0 \ll 1$ 时,$1-(\Delta d/d_0)^2 \approx 1$,则式(4－3)可以简化为

$$C_1 = C_0 + C_0 \frac{\Delta d}{d_0} \tag{4-4}$$

所以变间隙式电容传感器只有在 $\Delta d/d_0$ 很小时,才可认为 C_1 与 Δd 是近似线性关系。因此这种类型传感器一般用来对微小位移进行测量,正常为0.01μm到几毫米的线位移。

在实际应用中,为了改善非线性、提高灵敏度和减小外界干扰的影响,变间隙式电容传感器通常采用差动结构。

2. 变面积式电容传感器

变面积式电容传感器结构原理如图4－5所示。对于图4－5(a)所示平板位移 x 后,电容量由 $C_0 = \dfrac{\varepsilon ab}{d}$ 变为 C_x:

$$C_x = \frac{\varepsilon(a-x)b}{d} = \left(1 - \frac{x}{a}\right)C_0 \tag{4-5}$$

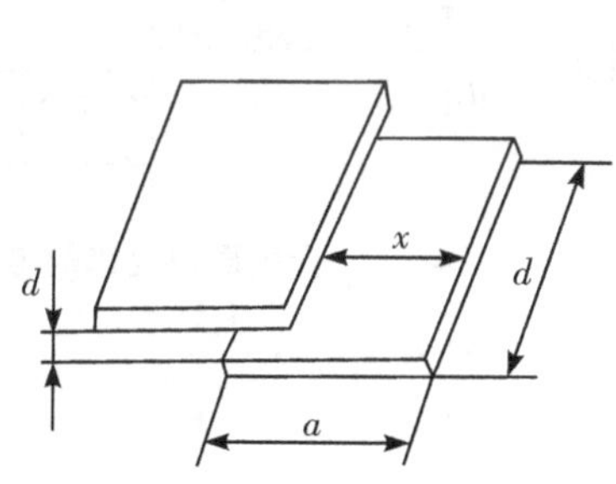

(a)平板形差动电容

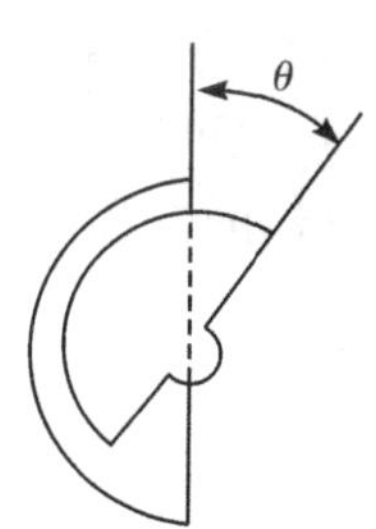

(b)旋转形差动电容

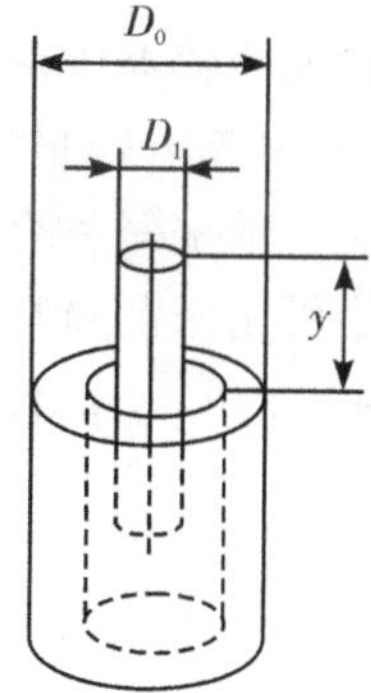

(c)圆柱形差动电容

图4－5 变面积式差动电容传感器结构原理

电容变化为

$$\Delta C = C_x - C_0 = -\frac{xC_0}{a} \tag{4-6}$$

灵敏度为

$$k_x = \frac{\Delta C}{x} = -\frac{\varepsilon b}{d} \tag{4-7}$$

对于角位移式电容传感器,设两片极板全重合($\theta=0$)时的电容量为 C_0,动片转动角度 θ 后,电容量变为

$$C_\theta = C_0 - \frac{\theta C_0}{\pi}$$

电容量变化为

$$\Delta C_\theta = -\frac{\theta C_0}{\pi} \tag{4-8}$$

灵敏度为

$$k_\theta = \frac{\Delta C_\theta}{\theta} = -\frac{C_0}{\pi} \tag{4-9}$$

对于圆柱形电容式位移传感器,设内外电极长度为 L,起始电容量为 C_0,动极向上位移 y 后,电容量变为

$$C_y \approx C_0 - \frac{y}{L}C_0.$$

电容量变化为

$$\Delta C_y = -\frac{y}{L}C_0 \tag{4-10}$$

灵敏度为

$$k_y = \frac{\Delta C_y}{y} = -\frac{C_0}{L} \tag{4-11}$$

由上面分析可得出结论,变面积式电容传感器的电容变化是线性的,灵敏度 k 为一常数。

3. 变介电常数式电容传感器

当电容式传感器中的电介质改变时,其介电常数发生变化,从而引起电容量的变化。变介电常数的方式很多,图 4-6 所示是一种介质面积变化的电容式传感器。这种传感器可用来测量物位或液位,也可测量位移。

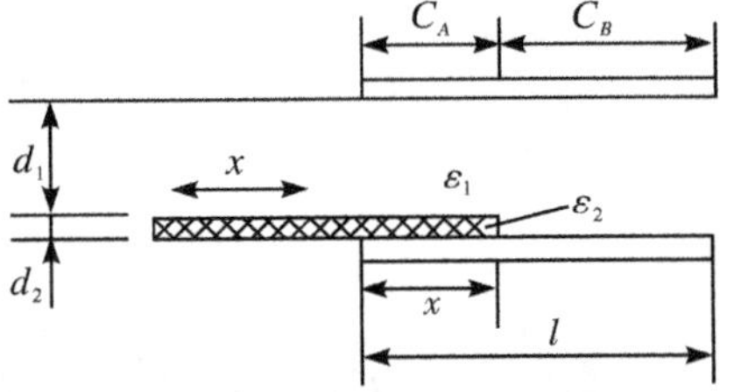

图 4-6　介质面积变化的电容传感器

由图 4-6 可以看出,此时传感器的电容量为

$$C = C_A + C_B$$

其中

$$C_A = \frac{bx}{\dfrac{d_1}{\varepsilon_1} + \dfrac{d_2}{\varepsilon_2}} \qquad C_B = \frac{b(l-x)}{\dfrac{d_1 + d_2}{\varepsilon_1}}$$

设极板间无 ε_2 介质时的电容量为

$$C_0 = \frac{\varepsilon_1 bl}{d_1 + d_2}$$

当 ε_2 介质插入两极板间,则有

$$C = C_A + C_B = \frac{bx}{\dfrac{d_1}{\varepsilon_1} + \dfrac{d_2}{\varepsilon_2}} + \frac{b(l-x)}{\dfrac{d_1 + d_2}{\varepsilon_1}} = C_0 + C_0\frac{x}{l}\frac{1 - \dfrac{\varepsilon_1}{\varepsilon_2}}{\dfrac{d_1}{d_2} + \dfrac{\varepsilon_1}{\varepsilon_2}} \tag{4-12}$$

式(4-12)表明,电容 C 与位移 x 呈线性关系。

几种常用的电介质材料的相对介电常数 ε_r 列于表 4-1 中。

表 4－1　电介质材料的相对介电常数

材料	相对介电常数 ε_r	材料	相对介电常数 ε_r
真空	1.00000	硬橡胶	4.3
其他气体	1～1.2	石英	4.5
纸	2.0	玻璃	5.3～7.5
聚四氟乙烯	2.1	陶瓷	5.5～7.0
石油	2.2	盐	6
聚乙烯	2.3	云母	6～8.5
硅油	2.7	二氧化二铝	8.5
米及谷类	3～5	乙醇	20～25
环氧树脂	3.3	乙二醇	35～40
石英玻璃	3.5	甲醇	37
二氧化硅	3.8	丙三醇	47
纤维素	3.9	水	80
聚氯乙烯	4.0	钛酸钡	1000～10000

（三）电容式传感器的测量电路

电容式传感器将被测物理量变换为电容量变化后，必须采用测量线路将其转换为电压、电流或频率信号。电容式传感器的测量线路种类很多，目前较常用的有调频电路、运算放大器电路、差动脉宽调制电路、双 T 形电桥电路等。

1. 调频电路

调频电路是把电容式传感器与一个电感元件配合构成一个振荡器的谐振电路。当电容传感器工作时，电容量发生变化，导致振荡频率产生相应的变化。再通过鉴频电路将频率的变化转换为振幅的变化，经放大器放大后，即可显示，这种方法称为调频法。调频式测量电路原理框图如图 4－7 所示。图中调频振荡器的振荡频率为

$$f=\frac{1}{2\pi\sqrt{LC}} \tag{4-13}$$

式中：L——振荡回路的电感；

C——振荡回路的总电容，$C=C_1+C_2+C_X$，其中 C_1 为振荡回路固有电容，C_2 为传感器引线分布电容，$C_X=C_0+\Delta C$ 为传感器的电容。

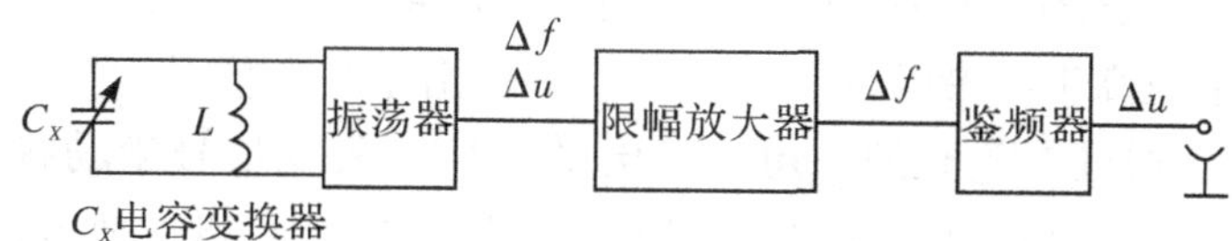

图 4－7　调频式测量电路原理框图

当被测信号为 0 时，$\Delta C=0$，则 $C=C_1+C_2+C_0$，所以振荡器有一个固有频率 f_0，其表达式为

$$f_0 = \frac{1}{2\pi\sqrt{(C_1 + C_2 + C_0)L}} \tag{4-14}$$

当被测信号不为 0 时，$\Delta C \neq 0$，振荡器频率有相应变化，此时频率为

$$f = \frac{1}{2\pi\sqrt{(C_1 + C_2 + C_0 \pm \Delta C)L}} = f \pm \Delta f \tag{4-15}$$

调频电路具有较高的灵敏度，可测至 0.01μm 级的位移变化量。信号的输出易于用数字仪器测量，并可与计算机通信，抗干扰能力强，可以发送、接收以达到遥测控制的目的。

2. 运算放大器电路

将电容式传感器接入运算放大器电路中，如图 4－8 所示为运算放大器原理图，图中 C 是固定电容；C_X 是电容式传感器电容；$\dot{U}_i$ 是交流电源电压，$\dot{U}_o$ 是输出信号电压；Σ 是虚地点。在开环放大倍数为 A 和输入阻抗 Z_i 较大的情况下有

$$\dot{U}_o = -\frac{C}{C_X}\dot{U}_i \tag{4-16}$$

代入 $C_X = \frac{\varepsilon S}{d}$得

$$\dot{U}_o = -\dot{U}_i \frac{C}{\varepsilon S} d \tag{4-17}$$

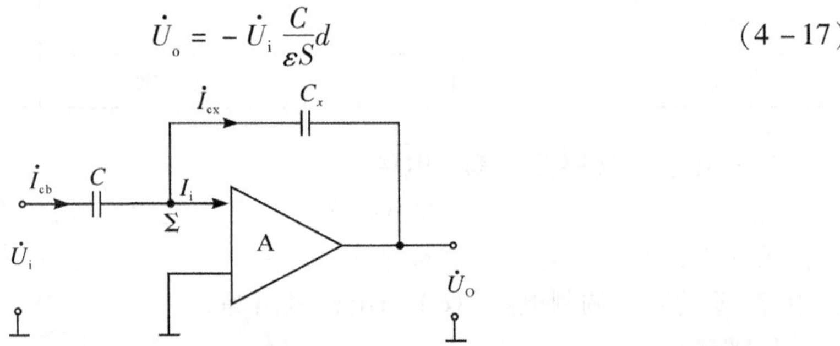

图 4－8　运算放大器电路原理

式(4－17)中“－”表示输出电压 $\dot{U}_o$ 的相位与电源电压反相，说明运算放大器的输出电压与极板间距离 d 呈线性关系。运算放大器电路虽然解决了变间隙式电容传感器的非线性问题，但要求 Z_i 及放大系数足够大，为保证仪器精度，还要求电源电压 $\dot{U}_i$ 的幅值和固定电容 C 值稳定。

3. 脉冲调制电路

脉冲调制电路原理如图 4－9 所示，它由比较器 A_1、A_2，双稳态触发器及电容充放电回路所组成。C_{X1}、C_{X2}为传感器的差动电容，双稳态触发器的两个输出端用作线路输出。当双稳态触发器处于某一状态，$Q=1$，$\overline{Q}=0$ 时，A 点高电位通过 R_1 对 C_{X1} 充电，时间常数为 $t_1 = R_1 C_{X1}$，直至 F 点电位高于参考电位 U_r，比较器 A_1 输出正跳变信号。与此同时，因 $\overline{Q}=0$，电容 C_{X2}上的充电电压通过 VD_2 迅速放电至零电平。A_1 正跳变信号激励触发器翻转，使 $Q=0$，$\overline{Q}=1$，于是 A 点为低电位，电容器 C_{X1}上的充电电压通过 VD_1 迅速放电，因 B 点为高电位，通过 R_2 对 C_{X2}充电，时间常数为 $t_2 = R_2 C_{X2}$，直至 G 点的电位高于参考电位 U_r，比较器 A_2 输出正跳变信号，使触发器发生翻转。重复前述过程，电路各点波形如图 4－10 所示。

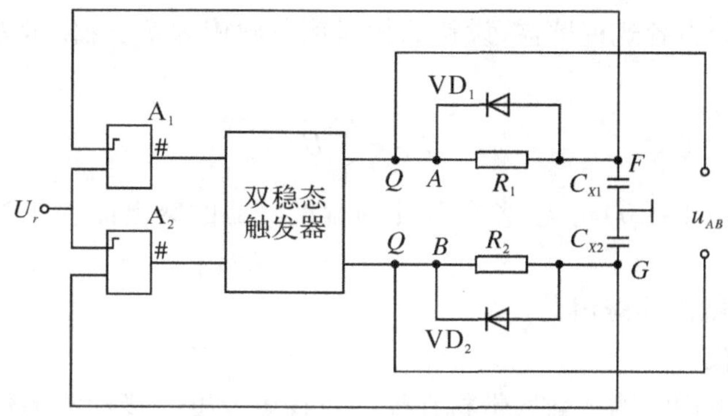

图 4－9　脉冲调制电路原理

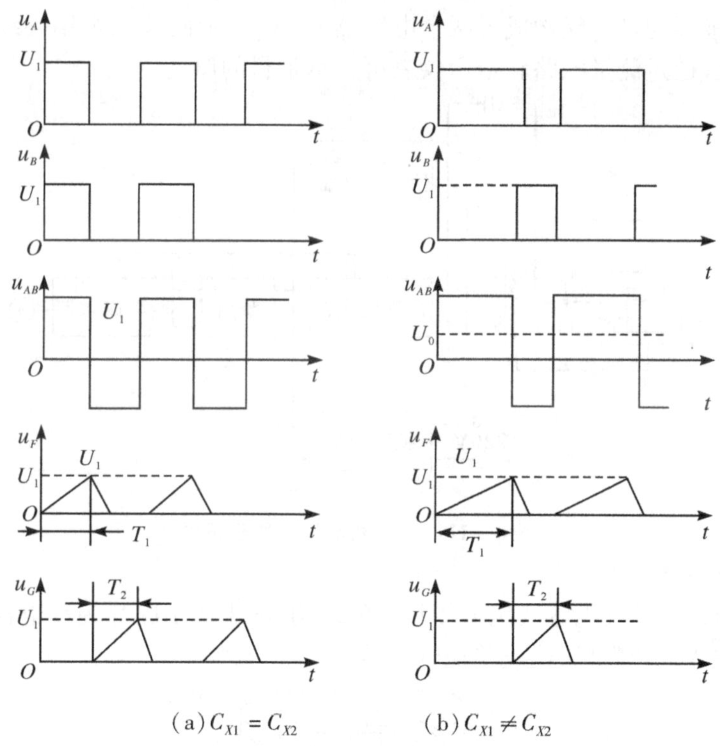

(a) $C_{X1}=C_{X2}$　　(b) $C_{X1}\neq C_{X2}$

图 4－10　脉宽调制电路电压波形

当差动电容器 $C_{X1}=C_{X2}$时,电路各点波形如图 4－10(a)所示,A、B 两点间的平均电压值为零。当差动电容 $C_{X1}\neq C_{X2}$,且 $C_{X1}>C_{X2}$时,$t_1=R_1C_{X1}>t_2=R_2C_{X2}$。由于充放电时间常数变化,使电路中各点电压波形产生相应改变,电路各点波形如图 4－10(b)所示,AB 两点间平均电压 $U_{AB}\neq 0$,此电压经低通滤波器滤波后,可得 U_0 输出。即:

$$U_0=\frac{C_{X1}-C_{X2}}{C_{X1}+C_{X2}}U_1 \qquad (4-18)$$

式中,U_1 为触发器输出高电平。

对于变间隙差分电容式传感器,设极板间初始间距为 d_0,变化量为 Δd 时,低通滤波器输出为

$$U_0=\frac{\Delta d}{d_0}U_1 \qquad (4-19)$$

对于变面积差分电容式传感器，设初始相对覆盖面积为 S_0，变化量为 ΔS，则低通滤波器输出为

$$U_0 = \frac{\Delta S}{S_0} U_1 \tag{4-20}$$

由式(4－19)和(4－20)可见，差分脉冲调宽型电路的突出优点就在于它的线性变换特性。

(四)电容式传感器的应用

1. 电容式测厚仪

电容式测厚仪是用于测量金属带材在轧制过程中厚度在线检测的仪器。图4－11所示为电容式测厚仪的工作原理，是在被测带材的上下两侧各置放一块面积相等，与带材距离相等的极板，这样极板与带材就构成了两个电容器 C_1、C_2。把两块极板用导线连接起来，将引起电容量的变化，通过测量电路和指示仪表可显示带材的厚度。

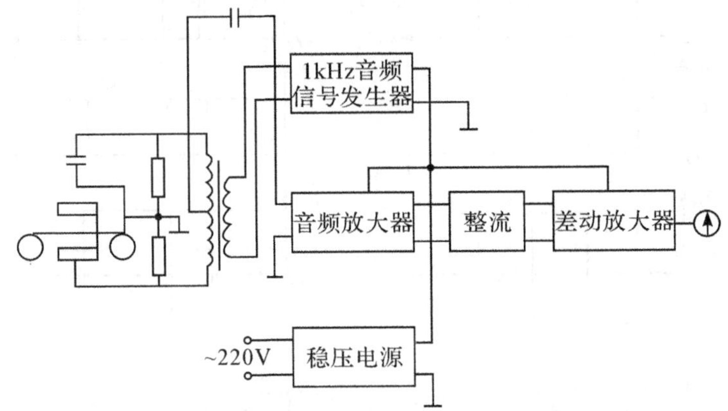

图4－11　电容式测厚仪原理框图

2. 电容式压力传感器

图4－12所示为差动电容式压力传感器的结构，图中所示膜片为动电极，两个在凹形玻璃钢的金属镀层为固定电极，构成差动电容器。

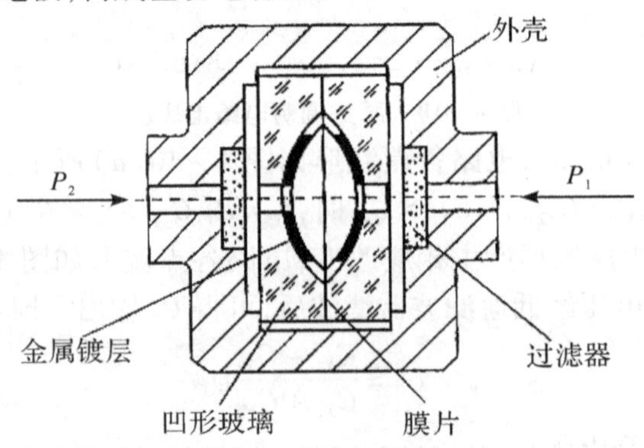

图4－12　差动式电容压力传感器结构

当被测压力或压力差作用于膜片并产生位移时，所形成的两个电容器的电容量一个增大，一个减小。该电容值的变化经测量电路转换成与压力或压力差相对应的电流或电压的变化。

3. 电容式加速度传感器

图 4－13 所示为一种空气阻尼电容式加速度传感器。该传感器有两个固定电极，两极板间有一用弹簧支撑的质量块，质量块的两个端平面作为动极板。当传感器壳体随被测对象沿垂直方向做直线加速运动时，质量块在惯性空间中相对静止，两个固定电极将相对于质量块，在垂直方向产生大小正比于被测加速度的位移，此位移使 C_1、C_2 值随之改变，一个增大，一个减小，它们的差值正比于加速度。这种加速度传感器的精度较高，频率响应范围宽、量程大。

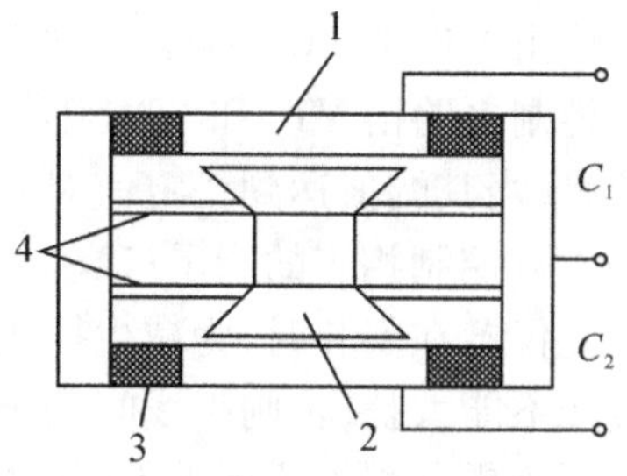

1. 固定电极　2. 质量块(动电极)
3. 绝缘体　4. 弹簧片

图 4－13　电容式加速度传感器

4. 电容式传声器

图 4－14 所示为电容式传声器。传声器也叫作话筒，用来把声压转换成电信号。完成声电转换分为两步，首先是将声能转换成机械能，由膜片完成，膜片将声压转换成膜片的振动，然后由传感器将膜片的振动转换成电信号。传声器由很薄的(4～6μm)金属膜片和紧靠着它的固定极板组成，膜片与固定极板之间留有空气薄层，构成空气介质电容器。当声压作用在膜片上时膜片内外产生压差，使膜片产生与外界波信号一致的振动，从而使膜片与固定极板之间的距离改变，引起电容量的变化，通过测量电路变化电压输出。极板上阻尼孔的作用是抑制振膜与振幅，壳体上的减压孔用来平衡振膜两侧的静压力，以防振膜破裂。

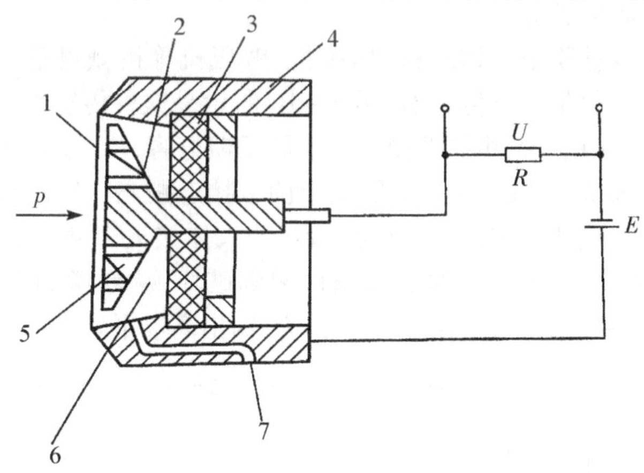

图 4－14　电容式传声器

1. 膜片　2. 阻尼孔　3. 绝缘支架　4. 外壳　5. 固定电极　6. 内腔　7. 减压孔

5. 电容料位计

利用电容传感器对密封舱内导电性不良的松散物质的料位进行检测，并能进行自动控制。检测料位时，可以用显示灯来监视料位的情况，如达到上限时应停料，达到下限时应加料。

电容传感器是悬挂在料仓里的探头，利用它对地形成的分布电容来检测。图 4－15 是电容料位计的电路图。电路分为信号测量电路和控制电路两部分。利用 C_1、C_2、C_3、C_4 组成电桥，当 $C_2C_4 = C_3C_x$ 时，电桥平衡。料面增加，C_x 随之增大，电桥失去平衡，按电桥输出电压来判断料面情况。电桥输出交流信号，经 VT_2 放大后，由 VD_1 检波变成直流信号，电桥的输入电压由 VT_1 和 LC 回路组成的振荡器供电，其频率约为 70kHz，幅值约为 250mV。

控制电路由 VT_3 和 VT_4 组成的射极耦合触发器及继电器 J 组成。从测量电路送来的直流信号，当其幅值达到一定值时，触发器翻转，VT_4 由截止变为饱和状态，继电路 J 吸合，由它的触发点控制相应的指示灯亮。

此仪器在安装时，为减少探头对地的固定电容，常用两只高压瓷瓶相串联作绝缘体。探头接线不能太长，否则引线间的杂散电容过大。在调整仪器时，电路中的 H、L 两点要断开，串上电流表。当电流表在 50μA 挡时，调 C_4 使表头指零。将电流表撤除，H、L 短接。

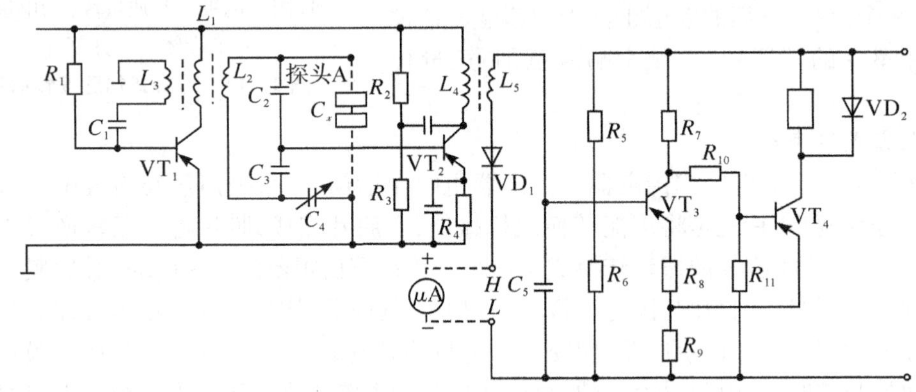

图 4－15　电容料位计电路

6. 人体接近电容式传感器

人体接近电容式传感器用于切纸机、压膜机、锻压机等机械设备，是保护人体安全的一种检测传感器。它是一种非接触传感器，图 4－16 所示是这种传感器的电路图。C_1 和 L_1 构成并联谐振电路，L_2 和 VT 形成共基级接法，C_4 是反馈电容，R_3 与 C_3 形成耦合电路。R_1 和 R_2 偏置电阻，与 C_2 形成选频网络。电位器用于调节接近距离。VD_1 与 VD_2 构成检波电路。C_6 是检波电容，C_0 是人体与金属棒形成的电容，若人体接近金属棒，C_0 变大，与 C_4 并联后使反馈电容增加，与 L_2 形成振荡器的震荡条件遭到破坏，从而微弱震荡，经 VD_1、VD_2 检波后，输出的电压为低电平。否则，振荡器正常震荡，输出高电平。

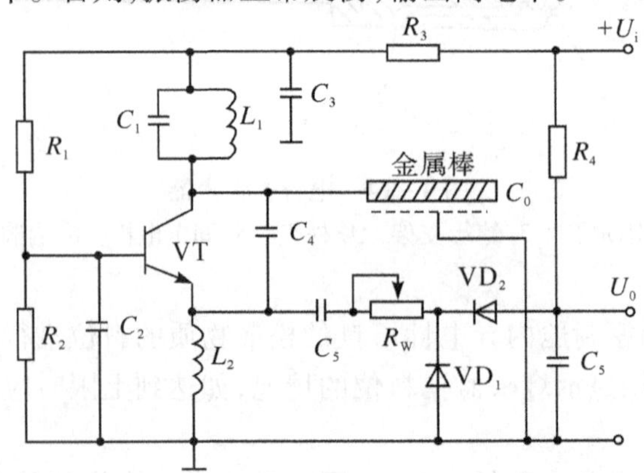

图 4－16　人体接近电容式传感器电路

人体接近电容式传感器测试距离 $s=K\dfrac{R_w}{C_4}$(mm)。K 一般为 0.04 ~ 0.4,R_w 是电位器电阻(Ω),C_4 是反馈电容(pF)。

7. 电容式湿度传感器

电容式湿度传感器利用湿度的变化影响电容电极间介质的介电常数,从而改变电容的大小,其结构如图 4-17 所示。它的优点是尺寸小、响应快、线性度好、湿度系数小,有较好的稳定性,广泛应用于各类环境湿度的测量。

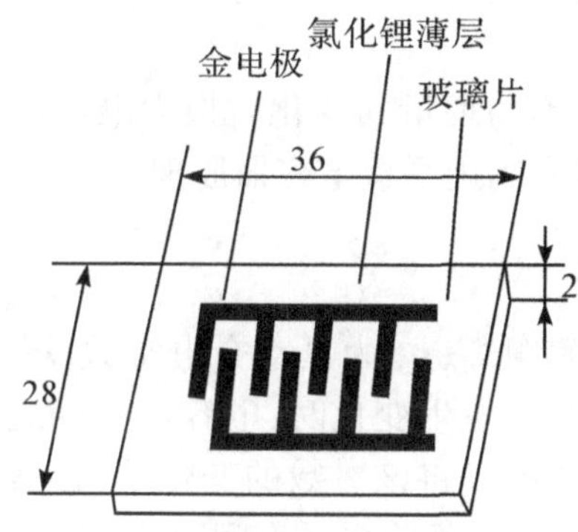

图 4-17　电容式湿度传感器的结构

图 4-18 所示是电容式湿度传感器的测量电路。电路中包括自激振荡器、脉冲宽度调制电路、F/V 变换电路和 A/D 转换电路,最终以数字形式显示湿度值,图中的 C_{MC} 就是湿敏电容。IC_1 是由 7555 时基电路组成的多谐振荡器,它的振荡频率 $f=1.443[(R_1+R_2)C_1]$,约为 18ms,其输入为 IC_2 提供输入脉冲。输入脉冲的下降沿触 IC_1,IC_2 由③脚输出,输出脉冲的宽度随输入脉冲的大小而定,输入脉冲大,输出脉冲宽,经过分析内部电路,输出脉冲实际上与湿度成正比。运放滤波器 7611 是简单的 RC 低通滤波器,它将脉冲宽度转换成平滑的直流电压输出,再经 7106 作 A/D 转换。这个电路中,7106 的内部稳压电源提供 IC_1、IC_2 和传感器的工作电压。

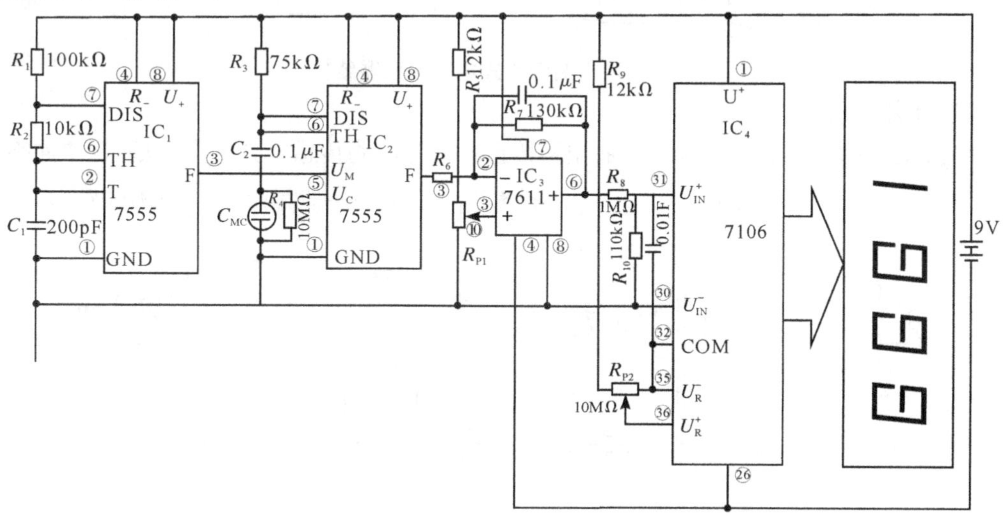

图 4-18　电容式湿度传感器测量电路

三、项目实施

任务一　电容式传感器的位移特性分析

(一)实施要求

了解电容传感器的结构及特点。

(二)实施内容

电容式传感器是指能将被测物理量的变化转换为电容量变化的一种传感器,它实质上是具有一个可变参数的电容器。利用平板电容器原理:

$$C=\frac{\varepsilon S}{d}=\frac{\varepsilon_0\cdot\varepsilon_r\cdot S}{d} \tag{4-21}$$

式中,S 为极板面积,d 为极板间距离,ε_0 为真空介电常数,ε_r 为介质相对介电常数,由此可以看出当被测物理量使 S、d 或 ε_r 发生变化时,电容量 C 随之发生改变,如果保持其中两个参数不变而仅改变另一参数,就可以将该参数的变化单值地转换为电容量的变化。所以电容传感器可以分为三种类型:改变极间距离的变间隙式,改变极板面积的变面积式和改变介质电常数的变介电常数式。这里采用变面积式,如图 4-19 所示,两只平板电容器共享一个下极板,当下极板随被测物体移动时,两只电容器上下极板的有效面积一只增大,一只减小,将三个极板用导线引出,形成差动电容输出。

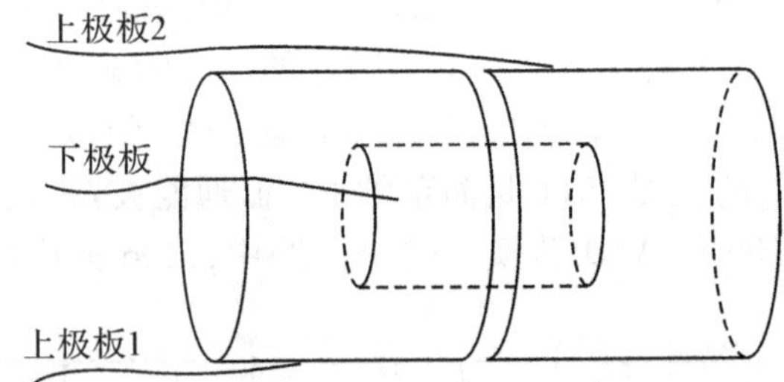

图 4-19　变面积式电容传感器结构

(三)实施步骤

(1)按图 4-20 将电容传感器安装在电容传感器模块上,将传感器引线插入实验模块插座中。

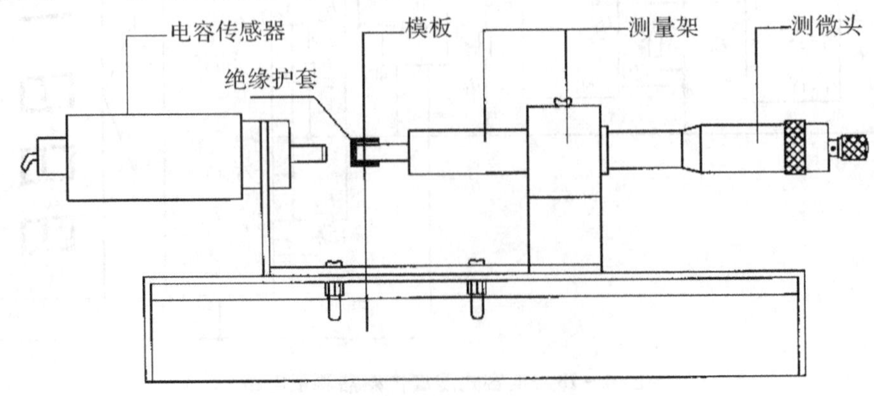

图 4-20　电容传感器安装

(2)将电容传感器模块的输出 U_O 接到数显直流电压表。

(3)接入 ±15V 电源,合上主控台电源开关,将电容传感器调至中间位置,调节 R_w,使得数显直流电压表显示为0(选择2V档)(R_w 确定后不能改动)。

(4)旋动测微头推进电容传感器的共享极板(下极板),每隔0.2mm记下位移量 X 与输出电压值 V 的变化,填入表4-2。

表4-2 位移与输出电压值测量结果

X(mm)										
V(mV)										

任务二 电容式传感器在电子秤中的应用

(一)实施要求

了解电容传感器组成电子秤的原理与方法。

(二)实施内容

利用电容传感器的静态位移特性和双平衡梁的应变特性,可以组成简易的电子秤测量系统。

(三)实施步骤

(1)将差动电容传感器安装在振动源的传感器支架上,传感器引出线接入电容传感器模块。

(2)打开实验台电源,将直流电源接入传感器模块,在双平衡梁处于自由状态时,调节安装电容传感器支架的高度,使电容传感器动极板大致在中间位置。调节电位器 R_w 使系统输出电压为零,输出接电压表2V档。

(3)逐个将砝码放到振动平台上,为避免电磁铁的影响,应尽量使砝码靠近振动平台的边缘,且下一个砝码加在前一个砝码的上面。

(4)将所称重量与输出电压值记入表4-3。

表4-3 重量与输出电压测量结果

W(g)										
V_0(V)										

四、拓展知识

(一)电容式传感器性能及改善措施

1.电容式传感器的优缺点

(1)电容式传感器与电阻式、电感式等传感器相比具有以下一些优点:

1)温度稳定性好:电容式传感器的电容值一般与电极材料无关,有利于选择温度系数低的材料,又因其本身发热极小,对稳定性的影响很小,因此其本身发热问题可以忽略不计。

2)结构简单,适应性强,能够承受很大的温度变化;能承受高压力、高冲击、过载等情况。

3)动态响应好:电容传感器由于带电极板间的静电引力很小,需要的作用能量极小。又由于它的可动部分质量可以做得很轻,因此其固有频率很高,动态响应时间短,特别适用于动态测量。

4)可以减小由于传感器极板加工过程中局部误差较大而对整体测量精度的影响等。

(2)电容式传感器存在如下主要缺点:

1)输出阻抗高,负载能力差:电容式传感器的容量受其电极的几何尺寸等限制,一般为几十到几百皮法,使传感器输出阻抗很高。因此传感器负载能力较差,易受外界干扰影响而产生不稳定现象,严重时甚至无法工作,必须采取屏蔽措施。

2)寄生电容影响大:电容式传感器的初始电容量小,而连接传感器和电子线路的引线电缆电容、电子线路的杂散电容及传感器内极板与周围导体构成的电容等寄生电容却较大,这不仅降低了传感器的灵敏度,而且这些电容常常是随机变化的,使仪器工作很不稳定,影响测量精度。因此,电容传感器对电缆的选择、安装、接法等都有严格的要求。

3) 输出特性存在非线性:变间隙式电容传感器的电容量与极板间距离呈非线性关系,虽然可以采用差动的形式来改善,但是不可能完全消除非线性。另外,边缘效应所产生的附加电容量将与传感器电容量直接叠加,使输出存在非线性。

2. 电容式传感器的改善措施

在电容式传感器设计的过程中,在所要求的量程、温度和压力范围内,应尽量使它具有低成本、高精度、高分辨率、稳定可靠和好的频率响应等。在设计和使用时可采取以下改善措施。

(1)消除和减小边缘效应:电容器极板边缘存在不均匀电场,造成边缘效应。边缘效应不仅使电容式传感器灵敏度降低,而且在测量中产生非线性误差,因此应尽量消除或减小它。

适当减小极间距,使极径与间距比很大,可以减小边缘效应的影响,但易发生击穿并有可能限制测量范围。

在结构上,可以通过增设等电位环的方法来消除边缘效应,如图 4-21 所示。

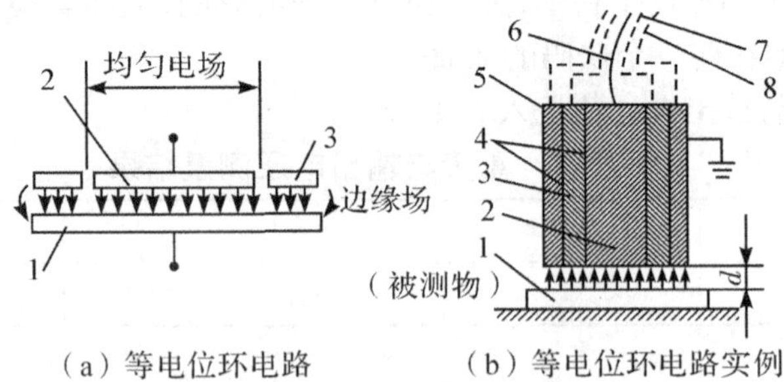

(a) 等电位环电路　　(b) 等电位环电路实例

图 4-21　带等电位环的电容式传感器

1,2. 电极　3. 等电位环　4. 绝缘层　5. 套筒
6. 芯线　7. 内屏蔽层　8. 外屏蔽层

(2)寄生电容:电容式传感器由于受结构与尺寸的限制,其电容量都很小(几皮法到几十皮法),属于小功率、高阻抗器件,因此极易受外界干扰,尤其是受大于它几倍、几十倍,且具有随机性的电缆寄生电容器的干扰,寄生电容与传感器电容相并联,严重影响传感器的输出特性,甚至会淹没有用的信号而不能使用。消灭寄生电容影响,是电容式传感器实用的关键。现介绍几种常用方法如下。

1)驱动电缆法:它实际上是一种等电位屏蔽法。如图 4-22 所示,在电容传感器与测量

电路的前置级之间采用双层屏蔽电缆，并接入增益为1的驱动放大器。这种接线法使内屏蔽与芯线之间的电容变成了驱动放大器的负载，因此驱动放大器是一个输入阻抗很高、具有容性负载、放大倍数为1的同相放大器。

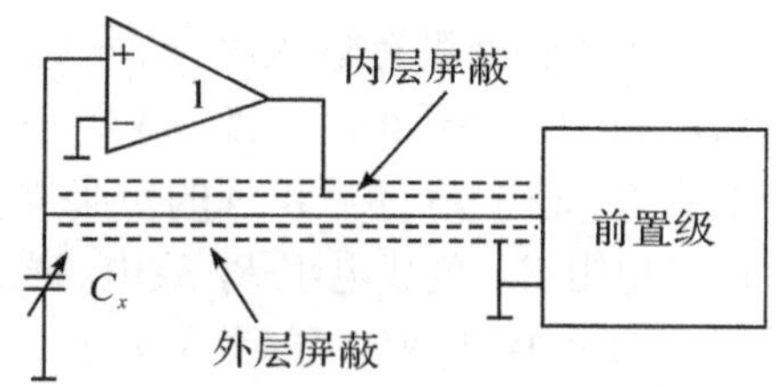

图4-22 驱动电缆法原理

该方法的难处是，要在很宽的频带上严格放大倍数等于1，且输出与输入的相移为零。为此有人提出，用运算放大驱动法取代上述方法。

2）整体屏蔽法：差动电容传感器 C_{x1} 公用极板与屏蔽之间的寄生电容 C_1 与测量放大器的输入阻抗相并联，C_1 的并联会影响放大器的输入电容。由于测量放大器的输入阻抗应具有极大的值，C_1 的并联会影响放大器的灵敏度。另两个寄生电容 C_3 及 C_4 并在桥臂 R_3 及 R_4 上，这会影响电桥的初始平衡及总体灵敏度，但并不妨碍电桥的正确工作，因此寄生参数对传感器电容的影响基本上被消除。整体屏蔽法是一种较好的方法，但将使总体结构复杂化，如图4-23所示。

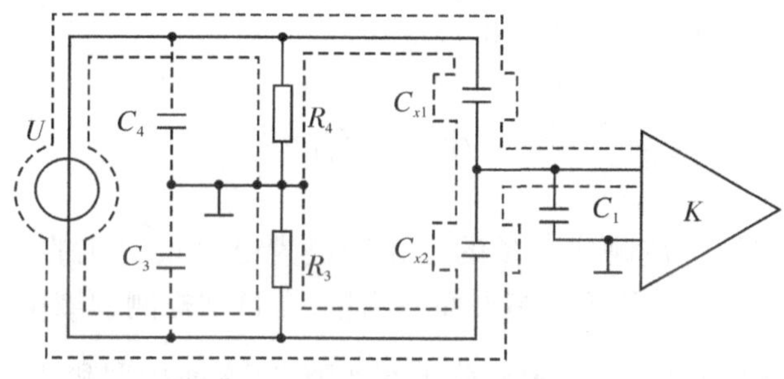

图4-23 整体屏蔽法原理

3）采用组合式与集成技术：①将测量电路的前置级或全部装在紧靠传感器处，缩短电缆。②采用超小型大规模集成电路，将全部测量电路组合在传感器壳体内。③利用集成工艺将传感器与调理等电路集成于同一芯片，构成集成电容式传感器。

3. 温度影响

环境温度的变化将改变电容传感器的输出相对被测输入量的单值函数关系，从而引入温度干扰误差，这种影响主要体现在以下两个方面。

（1）温度对结构尺寸的影响：电容器传感器由于极间隙很小而对结构尺寸的变化特别敏感。在传感器各零件材料线膨胀系数不匹配的情况下，温度变化将导致极间隙较大的相对变化，从而产生很大的温度误差。

在设计电容式传感器时，适当选择材料及有关结构参数，可以满足温度误差补偿要求。

（2）温度对介质的影响：温度对介电常数的影响随介质不同而异，空气及云母的介电常数温度系数近似为零；而某些液体介质，如硅油、蓖麻油、煤油等，其介电常数的温度系数较大。

（二）双T形电桥电路

图4-24所示是二极管双T形交流电桥电路原理，u 是高频电源，它提供了幅值为 U 的对称方波，VD_1、VD_2 为特性完全相同的两只二极管，固定电阻 $R_1=R_2=R$，C_1、C_2 为传感器的两差动电容。

当传感器没有输入时，$C_1 = C_2$。其电路工作原理为：当 u 为正半周时，二极管 VD_1 导通，VD_2 截止，于是电容 C_1 充电；在随后出现的负半周，电容 C_1 上的电荷通过电阻 R_1，负载电阻 R_L 放电，通过 R_L 的电流为 I_1。当 u 为负半时，VD_2 导通，VD_1 截止，则电容 C_2 充电；在随后出现的正半周，C_2 通过电阻 R_2，负载电阻 R_L 放电，流过 R_L 的电流为 I_2。根据以上条件，电流 $I_1 = I_2$，且方向相反，则在一个周期内流过 R_L 的平均电流为零。

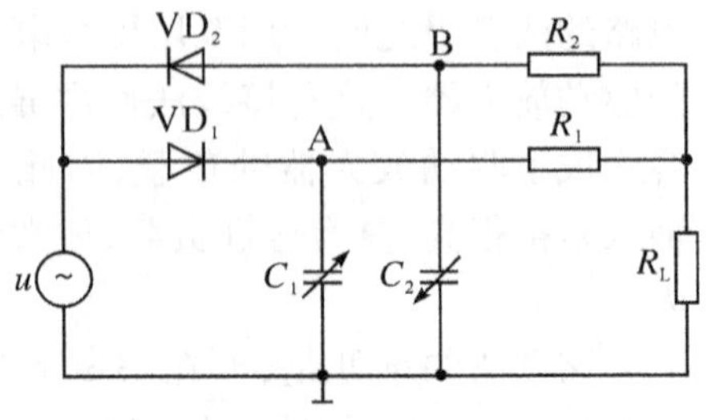

图 4－24　双 T 型电桥电路原理

若传感器输入不为 0，则 $C_1 \neq C_2$，$I_1 \neq I_2$，此时在一个周期内通过 R_L 上的平均电流不为零，因而产生输出电压 U_0 为

$$U_0 = KUf(C_1 - C_2) \tag{4-22}$$

由式(4－22)可知，输出电压 U_0 不仅与电源电压幅值和频率有关，而且与 T 形电路中的电容 C_1 和 C_2 的差值有关。当电源电压确定后，输出电压 U_0 是电容 C_1 和 C_2 的函数。该电路输出电压较高，可用来测量高速的机械运动。

小　结

(1)电容式传感器是将被测非电量的变化转换为电容量变化的一种传感器，适用于压力、液位、振动、位移、加速度、差压等多方面的测量，在自动检测领域中获得广泛的应用。

(2)由式 $C = \frac{\varepsilon S}{d}$，可知电容式传感器分为变间隙型、变面积型和变介电常数型三种。

(3)电容式传感器的主要优点是：温度稳定性好，结构简单、适应性强，动态响应好，可实现非接触测量，具有平均效应；主要缺点是：输出阻抗高、负载能力差，寄生电容影响大，输出特性存在非线性等。

(4)电容式传感器在设计和使用中应注意：消除和减小边缘效应及寄生电容的影响，尽可能采用差动式电容传感器，减小环境温度、湿度等变化所产生的误差。

(5)电容式传感器的测量电路有：调频电路、运算放大器电路、脉宽调制电路和双 T 形电桥电路。

思考与练习

1. 电容式传感器有哪三大类？每种类型各有什么特点？
2. 如何改善单极式变间隙式电容传感器的非线性？
3. 简述差动式电容测厚仪的工作原理。
4. 为什么电容式传感器易受干扰？如何减小干扰？
5. 差动电容式传感器接入变压器交流电桥，当变压器副边两绕组电压有效值均为 U 时，试推导电桥空载输出电压 U_0 与 C_{X1}、C_{X2} 的关系式。

项目 5 ▶ 压电式传感器认识及使用

一、项目分析

压电式传感器基于某些介质材料的压电效应,是典型的有源传感器。当介质材料受力作用而变形时,其表面会产生电荷,由此而实现非电物理量的测量。压电传感器具有体积小、重量轻、工作频带宽等特点,因此在各种动态力、机械冲击与振动测量,以及声学、医学、力学、宇航等领域中已得到广泛的应用。

知识点

- 压电效应。
- 压电材料。
- 压电式传感器的测量电路。
- 压电式传感器的应用。

能力点

- 能够根据压电式传感器的特点和测量要求,选择合适的测量方法实现测量目的,达到测量要求。
- 能选择恰当的测量电路,用压电式传感器进行振动测量。
- 能选择恰当的测量电路,进行压电加速度传感器电荷放大器整定。

二、相关知识

(一)压电效应

某些电介质,当沿着一定方向对其施加力而使其变形时,内部就产生极化现象,同时在它的两个表面产生符号相反的电荷;当外力去掉后,又重新恢复到不带电状态,这种现象称为压电效应。当作用力的方向改变时,电荷极性也随之改变。有时人们把这种机械能转化为电能的现象称为"正压电效应"。相反,当在电介质极化方向施加电场,这些电介质也会产生变形,该现象称为"逆压电效应"或"电致伸缩效应"。与正电效应过程相反,逆压电效应过程是把电能转化为机械能的过程。具有压电效应的材料称为压电材料。

(二) 压电材料

自然界中的大多数晶体都具有压电效应,但压电效应十分明显的不多。天然形成的石英晶体、人工制造的压电陶瓷、锆钛酸铅、钛酸钡等材料是压电效应性能优良的压电材料。

压电材料可分为压电晶体和压电陶瓷两大类。

1. 压电材料的主要特性参数

(1)压电系数:衡量材料压电效应强弱的参数。压电系数越大,压电效应越明显。

(2)弹性常数:压电材料的弹性常数、机械强度、刚度决定了压电器件的线性范围和固有频率。

(3)介电常数:具有一定形状和尺寸的压电元件,其固有电容与介电常数有关;而固有电容又影响着压电传感器的频率下限。

(4)机电耦合参数:是衡量压电材料机电能量转换效率的重要参数,其值等于转换输出能量(如电能)与输入能量(如机械能)之比的平方根。

(5)电阻:压电材料的绝缘电阻决定着电荷泄漏的快慢,是决定压电传感器低频特性的主要参数。

(6)居里点:压电材料的温度达到某一值时,便开始失去压电特性,这一温度称为居里点,或称居里温度。

表5-1列出了常用压电材料的性能参数。

表5-1 常用压电材料性能参数

性能参数 \ 压电材料	石英	钛酸钡	锆钛酸铅 PZT-4	锆钛酸铅 PZT-5	锆钛酸铅 PZT-8
压电常数/(pC/N)	$d_{11}=2.31$ $d_{14}=0.73$	$d_{15}=260$ $d_{31}=-78$ $d_{33}=190$	$d_{15}\approx 410$ $d_{31}=-100$ $d_{33}=230$	$d_{15}=670$ $d_{31}=-185$ $d_{33}=600$	$d_{15}=330$ $d_{31}=-90$ $d_{33}=200$
相对介电常数(ε_r)	4.5	1200	1050	2100	1000
居里点温度/℃	573	115	310	260	300
密度/(10^3kg/m^3)	2.65	5.5	7.45	7.5	7.45
弹性模量/(10^5N/m^2)	80	110	83.3	117	123
机械品质因素	$10^5\sim10^6$		≥500	80	≥800
最大安全应力/(10^6N/m^2)	95~100	81	76	76	83
体电阻率/(Ω·m)	$>10^{12}$	10^{10}(25℃)	$>10^{10}$	10^{11}(25℃)	
最高允许温度/℃	550	80	250	250	
最高允许湿度/(%)	100	100	100	100	

2. 石英晶体

石英晶体是最常用的压电晶体之一。其性能稳定,分天然石英和人造石英,天然石英性能较人造石英更稳定,其介电常数和压电常数的稳定性好,机械强度高,绝缘性好,重复性好,线性范围宽。

天然石英(SiO_2)晶体如图5-1所示,它是一个正六面体。用一个三维坐标轴表示,纵

向轴 z 称为光轴,经六面体棱线并垂直于光轴的 x 轴称为电轴,与 x 轴和 z 轴同时垂直的 y 轴称为机械轴。通常把沿电轴 x 轴方向的力作用下产生电荷的压电效应称为“纵向压电效应”。而把沿机械轴 y 轴方向的力作用下产生电荷的压电效应称为“横向压电效应”。沿光轴 z 轴方向受力不产生压电效应。

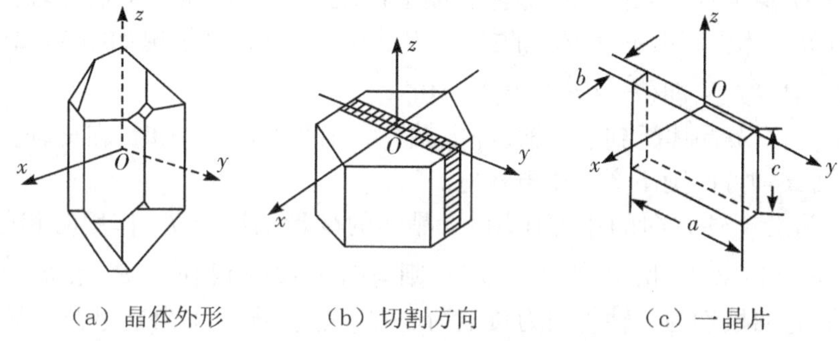

图 5-1　石英晶体

从晶体上沿 y 方向切下一块如图 5-1(c)所示晶片,当沿电轴方向施加作用力 F_x 时,在与电轴 x 垂直的平面上将产生电荷 q_x,其大小为

$$q_x = d_{11} F_x \tag{5-1}$$

式中:d_{11}——x 方向受力的压电系数。

若在同一切片上,沿机械轴 y 方向施加作用力 F_y,则仍在与 x 轴垂直的平面上产生电荷 q_y,其大小为:

$$q_y = d_{12} \frac{a}{b} F_y \tag{5-2}$$

式中:d_{12}——y 轴方向受力的压电系数,根据石英晶体的对称性,有 $d_{12} = -d_{11}$;

a、b——晶体切片的长度和厚度。

电荷 q_x 和 q_y 的符号由受压力还是受拉力决定。

石英晶体的上述特性与其内部分子结构有关。如图 5-2 所示为石英晶体压电模型示意图。组成石英晶体的硅 Si^{4+} 离子和氧离子 O^{2-},分别用⊕和⊖代表,在 xy 平面上的投影等效一个正六边形排列。

当石英晶体未受外力作用时,正、负离子正好分布在正六边形的顶角上,形成三个相互成 120°夹角的电偶极矩 $\dot{P}_1$、$\dot{P}_2$、$\dot{P}_3$,此时正负电荷中心重合,电偶极矩的矢量和等于零,即 $\dot{P}_1 + \dot{P}_2 + \dot{P}_3 = 0$,所以晶体表面不产生电荷,呈中性,如图 5-2(a)所示。

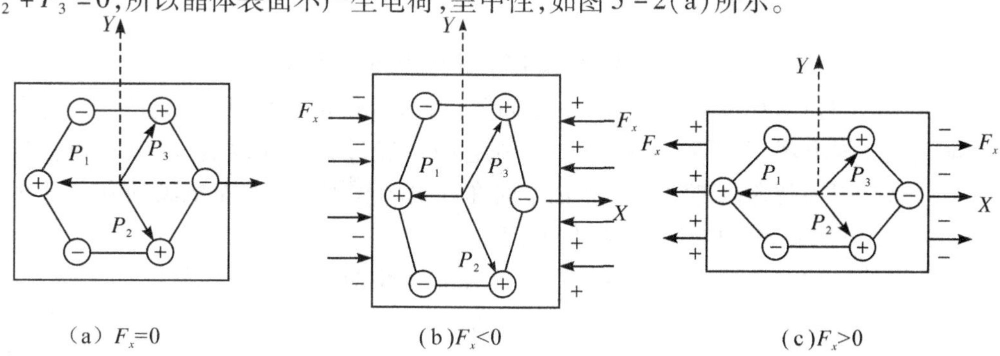

图 5-2　石英晶体压电模型

当石英晶体受到沿 x 轴方向的压力 F_x 作用时($F_x<0$),石英晶体沿 x 轴方向将产生压缩变形,正、负离子相对位置随之变化,如图 5-2(b)所示。此时正、负电荷中心不再重合。电偶极矩的矢量和不等于零,即 $\dot{P}_1$ 在 x 轴方向上分量减小,$\dot{P}_2$、$\dot{P}_3$ 在 x 轴方向上分量增大,即$(\dot{P}_1+\dot{P}_2+\dot{P}_3)_x>0$,在 x 轴的正向晶体表面上出现正电荷。而在 y 轴、z 轴方向则不会出现电荷。当石英晶体受到沿 x 轴方向的拉力($F_x>0$)作用时,其情况如图 5-2(c)所示。此时,$\dot{P}_1$ 增大,$\dot{P}_2$、$\dot{P}_3$ 减小,即$(\dot{P}_1+\dot{P}_2+\dot{P}_3)_x<0$。

由此可见,当石英晶体受到沿 x 轴(即电轴)方向的力 F_x 作用时,在 x 轴方向产生正压电效应,而 y 轴、z 轴方向则不产生压电效应。

当晶体受到沿 y 轴方向的压力作用时,晶体的变形情况与 F_x 作用时相似。当 $F_y>0$ 时,晶体变形与图 5-2(b)相似,当 $F_y<0$ 时,则与图 5-2(c)相似。$\dot{P}_1$ 增大,$\dot{P}_3$ 减小。在 x 轴上出现电荷,它的极性为 x 轴正向为负电荷。在 y 轴方向上不出现电荷。显然,晶体在 y 轴(机械轴)方向力 F_y 作用下,使它在 x 轴方向产生正压电效应,在 y 轴、z 轴方向则不产生压电效应。

如果沿 z 轴(光轴)方向施加作用力 F_z 时,由于晶体沿 x 轴和 y 轴方向的正应变完全相同,所以正、负电荷中心重合,电偶极矩矢量和等于零。这表明沿 z 轴方向施加作用力,石英晶体不会产生压电效应。

由上述可得出如下结论:

(1)晶体在某个方向上有正压电效应,则在此方向上一定存在逆压电效应。

(2)无论是正压电效应还是逆压电效应,其作用力与电荷之间呈线性关系。

(3)晶体具有各向异性特点,并不是在任何方向都存在压电效应。

3. 压电陶瓷

压电陶瓷是人工制造的多晶体压电材料,它由无数细微的电畴组成。这些电畴实际上是自发极化的小区域。自发极化的方向完全是任意排列的,如图 5-3(a)所示。在无外电场作用时,从整体来看,这些电畴的极化效应被互相抵消了,使原始的压电陶瓷呈电中性,不具有压电性质。

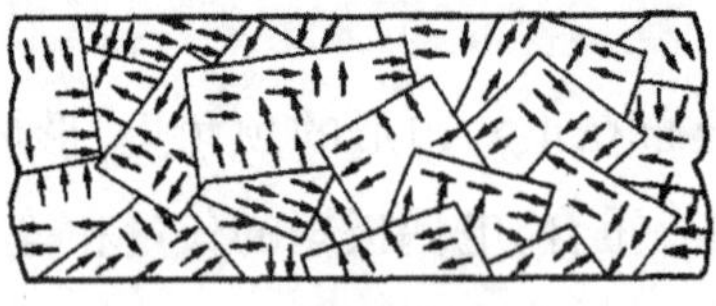

(a)未极化情况

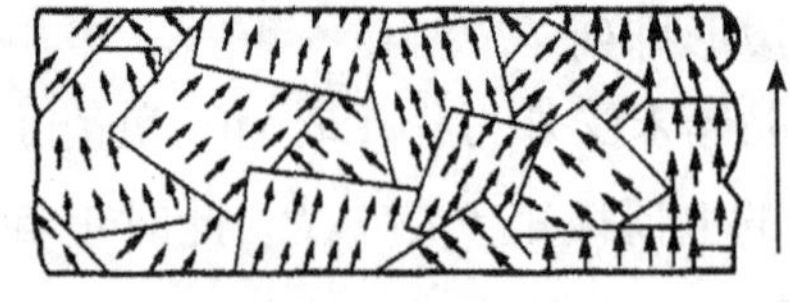

(b)极化情况

图 5-3　钛酸钡压电陶瓷的电畴结构示意图

为了使压电陶瓷具有压电效应,必须进行极化处理。所谓极化处理,就是在一定温度下对压电陶瓷施加强电场(如 20~30kV/cm 直流电场),经过 2~3h 以后,压电陶瓷就具备压电性能了。这是因为陶瓷内部电畴的极化方向在外电场作用下都趋于电场的方向,如图 5-3(b)所示,这个方向就是压电陶瓷的极化方向。

压电陶瓷的极化过程与铁磁材料的磁化过程非常相似。经过极化处理的压电陶瓷,在外电场去掉后,其内部仍存在着很强的剩余极化强度,当压电陶瓷受外力作用时,电畴的界限发生移动,因此剩余极化强度将发生变化,压电陶瓷就呈现出压电效应。经极化处理的压

电陶瓷具有比石英晶体高得多的压电系数并且具有较高的工作温度,能承受较高的压力。

(三)压电式传感器的测量电路

1. 压电元件的串联与并联

如图5-4(a)所示,两片压电片负极都集中于中间电极上,正极在上下两面电极上,这种接法称为并联,其输出电容C_a'为单片电容的两倍(若为n片并联,则$C_a'=nC_a$),但输出电压$U_a'=U_a$,极板上电荷量q'为单片电荷量的两倍(若为n片并联,则$q'=nq$)。

图5-4(b)中的接法是上极板为正电荷,下极板为负电荷,而中间极板上,上片产生的负电荷与下片产生的正电荷抵消,这种接法称为串联。由图可知,$q'=q$,$U_a'=2U_a$,$C_a'=\frac{C_a}{2}$。

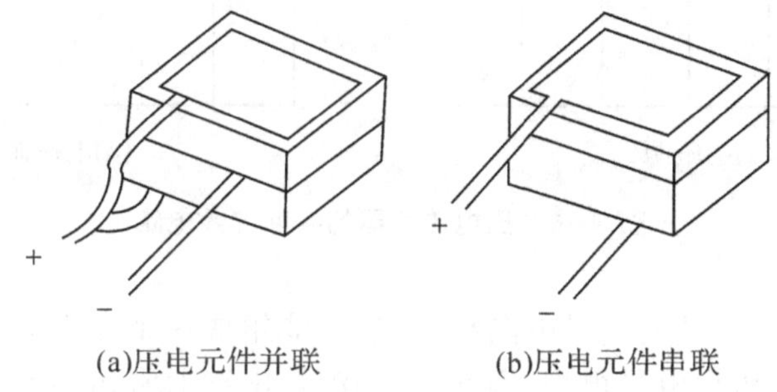

(a)压电元件并联　　(b)压电元件串联

图5-4　压电元件的串联与并联

在这两种接法中,并联接法输出电荷量大,本身电容也大,因此时间常数大($\tau'=C_a'R$),适宜用在测量缓变信号并且以电荷作为输出量的场合。串联接法输出电压高,本身电容小,适用于以电压作为输出量,并且测量电路输入阻抗很高的场合。

2. 等效电路

根据压电效应可知,压电式传感器可以看作是一个电荷发生器。又由于压电晶体上正负电荷的两表面相当于电容器的两个极板,其电容量为

$$C_a=\frac{\varepsilon S}{d} \tag{5-3}$$

如果在同一切片上,沿机械轴y方向施加作用力F_y时,则在与x轴垂直的平面上产生的电荷为

$$Q_{xy}=\frac{ad_{12}F_y}{b} \tag{5-4}$$

式中:d_{12}——石英晶体的横向压电系数;

a、b——分别为切片的长和宽。

因此,可以把压电式传感器等效为一个电压源,如图6-5(a)所示。也可等效为一个电荷源,如图5-5(b)所示。图中:

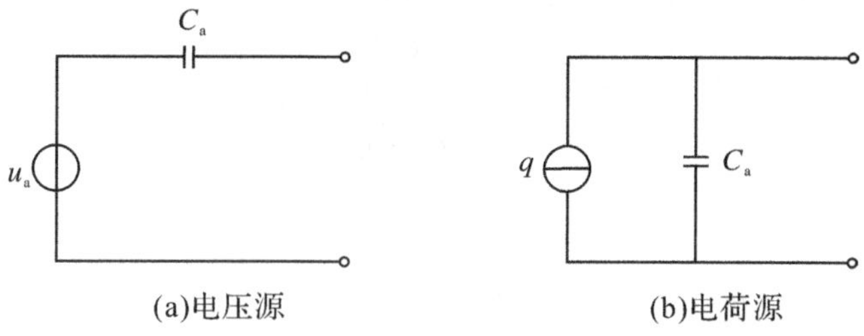

(a)电压源　　(b)电荷源

图5-5　压电元件的等效电路

$$U_a = \frac{q}{C_a} \tag{5-5}$$

压电传感器在实际使用时总要与测量仪器或测量电路相连接，因此还须考虑连接电缆的等效电容 C_c，放大器的输入电阻 R_i、输入电容 C_i 及压电传感器的泄漏电阻 R_a，这样，压电传感器在测量系统中的实际等效电路如图 5－6 所示。

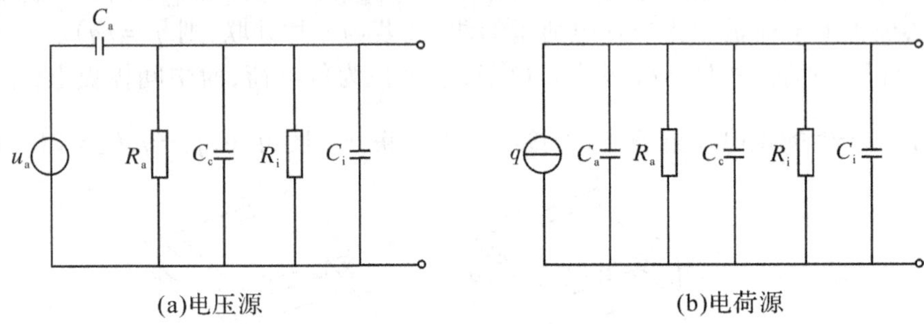

图 5－6　压电传感器的实际等效电路

3. 测量电路

压电传感器只有与合适的测量电路相连接，才能组成一个完整的测量系统。由于压电传感器的内阻很高，而输出电量很小，因此，它的测量电路通常包括前置放大器和电压放大器两部分电路：前置放大器的作用是把压电传感器的高输出阻抗变换成低阻抗输出；电压放大器的作用是放大传感器的弱信号。压电传感器的输出可以是电压信号，也可以是电荷信号，因此放置放大器的两种形式为电压放大器和电荷放大器。

（1）电压放大器电路：压电传感器相当于是一个静电荷发生器或电容器，为了尽可能保持压电传感器的输出电压（或电荷）不变，要求电压放大器应具有很高的输入阻抗（大于 100MΩ）和很低的输出阻抗（小于 100Ω）。

压电传感器与电压放大器连接的等效电路如图 5－7 所示。图 5－7(b) 是图 5－7(a) 的简化电路。

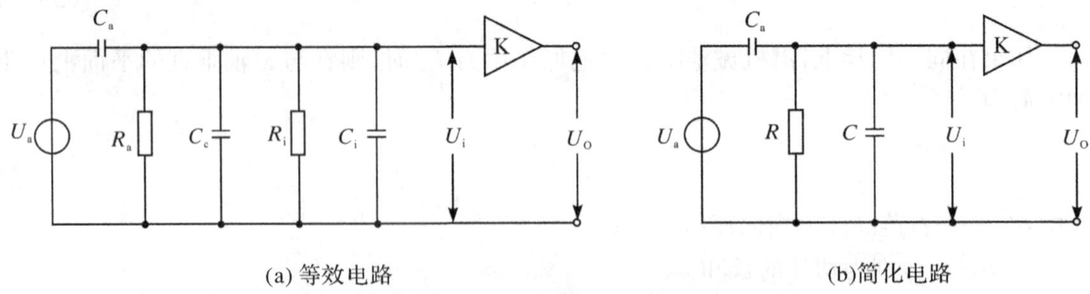

图 5－7　压电传感器与电压放大器连接的等效电路

由图 5－7 可知漏电阻与前置放大器的等效电阻为

$$R = \frac{R_a R_i}{R_a + R_i}$$

等效电容为

$$C = C_c + C_i$$

而

$$U_a = \frac{q}{C_a}$$

上面式中：R_a 为传感器的漏电阻（绝缘电阻）；R_i 为前置放大器的输入电阻；C_i 为前置放

大器的输入电容；C_c 为电缆电容。

设作用在压电元件上为一交变力 F_x 即

$$F_x = F_m \sin\omega t$$

则其电压为 $$U_a = \frac{d_{11}F_m}{C_a}\sin\omega t$$

由此可得到前置放大器的输入电压 U_{sr}，写成复数形式为：

$$\dot{U}_{sr} = d_{11}\dot{F}_m \frac{j\omega R}{1 + j\omega L(C_a + C)} \tag{5-6}$$

则输入电压的幅值为

$$U_{im} = \frac{d_{11}F_m\omega R}{\sqrt{1 + (\omega R)^2(C_a + C_c + C_i)^2}} \tag{5-7}$$

输入电压与作用力之间的相位差 φ 为

$$\varphi = \frac{\pi}{2} - \arctan\omega(C_a + C_c + C_i)R \tag{5-8}$$

由式(5-7)可以看出：

1）当作用在压电元件上的力是静态力，即 $\omega=0$ 时，$U_{im}=0$，前置放大器的输入电压等于零，这从原理上决定了压电传感器不能用于静态测量。

2）当 $(\omega R)^2(C_a + C_c + C_i)^2 \gg 1$ 时，$U_{im} = \dfrac{d_{11}F_m}{C_a + C_c + C_i}$，这说明满足一定的条件后，前置放大器的输入电压与压电元件上作用力的频率无关。

③在回路时间常数 $R(C_a + C)$ 一定的条件下，作用力的频率越高，越能满足 $(\omega R)^2(C_a + C_c + C_i)^2 \gg 1$ 的条件。同样，在作用力频率一定的条件下，回路时间常数越大，也越能满足 $(\omega R)^2(C_a + C_c + C_i)^2 \gg 1$ 的条件。于是，前置放大器的输入电压越接近压电传感器的实际输出电压。

4）压电传感器与前置放大器之间的连接电缆不能随意更换，因为电缆的长度变化将使 C_c 变化，从而引起 U_{im} 变化，引入测量误差。

（2）电荷放大器电路：电荷放大器电路实质上是一个具有深度电容负反馈的高增益运算放大器电路，如图 5-8 所示。它的特点是，能把压电传感器高内阻的电荷源转换为传感器低内阻的电压源，以实现阻抗匹配，并使其输出电压与输入电荷成正比，而且，传感器的灵敏度不受电缆变化的影响。

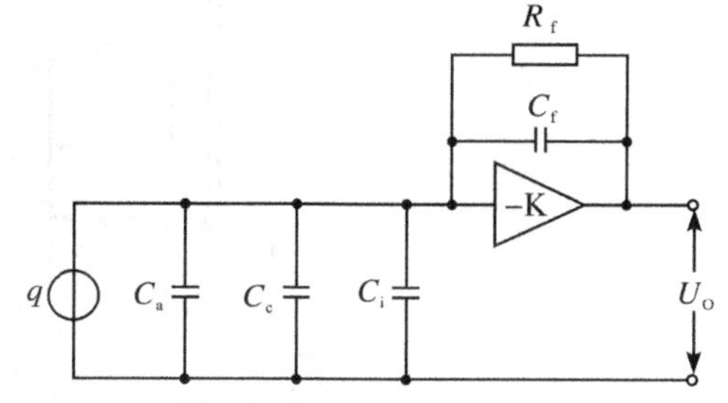

图 5-8　压电传感器与电荷放大器连接的等效电路

当开环增益 K 和输入电阻 R_i、反馈电阻 R_f 相当大，并视为开路时，放大器的输出电压 U_o 正比输入电荷 q。由图 5-8 可见： $U_o = -KU_i$

由于： $$U_i = \frac{q}{C}, C = C_a + C_c + C_i + C_f(k+1)$$

所以： $$U_o = -K\frac{q}{C} = -K\frac{q}{C_a + C_c + C_i + C_f(k+1)} \tag{5-9}$$

式(5－9)中的 $C_f(k+1)$ 为等效到放大器输入端的密勒电容。一般 k 都很大，则 $C_f(k+1)>>(C_a+C_c+C_i)$，于是式(5－9)可写为：

$$U_o \approx -\frac{q}{C_f}$$

观察上式，可以发现电荷放大器的 U_o 与 q 成正比，电荷放大器的 U_o 与电缆电容 C_c 无关，改变 C_f 的大小便可得到所需要的输出电压。

(四)压电式传感器的应用

1. 压电式压力传感器

压电式压力传感器由本体(用途不同结构不同)弹性敏感元件(平膜片)和压电转换元件组成。实际中由传力块将加于膜片上的压力加于压力转换元件(两片石英并联)组成，如图 5－9 所示，膜片受到压力 F 作用时，两片石英输出总电荷量为 $q=2d_{11}SF$，通过电荷放大器电路读出产生电荷值，即可测量压力。

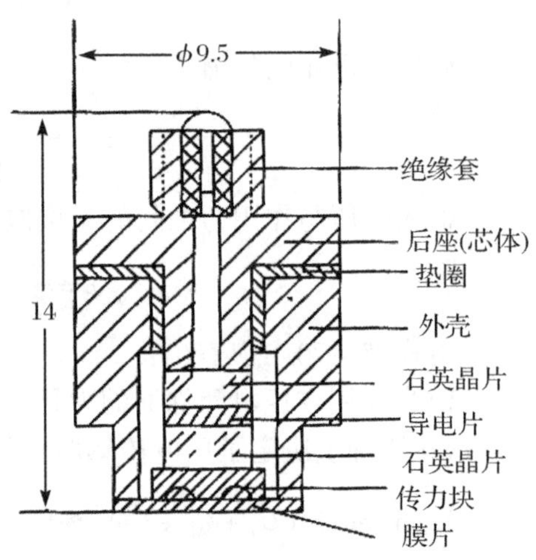

图 5－9　膜片式压电压力传感器

2. 压电式加速度传感器

压电式加速度传感器具有高频响应特征良好、结构简单、工作可靠等一系列优点，被广泛应用于振动冲击测量信号分析和故障诊断等场合。图 5－10 所示是压电式加速度传感器的结构示意图。传感器由预压弹簧、质量块、压电元件和基座等组成。质量块一般由质量大、物理性能稳定的金属材料制作，预压弹簧使质量块对压电元件产生预紧力，保证作用力变化时压电元件始终受压。压电式加速度传感器采用两片元件并接的方式，压电材料的切片与单向压电力传感器一样。

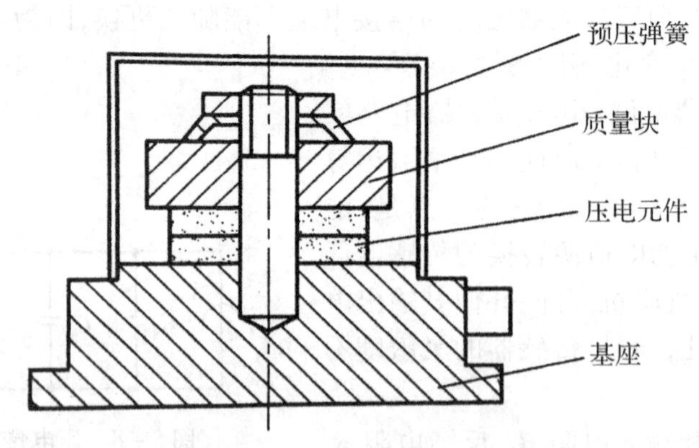

图 5－10　压电式加速度传感器的结构

当加速度传感器和被测物体一起受到冲击振动时，压电元件将受到质量块惯性力的作用。惯性力是加速度的函数，即

$$F=ma \tag{5-10}$$

式中：F 为质量块产生的惯性力；m 为质量；a 为加速度。

此时惯性力 F 作用于压电元件上，因而产生电荷 q，当传感器选定后，m 为常数，则传感

器的输出电荷为

$$q = d_{11}F = d_{11}ma \tag{5-11}$$

q 与加速度 a 成正比。因此，只要测得加速度传感器输出的电荷，便可知加速度的大小。

安防传感器中的玻璃破碎报警器，其实就是压电式加速度传感器的具体应用。它利用传感器检测玻璃破碎时的振动，达到报警的目的。

玻璃破碎报警器的电路原理框图如图 5－11 所示。使用时传感器用胶粘贴在玻璃上，为了提高报警器的灵敏度和抗干扰能力，首先应对玻璃的破碎振动进行必要的检测，以确定玻璃破碎时振动的频率范围。传感器的二次处理电路包括放大、带通滤波、比较输出电路和报警装置。其中，带通滤波器尤为重要，由于玻璃破碎产生的振动的频率在音频和超声波的范围内，所以要求带通滤波器在破碎振动频率范围内的衰减小，而频带外的衰减要尽可能的大，当玻璃破碎时，比较电路输出报警信号，驱动报警装置。

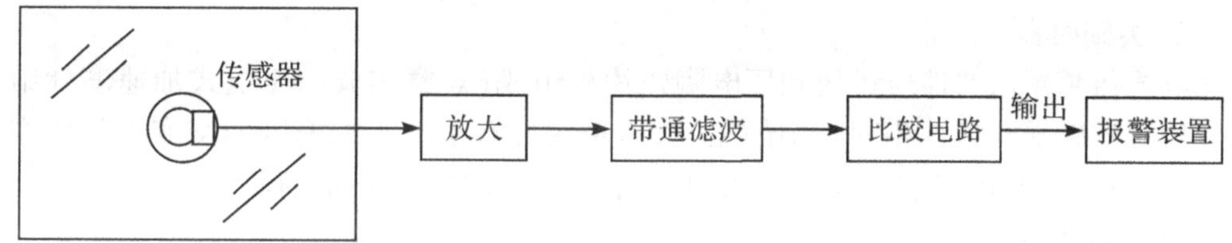

图 5－11　压电式玻璃破碎报警器电路原理框图

3. 逆压电效应的应用

逆压电效应的应用也很广泛，基于逆压电效应的超声波发生器是超声检测技术及仪器的关键器件。逆压电效应还可作力和运动的发生器。

微位移的测量（可测 $10^{-3}\mu m$ 级位移）如图 5－12 所示。

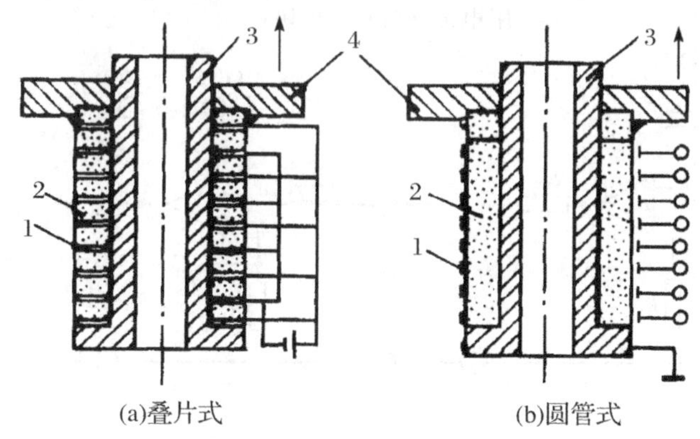

图 5－12　压电陶瓷微位移装置结构

1. 环状电极　2. 压电陶瓷　3. 心体　4. 工作件

如图 5－12（a）所示为叠片式结构，它由几片尺寸相同，极化方向也相同，但相邻片的极化方向相反的压电陶瓷片并联叠加而成。按图 5－12 中方向施加直流电场后，每片均产生相同的伸长量 Δl，总的伸长量使工作件 4 相对心体 3 产生 $\Delta L = n\Delta l$ 的轴向微位移量。例如，利用 50 片 1mm 厚的 PZT 压电陶瓷片叠加，在外加 2000V 直流电压作用下，可获得 50μm 的微位移量。如果在压电陶瓷叠片两端施加交变电压，还可以获得变振幅输出。

如图 5－12（b）所示为圆管式结构。压电陶瓷 2 取径向极化，在压电陶瓷管外柱面镀有

8 个相互间隔的环状电极 1。压电陶瓷管与心体 3 之间取 0.5μm 的过盈配合。如果对某一极施加外加电场,则该段压电陶瓷产生径向膨胀和轴向伸张。这种结构形式的优点是根据所要求的微位移大小和不同的运动方式,可通过对多电极程控施加脉冲电压的方法来实现,控制灵活、方便。

三、项目实施

任务一　压电式传感器的振动测量

(一)实施要求

了解压电式传感器测量振动的原理和方法。

(二)实施内容

压电式传感器由惯性质量块和压电陶瓷片等组成(观察实验用压电式加速度计结构)。工作时传感器感受与试件相同频率的振动,质量块便有正比于加速度的交变力作用在压电陶瓷片上,由于压电效应,压电陶瓷产生正比于运动加速度的表面电荷。

(三)实施步骤

(1)将压电传感器安装在振动梁的圆盘上。

(2)将振荡器的"低频输出"接到三源板的"低频输入",并按图 5-13 所示接线,合上主控台电源开关,调节低频调幅到最大、低频调频到适当位置,使振动梁的振幅逐渐增大。

(3)将压电传感器的输出端接到压电传感器模块的输入端 U_{i1},U_{o1} 接 U_{i2},U_{o2} 接移相检波低通模块低通滤波器输入 U_i,输出 U_o 接示波器,观察压电传感器的输出波形 U_o。

压电传感器实验模块

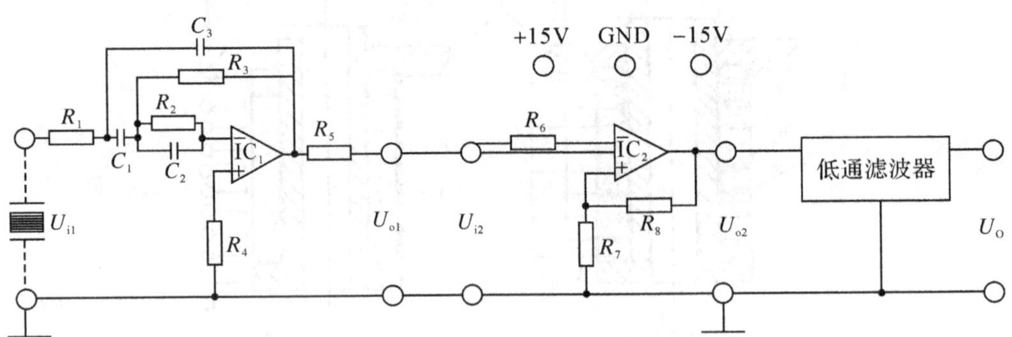

图 5-13　压电式传感器的振动测量接线

任务二　压电加速度传感器电荷放大器整定

(一)实施要求

了解压电加速度计的结构、原理和应用。

(二)实施内容

压电式传感器是一种典型的有源传感器(发电型传感器)。压电传感元件是力敏感元件,在压力、应力、加速度等外力作用下,在电介质表面产生电荷,从而实现非电量的电测。

实验所需部件包括压电式传感器、电荷放大器(电压放大器)、低频振荡器、激振器、电压/频率表和示波器。

(三)实施步骤

(1)观察了解压电式加速度传感器的结构:由 PZT 双压电陶瓷晶片、惯性质量块、压簧、引出电极组装于塑料外壳中。

(2)按图 5-14 接线,低频振荡器输出接"激振 II"端,开启电源,调节振动频率与振幅,用示波器观察低通滤波器输出波形。

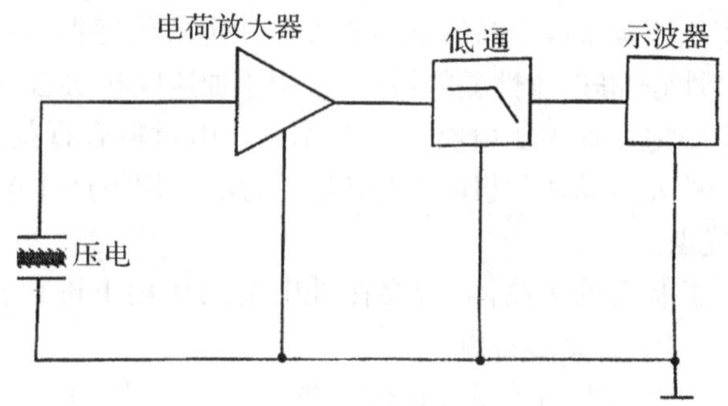

图 5-14　压电加速度传感器电荷放大器接线图

(3)当悬臂梁处于谐振状态时振幅最大,此时示波器所观察到的波形 V_{P-P} 也最大,由此可以得出结论:压电加速度传感器是一种对外力作用变化敏感的传感器。

注意事项:做此实验时,悬臂梁振动频率不能过低(1~3Hz),否则电荷放大器将无输出。

四、拓展知识——新型压电材料

1. 压电半导体

半导体的压电性能近几十年才被发现,如硫化锌(ZnS)、碲化镉(CdTe)和砷化镓(GaAs)等,这些材料的显著特点是既有压电性能又有半导体的特性。利用其压电性能可研制压电传感器,利用其半导体的特性又可以制作电子器件,所以用这些材料可以研制压电转换和放大电路一体化的新型集成压电传感器。

2. 高分子压电材料

某些高分子聚合物,如聚氟乙烯(PVF)、聚偏氟乙烯(PVDF)、聚氯乙烯(PVC)等,经延展拉伸和电极化后具有压电性和热释电性能。其电极化过程与压电陶瓷的电极化类似。同样,高分子压电材料也需要时效处理,其居里点比压电陶瓷还要低,通常在100℃以下,这影响了高分子压电材料传感器的应用范围。但由于高分子压电材料具有质轻柔软、耐冲击、绝缘阻抗高($10^3\Omega \cdot m$)和声阻抗与水及其有机组织接近等优点,所以仍在许多场合得到广泛的应用。这种高分子聚合物拉伸成薄膜,可以屈曲和大面积成型,所以可以制成形状复杂的传感器和大面积阵列传感器。如在机器人的传感器方面,用 PVDF 可以研制成人工皮肤,它不仅具有触觉感知功能,还具有热敏感能力。

用高分子压电材料 PVDF 还可以制成高性能、低成本的动态微压传感器。传感器采用压电薄膜作为换能材料,动态压电信号通过薄膜变成电荷量,再经传感器内部放大电路转换成电压输出。由于 PVDF 厚度可以小到50μm 以下,再加上其优良的综合机械性能,与集成电路相结合，将得到灵敏度高、抗过载及冲击能力强、抗干扰性好、体积小、重量轻的集成化传感器，目前已用于医疗、工业控制、交通、安全防卫等领域。其典型的应用有脉搏计数探测、触摸键盘、震动冲击检测、碰撞报警和管道压力测量等。

小　　结

(1)压电式传感器的工作原理基于某些物质的压电效应。压电效应分正、逆压电效应，利用正压电效应制作成了电压源型或电荷源型传感器。压电式传感器具有体积小、重量轻、结构简单、工作可靠、动态特性好、静态特性差的特点，多用于加速度和动态力或压力的测量。

(2)具有压电效应的物体称为压电材料。常用的压电材料有石英、钛酸钡、锆钛酸铅等。

(3)石英晶体是一种天然晶体，其压电效应是在力的作用下产生电荷而形成的。稳定性高是石英晶体的突出优点。

(4)压电陶瓷是人工制造的多晶体，需要在外电场的作用下进行极化后，才具有压电效应。压电系数高是压电陶瓷的突出特点。

(5)压电式传感器的测量电路关键在高阻抗的前置放大器。前置放大器有两个作用：一是把压电式传感器的微弱信号放大，二是把传感器的高阻抗输出变换为低阻抗输出。

压电式传感器的输出可以是电压，也可以是电荷。因此，它的前置放大器也有电压型和电荷型两种。

思考与练习

1. 什么叫作压电效应？什么叫作逆压电效应？
2. 常用的压电材料有哪些？各有什么特点？
3. 衡量压电材料性能好坏的主要参数有哪些？它们各自对压电特性有何影响？
4. 为什么说压电传感器不适合于静态测量？试说明其原因。
5. 压电式传感器能否用于重力的测量？为什么？
6. 压电式传感器测量电路的作用是什么？其核心是解决什么问题？
7. 简述压电式加速度传感器的工作原理。
8. 画出压电元件的两种等效电路。

项目 6 光电式传感器的认识及使用

一、项目分析

光电式传感器是一种将被测量的变化通过光信号的变化转化成电信号的传感器。它不仅可检测光的各种参量,而且可间接测量位移、速度、加速度、温度、压力等非电量信号,其物理基础是光电效应。光电传感器灵敏度高,精度高,测量范围宽,可靠性高,响应速度快,属无损伤、非接触测量元件,在自动检测系统中应用非常广泛。

本项目重点掌握光电效应及光电传感器的应用,认识常见的光电器件,了解光电传感器的类型。

知识点

- 光电效应。
- 光电器件。
- 光电传感器的类型。
- 压电式传感器的应用。

能力点

- 能够识别各种光电器件。
- 能分清各种光电传感器的类型。
- 会根据需要正确选用光电传感器的规格,设计声光双控 LED 电路。
- 会应用光电传感器进行转速测量。

二、相关知识

(一)光电效应与光电器件

光电元件的作用原理是基于一些物质的光电效应。光可被看作是一种具有能量的粒子(称为光子)所形成的粒子流。光子的能量为 $h\nu$,$h=6.626\times10^{-34}$(J·s),是普朗克常数,ν 是光的频率(s^{-1})。当光照射到某物体上时,可看作该物体受一连串能量为 $h\nu$ 的光子所轰击,物体吸收光子的能量后所产生的电效应称为光电效应。光电效应是光电器件工作的物理基础。光电效应可分为外光电效应和内光电效应两大类。

1. 外光电效应

在光线的作用下,物体内的电子逸出物体表面向外发射的现象叫作外光电效应或光电发射效应,逸出的电子称为光电子。

光电子能否产生,取决于入射光子能量是否大于该物体表面的电子逸出功。这一原理可用爱因斯坦光电效应方程来描述

$$hv = \frac{1}{2}mv_0^2 + A_0 \tag{6-1}$$

式中:m——电子质量;

v_0——逸出电子的初速度;

A_0——物体表面的电子逸出功。

不同的物质具有不同的逸出功,即每一个物体都有一个对应的光频阈值,称为红限频率(截止频率)。若入射光的光线频率低于红限频率,光子的能量不足以使物体内的电子逸出,因而即使光强再大也不会产生光电子发射;反之,若入射光的光线频率高于红限频率,即使光线再弱,也会发射光电子。

当入射光的频谱成分不变时,产生的光电流与光强成正比,即光强越强,意味着入射光子数目越多,逸出的光电子数也就越多。

光电子逸出物体表面具有初始动能$\frac{1}{2}mv_0^2$,因此外光电器件(如光电管)即使阳极电压为零也会有光电流产生。欲使光电流为零,必须加负的截止电压,而且截止电压应与入射光的频率成正比。

利用外光电效应制成的光电器件有真空光电管和光电倍增管。

2. 内光电效应

光照射到物体上,使物体电阻率发生变化或者产生电动势的现象称为内光电效应。内光电效应又可分为光电导效应和光生伏特效应。

(1)光电导效应:在光的作用下,电子吸收光子能量从键合状态过渡到自由状态,引起半导体材料电阻率的变化,这种现象称为光电导效应。

当光照射到半导体材料上时,吸收入射光子能量,若光子能量大于或等于半导体材料的禁带宽度,就会激发出电子-空穴对,载流子浓度增加,半导体的导电性能增强,阻值降低。光线越强,阻值越低。

利用光电导效应可制成半导体光敏电阻。

(2)光生伏特效应:在光线作用下,能够使物体内部产生一定方向的电动势的现象叫作光生伏特效应。利用光生伏特效应制成的光电器件有光敏二极管、光敏三极管和光电池等。

3. 光电器件

(1)光电管:光电管有真空光电管和充气光电管两类,两者结构相似,如图6-1所示。图6-1(a)是真空光电管的结构示意图,它由一个阴极和一个阳极构成,并且密封在一只真空玻璃管内。阴极装在光电管玻璃泡内壁或特殊的薄片上,光线通过玻璃泡的透明部分投射到阴极,阳极通常用金属丝弯曲成矩形或圆形,置于玻璃管的中央。阴极受到适当波长的光线照射时发射电子,阳极吸引从阴极上逸出的电子,从而在外电路上产生了电流。

图6-1(b)是充气光电管的结构示意。充气光电管的结构基本上和真空光电管的结构相

同，只是在玻璃泡内充有少量的惰性气体，如氦或氖。当光电阴极被光照射时，发射电子，光电子在趋向阳极途中撞击惰性气体的原子，使其电离，得到正离子和更多的自由电子，从而使光电流增加，光电管的灵敏度提高。但充气光电管灵敏度随电压显著变化的稳定性、频率特性等都比真空光电管差，且受温度影响大、容易衰老，所以在测试中一般选择真空光电管。

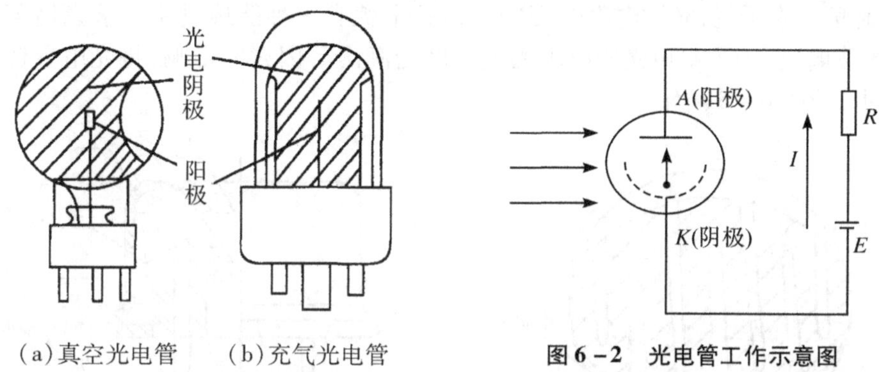

(a)真空光电管 (b)充气光电管

图6－1 光电管结构示意图

图6－2 光电管工作示意图

图6－2所示是光电管的工作原理电路。当光线照射在光敏材料上时，如果光子的能量大于电子的逸出功，就会有电子逸出产生电子发射。电子被带有正电的阳极吸引，在光电管内形成电子流，电流在回路电阻 R 上产生正比于电流大小的压降。

(2) 光电倍增管：光照很弱时，光电管产生的光电流很小(零点几个微安)，难以检测。为了提高灵敏度，通常采用光电倍增管对光电流进行放大，如核仪器中闪烁探测器就是使用光电倍增管作光电转换元件的。

光电倍增管利用二次电子释放效应，高速电子撞击固体表面，发出二次电子，将光电流在管内进行放大。光电倍增管的原理示意如图6－3所示，它由光电阴极、若干倍增极和阳极三部分组成。

光电倍增管的阴极和阳极之间加了许多倍增极，一般为4～14个，在阳极和阴极之间加有几百至上千伏的高压，两个相邻倍增极间有50～200V的电压，各个倍增极电位依次升高，阴极电位最低，阳极电位最高。阳极收集电子，在外电路形成电流输出，电流增益可达到 $10^5 \sim 10^8$ 数量级。

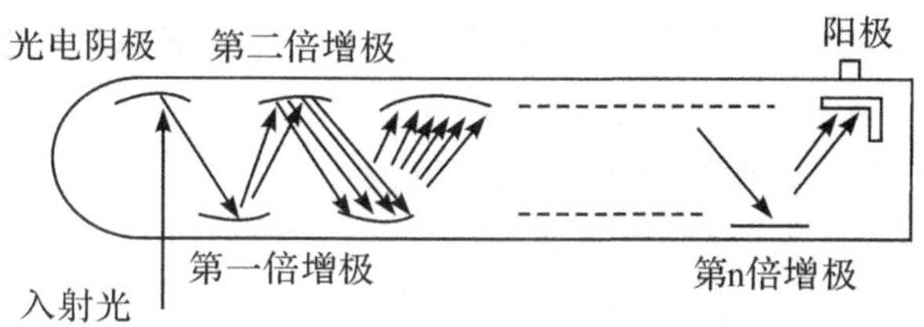

图6－3 光电倍增管结构示意图

光电倍增管的工作电源电压要求较高，必须有极好的稳定性。常见的光电倍增管按进光部位可分为侧窗式和端窗式两类；按管内电极构造形状又可分为聚焦式、百叶窗式和盒栅式等。由于光电倍增管的灵敏度很高，所以不能受强光照射，否则将会损坏。

(3)光敏电阻：

1)光敏电阻工作原理和结构：光敏电阻又称光导管，是一种均质半导体器件。光敏电阻是利用光电导效应制成的。光敏电阻没有极性，使用时，可以加直流偏压，也可以加交流偏压。

当无光照时,光敏电阻的阻值很大,当有适当波长范围内的光照射时,其电阻值降低。制造光敏电阻的材料一般由金属的硫化物、硒化物、碲化物组成。由于光电导效应只限于光照的表面薄层,因此光电导体一般都做成薄层。为了获得高的灵敏度,光敏电阻的电极常采用梳状图案,如图6-4所示。它是在一定的掩膜下向光电导薄膜上蒸镀金或铟等金属形成的。

为了避免外来干扰,光敏电阻外壳的入射孔上盖有一种能透过所要求光谱范围的透明保护窗(如玻璃)。为了避免光敏电阻的灵敏度受潮湿等因素的影响,将光电导体严密封装在金属壳中,如图6-5所示。

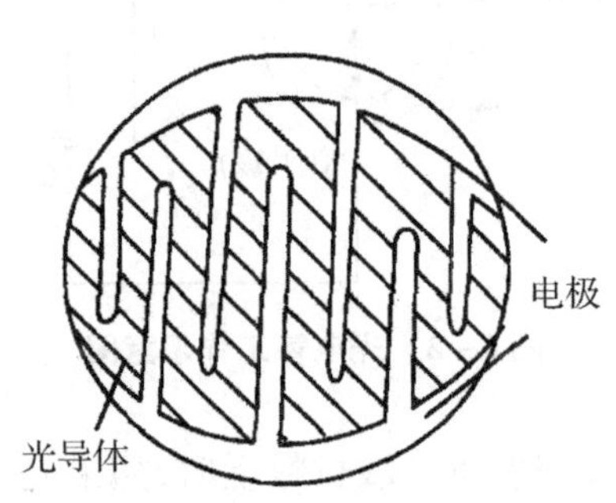

图6-4 光敏电阻电极图案

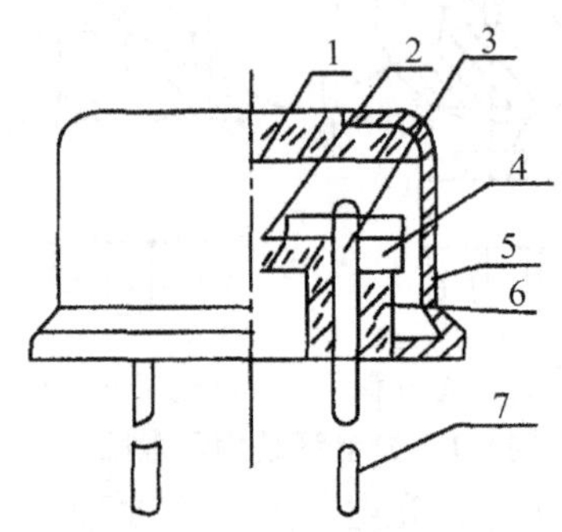

图6-5 金属封装的光敏电阻

1.玻璃 2.光电导层 3.电极 4.绝缘衬底 5.金属壳 6.黑色绝缘玻璃 7.引线

2)光敏电阻的基本特性和主要参数:

a.光敏电阻的主要参数:光敏电阻的主要参数有:暗电阻、暗电流,亮电阻、亮电流,光电流等。

光敏电阻在不受光照射时所具有的阻值称作"暗电阻"或暗阻,此时流过的电流称作"暗电流";光敏电阻在受光照射时的阻值称作"亮电阻"或亮阻,此时流过的电流称作"亮电流"。亮电流与暗电流之差即为"光电流"。光敏电阻的暗电阻越大,亮电阻越小,则性能越好,灵敏度就高。

实际用的光敏电阻的暗电阻是兆欧数量级,而亮电阻则在几千欧姆以下。

光敏电阻对温度变化比较敏感,当温度升高时,它的暗电阻和灵敏度都将下降。

b.光敏电阻的基本特性:光敏电阻的基本特性包括:伏安特性、光照特性、光谱特性、频率特性和温度特性等。这里仅以伏安特性为例。

一定照度下,光敏电阻两端所加电压和光电流的关系,称为光敏电阻的伏安特性,如图6-6所示。由曲线可知:所加的电压 U 越高,光电流 I 也愈大,而且没有饱和现象,在给定的光照下,电阻值与外加电压无关;在给定的电压下,光电流的数值将随光照的增强而增加。超过最高工作电压或最大工作电流都能导致光敏电阻永久性的破坏。

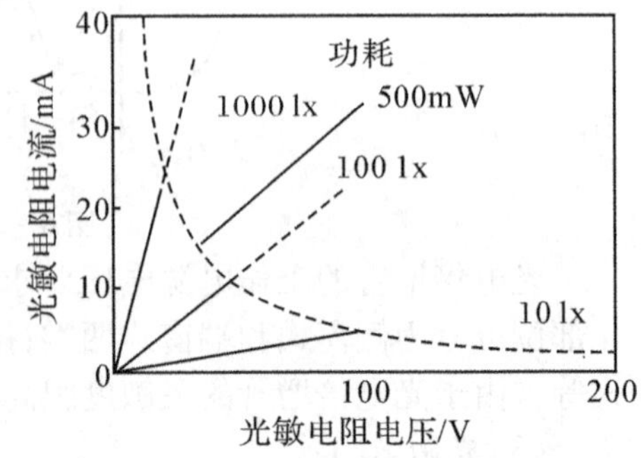

图6-6 硫化镉光敏电阻伏安特性曲线

4.光敏二极管

(1)光敏二极管的结构与原理:光敏二极管的结构与一般的二极管相似,其PN结装在管的顶部,

上面有一个透镜制成的窗口,以便使光线集中在PN结上。为了提高光电转换能力,光敏二极管的PN结面积比一般二极管的大,如图6-7所示。

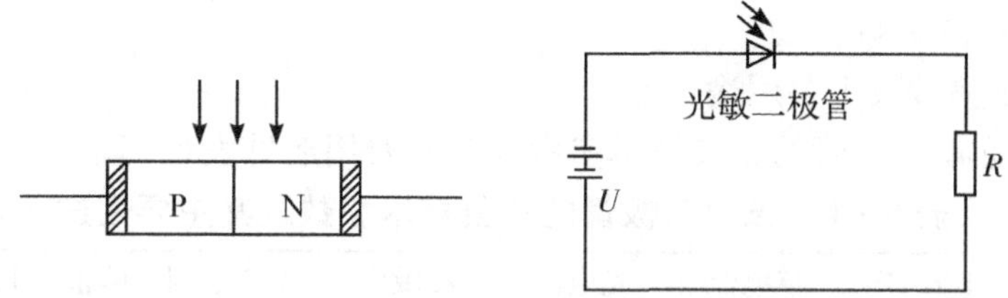

图6-7　光敏二极管结构及基本电路

光敏二极管是单向导电的非线性元件,在电路中一般处于反向偏置状态。无光照时,反向电阻很大,反向电流很小;有光照时,PN结处产生光生电子和光生空穴对,在电场作用下形成光电流。而且光照越强,光电流越大,光电流方向与反向电流一致。

光敏二极管的种类很多。根据制作材料的不同可分为硅光敏二极管(2CU、2DU类)和锗光敏二极管(2AU类);根据峰值波长的不同可分为近红外光硅光敏二极管、对红外光最敏感的锂漂移性光敏二极管和蓝光光敏二极管等;另外还有用于激光的PIN型硅光敏二极管和灵敏度更高的雪崩光敏二极管。

光敏二极管的电路符号和外形如图6-8所示。

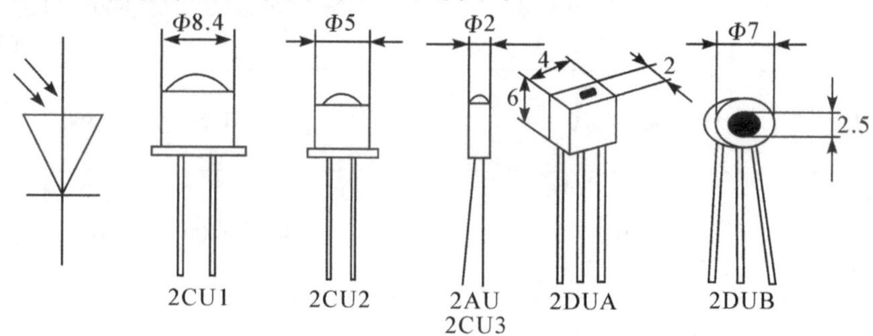

图6-8　光敏二极管的电路符号和外形(单位:mm)

5. 光敏三极管结构与原理

(1)光敏三极管的结构:与普通三极管的相似,有两个PN结,但光敏三极管基区面积大,集电结和发射结离表面很近,大多数光敏三极管的基极无引线,图6-9是NPN型光敏三极管结构和基本电路。

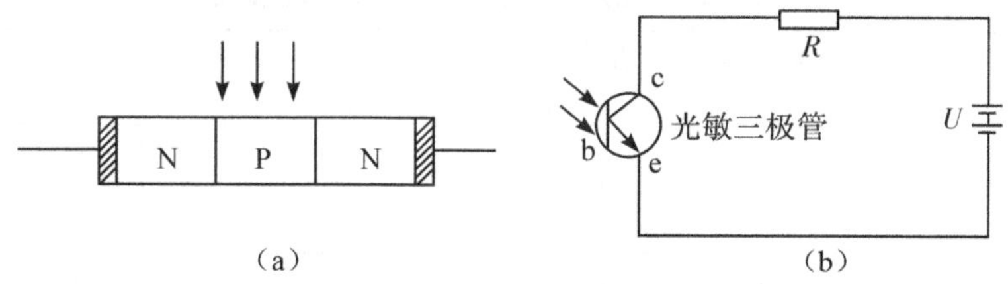

图6-9　光敏三极管结构及基本电路

(2)原理:光敏三极管由硅或锗制成,应用最多的是硅光敏三极管。硅光敏三极管一般都是NPN结构,工作时集电极加上相对于发射极为正的电压,光照射在集电结附近的基区,产生电子-空穴对,光生电子被拉向集电极,基区留下带正电荷的空穴,从而使基极与发射极之间的电压升高，这样，发射极便有大量电子经基极流向集电极，形成光电流，相当于三极管的基极电流，因此集电极电流是光电流的 β 倍，所以光敏三极管具有放大作用，和光敏二极管相比具有更高的灵敏度。

(3) 主要技术参数及主要用途：

1) 几种类型光敏二极管的主要技术参数及其主要用途见表 6-1。

表 6-1 光敏二极管的主要技术参数及其主要用途

型号	响应时间 / ns	暗电流 / μA	光电流 / μA	灵敏度 /(μA / μW)	光谱范围 / nm	峰值波长 / nm	主要用途
2AU T0-5 (B1818) T0-1B (B1720)	100	<10	30~60	>1.5	400~2140	1465	检测红外激光，测量温度等
2CU1/2/3	100	<0.1	>80/30/5	>0.5	400~1100	880	照度计，摄像机露点计，频闪灯，烟雾，分光光度计
2DUA/B	50~100	<0.1	>6/20	≥0.4	400~1100	880	
PIN GT106	0.1	0.5				800	光通信，激光接收，远距离光控
雪崩 GT231	<1	0.003~0.01		>30	350~1050	800~860	光纤通信，激光测量
复合(PSD) 四象限 2CU301A/B		<0.3			400~1100	900	机电一体化的光学计
集成 SPM-101 (2×4 阵列)	100	0.1×10^{-3}				900	机电一体化的光学系统，光机电一体化装置

2) 国产光敏三极管的型号主要有 3AU、3DU、ZL 系列。表 7-2 给出了国产光敏三极管的特性参数。

表 6-2 国产光敏三极管的特性参数

型号	工作电压 /V	暗电流 / μA	光电流 / μA	光调制截止频率/kHz	响应时间 /s	主要用途
3AU1A/B/D		400/200/300	≥1/2/5	≥3		光敏继电器，光点自动控制，锗片自动分选机
3DU2/5	30	≤0.1/0.2~0.5	0.2~1.5/2~3		$\leqslant5\times10^{-6}$	工业程序控制，光电探测，自动报警，光耦
ZL-2/4	<6	≤0.1/0.01	≥2.0			电弧探测，三基色测量，多波段亮度计，紫外光探测

6. 光电池

光电池是一种基于光生伏特效应的直接将光能转换成电能的器件，在有光线作用时就是一个电源，常用于检测、控制等方面，构成分析仪器、测量仪器或自动控制系统。

光电池种类很多，有硒、锗、硅、砷化镓、氧化亚铜光电池等，由于硅光电池具有性能稳定，光谱范围宽，频率特性好，传递效率高，耐高温辐射等优点，因此最受人们重视，应用也最广泛。图 6－10 所示为光电池的符号。

光电池实质上是一个大面积的 PN 结，上电极为栅状受光电极，下电极是一层衬底铝。当光照射 PN 结的一个面时，电子－空穴对迅速扩散，在结电场作用下建立一个与光照强度有关的电动势。图 6－11 所示为光电池的结构及工作原理图。

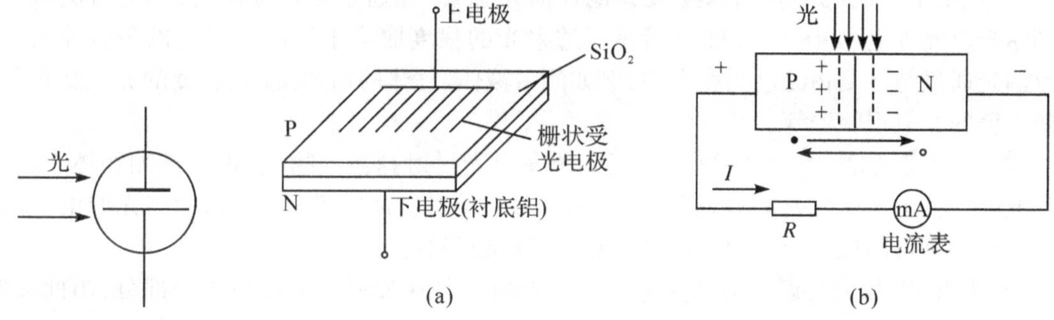

图 6－10　光电池符号　　图 6－11　光电池结构及工作原理

光电池的电路连接如图 6－12 所示。光电池作为控制元件使用时通常接非线性负载，如控制晶体管工作，硅管的发射结导通电压为 0.6～0.7V，光电池的 0.5V 电压起不到控制作用，可将两个光电池串联后接入基极，或用偏压电阻产生附加电压。有光照度变化时，引起基极电流 I_b 变化，集电极电流发生约 β 倍的变化，电流 I_c 与光照近似线性关系。光电池作为电源使用时，根据使用要求进行连接，需要高电压时应将光电池串联使用，需要大电流时应将光电池并联使用。

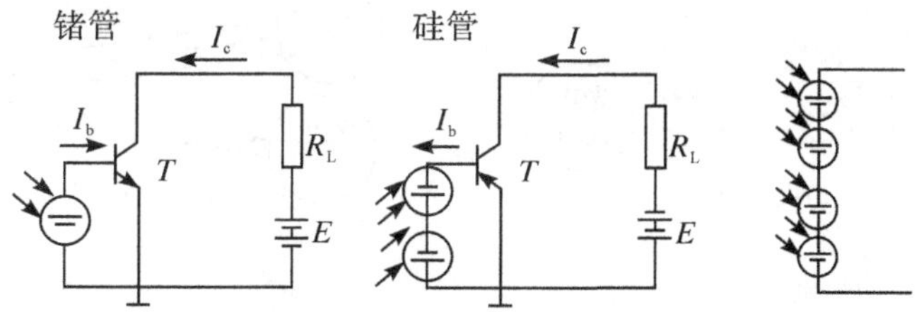

图 6－12　光电池的电路连接

表 6－3 所示为 2CR 型硅光电池的特性参数。

表 6－3　2CR 型硅光电池的特性参数

光谱响应范围（μm）	光谱峰值波长（μm）	灵敏度（nA/mm²·lx）	响应时间（s）	开路电压＊（mV）	短路电流＊（mA/cm²）	转换效率＊（%）	使用温度（℃）
0.4～1.1	0.8～0.95	6～8	10^{-3}～10^{-4}	450～600	16～30	6～12 以上	－55～＋125

注：* 指测试条件在 100mW/cm^2 的入射光照射下，每 1cm^2 的硅光电池所产生的。

（二）光电传感器分类

利用内光电效应和外光电效应制成的光电器件所组成的光电传感器可用于检测多种非电量，广泛应用于自动控制等各个领域。由于光通量对光电元件作用原理的不同所制成的光学装置也是多种多样的，按其输出量性质可分为两类：模拟式光电传感器和开关式光电传感器。

1. 模拟式光电传感器

模拟式光电传感器是把被测量转换成连续变化的光电流，它与被测量间呈单值对应关系。属于这一类的有下列几种形式：

（1）吸收式：恒光源是白炽灯（或其他任何光源）。光通量穿过被测物，部分被吸收，而后到达光电元件上，如图 6－13（a）所示。透射光的强度取决于被测物对光的吸收能力，而吸收的光通量与被测物的透明度有关，例如测量液体、气体的透明度、混浊度的光电比色计，预防火警的光电报警器等。

（2）反射式：如图 6－13（b）所示，恒光源发出光投射到被测物上，再从被测物体表面反射到光电元件上。所反射的光通量的多少取决于反射表面的性质、状态及与光源的距离。利用这个原理可制成测量表面光洁度、粗糙度等仪器的传感器。

（3）遮光式：从恒光源发射到光电元件的光通量遇到被测物被遮蔽了一部分，由此改变了照射到光电元件上的光通量，改变的程度与被测物在光路中的位置有关，如图 6－13（c）所示。在某些检测加工零件的直径、长度、宽度、椭圆度等尺寸的自动检测装置中，常采用这种光电式传感器。

（4）辐射式：被测物本身是光辐射源，被测物发出的光通量射向或经过一定的光路后作用到光电元件上，如图 6－13（d）所示。这种形式的光电传感器可用于光电比色高温计中，它的光通量和光谱的强度分布都是被测物温度的函数。

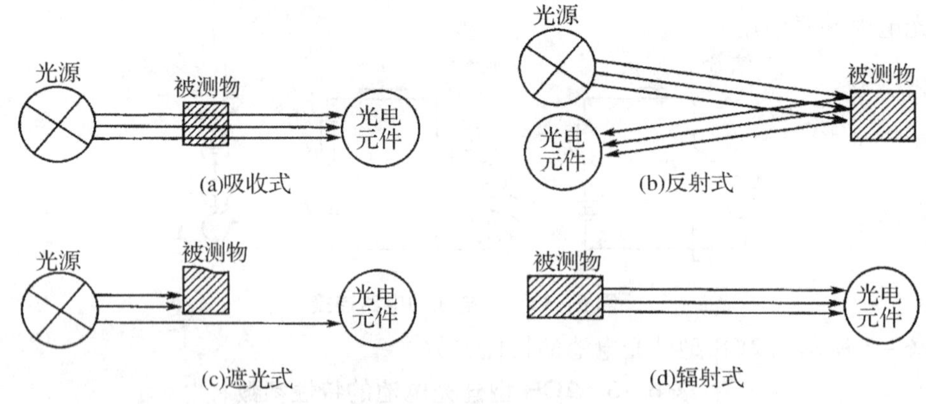

图 6－13　光电传感器的几种形式

2. 开关式光电传感器

开关式光电传感器又称作脉冲式光电传感器，把被测量转换成断续变化的光电流。它利用光电元件在受光照或无光照时仅有两种稳定的输出状态（“通”和“断”的开关状态），所以可用作开关式光电转换元件。

这种类型的光电传感器大多用在光机电相结合的检测装置中，如电子计算机的光电输

入机及转速表的光电传感器、光栅等。

(三)光电传感器的应用

1. 光电转速传感器

光电式转速传感器工作在脉冲状态下,它是将轴的转速变换成相应频率的脉冲,根据所测脉冲频率的大小就可得知被测转速的值。这种测速方法的优点是传感器结构简单、可靠、测量精度高等。

目前多采用图 6－14 所示的直射型光电转速计结构。被测转轴 1 上装有带孔或带齿的调制盘,调制盘两边分别设有光源 3 和光电元件 2。调制盘随轴转动时,每转过一个小孔或齿缝,光线便产生一次明暗变化,使得光电元件感光一次,产生一个电脉冲。转轴连续转动时,光电元件就输出一系列与转速及调制盘上的孔(或齿)数成正比的电脉冲数。孔(或齿)数一定时,输出脉冲数就和转速成正比。

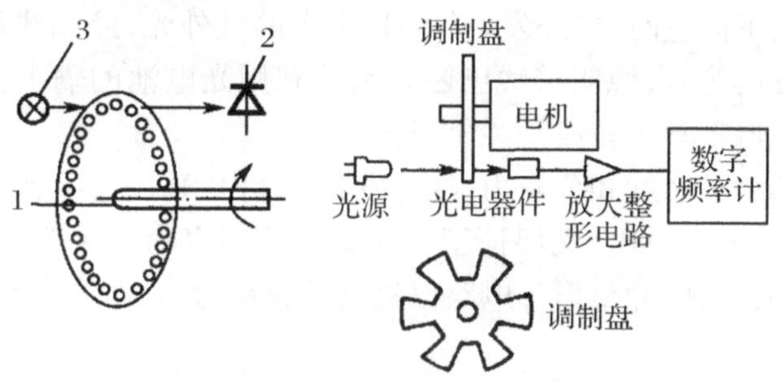

图 6－14　直射式光电转速传感器的结构原理

1. 被测转轴　2. 光电元件　3. 光源

光电转速传感器的光电脉冲变换电路如图 6－15 所示。VT_1 为光敏三极管,有光照时,产生光电流,R_1 上压降增大使得晶体管 VT_2 导通,触发由晶体管 VT_3 和 VT_4 组成的射极耦合触发器,使其输出 U_o 为高电位;反之,若无光照时,U_o 为低电位。输出的脉冲信号 U_o 可送到计数电路计数。

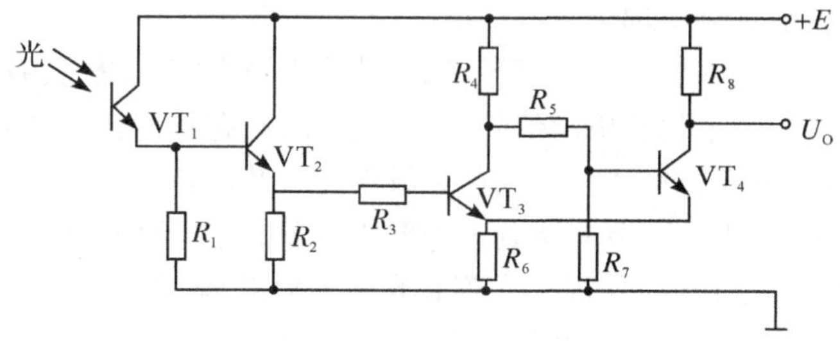

图 6－15　光电脉冲变换电路原理

这种结构的传感器由于受开孔盘尺寸的限制,其开孔数目不可能太多,从而应用受到限制。

2. 光电比色计

许多物质的溶液有颜色,当浓度改变时,颜色的深浅一般也随着改变,因此可用比色法来测定溶液中有色物质的含量。比色分析具有较高的灵敏度,特别适用于微量成分的测定。比色分析是依据物质对光的吸收特性,它不但与物质的浓度有关,还与物质的组成及结构有关。光电比色计类型很多,但其组成一般都有光源、单色器、比色皿、光电传感器及电测量机构等。用同样的方法进行测量的还有分光光度计、光电比色温度计等。

3. 光电式纬线探测器

光电式纬线探测器是应用于喷气织机上，判断纬线是否断线的一种探测器。图 6－16 所示为光电式纬线探测器原理电路图。

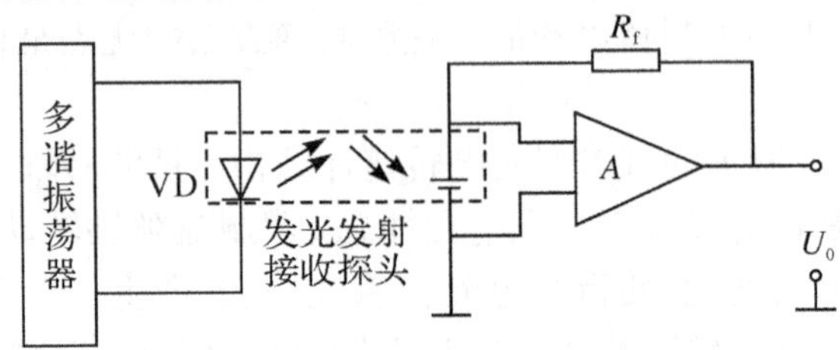

图 6－16　光电式纬线探测器原理电路

纬线在喷气作用下前进时，红外发射管 VD 发出的红外光，经纬线反射，由光电池接收，若光电池接收不到反射信号，说明纬线已断。因此利用光电池的输出信号，通过放大、脉冲整形等电路可控制机器正常运转或是关机报警。

为了提高探纬器的灵敏度和分辨力，红外发光管 LED 采用占空比很小的强电流脉冲供电，这样既保证瞬间有强光射出，又保证了发光管的使用寿命。一般来说，由于光电池输出信号比较小，故须经放大、脉冲整形等电路以提高其分辨力。

4. 光电耦合器

光电耦合器又称光电隔离器，由发光元件和光电接收光敏元件集成在一起构成。发光元件通常采用砷化镓发光二极管，与普通二极管一样，其管芯也是由一个 PN 结组成，具有单向导电性，随正向电压的提高，正向电流增加，发光二极管产生的光通量亦增加，其最大值受发光二极管最大允许电流的限制。光电接收光敏元件可以是光敏二极管、光敏三极管或达林顿光敏管，发光元件与光敏元件间应具有相同的光谱特性。工作时，电信号加在输入端，发光元件辐射可见光或红外光，光敏元件在光辐射作用下控制输出电流的大小，通过电－光－电两次转换进行输入输出耦合。

光电耦合器实际上是一个电量隔离转换器，其输入输出完全隔离，有独立的输入输出阻抗，提高了抗干扰性能；由于具有单向信号传输功能，因此有脉冲转换和直流电平转换特性，广泛应用在电路隔离、电平转换、噪声抑制、无触点开关及固态继电器等场合。

光电耦合器有金属密封型和塑料密封型等形式。金属密封型采用金属外壳和玻璃绝缘的结构，在其中心装片，采用环焊以保证发光管和光敏管对准，以此来提高灵敏度。塑料密封型采用双立直插式塑料封装的结构，管芯先装于管脚上，中间用透明树脂固定，具有集光作用，故这种结构的光电耦合器的灵敏度较高。目前常见的是塑料密封型，如图 6－17 所示。

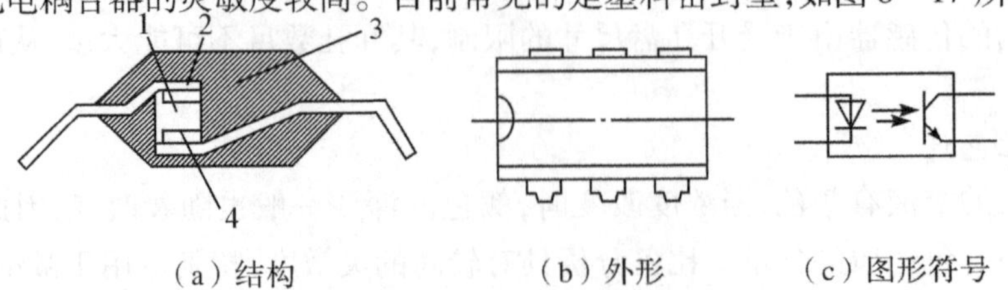

（a）结构　（b）外形　（c）图形符号

图 6－17　光电耦合器

1. 透明树脂　2. 发光二极管　3. 黑色塑料　4. 光敏管

5. 燃气热水器中脉冲点火控制器

由于煤气是易燃、易爆气体，所以要求燃气器具中的点火控制器安全、稳定和可靠，即打火针确认产生火花，才可打开燃气阀门，否则燃气阀门关闭。

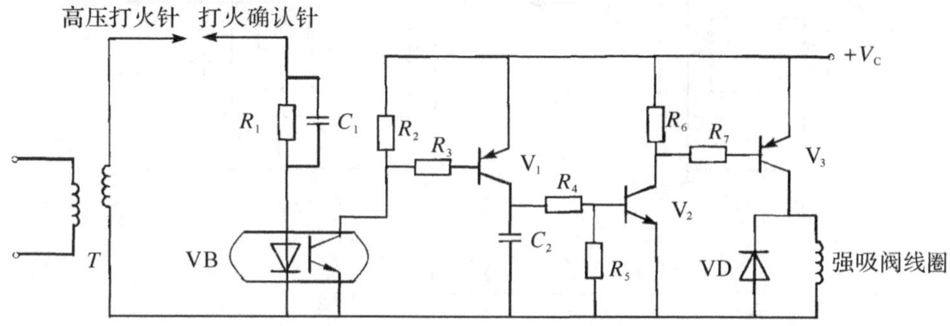

图 6－18　打火确认电路原理

图 6－18 所示为燃气热水器中的高压打火确认电路原理。在高压打火时，火花电压可达一万多伏，这个脉冲高电压对电路工作影响极大，为了使电路正常工作，增强电路的抗干扰能力，采用光电耦合器 VB 进行电平隔离。当高压打火针对打火确认针放电时，光电耦合器中的发光二极管发光，耦合器中的光敏三极管导通，经 V_1、V_2、V_3 放大，驱动强吸电磁阀，将气路打开，燃气碰到火花即燃烧；若打火针与确认针之间不放电，则光电耦合器不工作，V_1 等三极管不导通，燃气阀门关闭。

6. 光电开关

光电开关的典型结构如图 6－19 所示，图（a）为透射式，图（b）为反射式。当有不透光的物体位于投射式开关或物体经过反射式开关时，接收元件收到的信号将发生变化，产生一个检测脉冲。

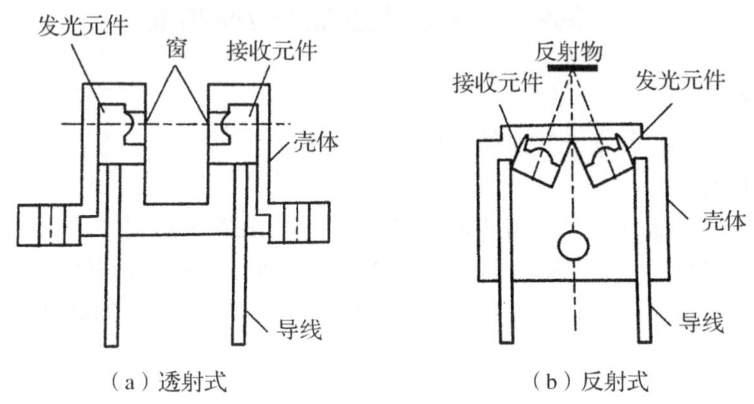

（a）透射式　（b）反射式

图 6－19　光电开关结构

光电开关检测速度快，有非接触测量的特点，可用于物品检测、产品计数、料位检测、尺寸控制、安全报警等，是工业控制系统中常用的光控和光探测装置，其基本电路示例如图 6－20所示。

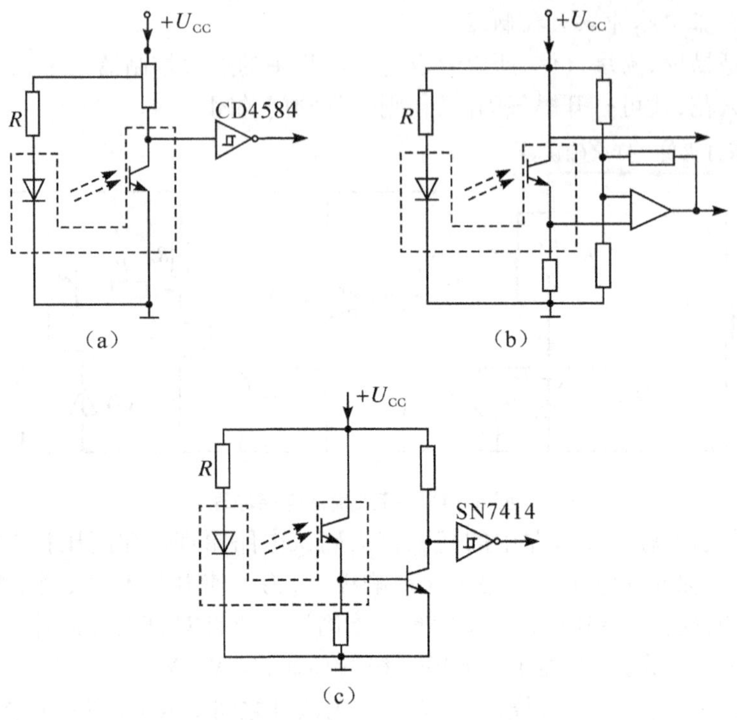

图 6－20　光电开关的基本电路示例

三、项目实施

任务一　光电传感器的转速测量

(一)实施要求

了解光电转速传感器测量转速的原理及方法。

(二)实施内容

光电式转速传感器有反射型和透射型两种，本实验装置是透射型的，传感器端部有发光管和光电池，发光管发出的光源通过转盘上的孔透射到光电管上，并转换成电信号，由于转盘上有等间距的6个透射孔，转动时将获得与转速及透射孔数有关的脉冲，将电脉计数处理即可得到转速值。

(三)实施步骤

(1)光电传感器已安装在转动源上，如图6－21所示。+5V电源接到三源板“光电”输出的电源端，光电输出接到频率/转速表的“fin”。

(2)打开实验台电源开关，用不同的电源驱动转动源转动，记录不同驱动电压对应的转速，填入下表6－4，同时可通过示波器观察光电传感器的输出波形。

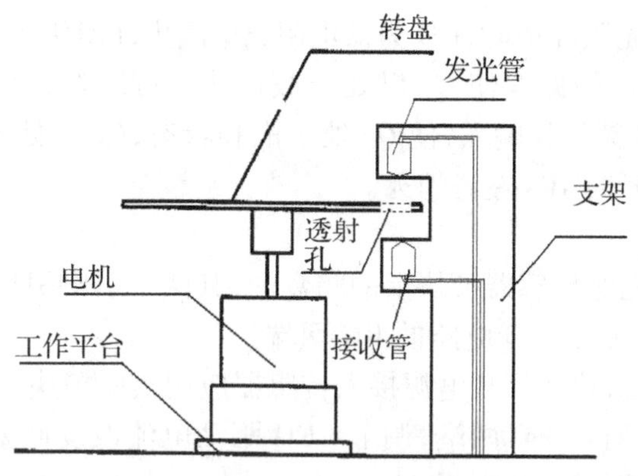

图 6-21 光电传感器的安装

表 6-4 转速与驱动电压测量结果

驱动电压 U(V)	4V	6V	8V	10V	12V	16V	20V	24V
转速 n(rpm)								

任务二 光敏电阻应用——声光双控 LED

(一)实施要求

了解光敏电阻和声波传感器的原理与应用。

(二)实施内容

利用声波在声场中的物理特性和种种效应而研制的声波传感器,能将声音信号转换成电信号。它的工作原理是当膜片受到声波的压力,并随着压力的大小和频率不同而振动时,膜片极板之间的电容量就发生变化。与此同时,极板上的电荷随之变化,从而使电路中的电流也相应变化,负载电阻上也就有相应的电压输出,完成声电转换。

光敏电阻的工作原理是基于光电导效应。在无光照时,光敏电阻具有很高的阻值,在有光照时,电阻率降低;入射光愈强,电阻值越低;光照停止后,自由电子与空穴复合,导电性能下降,电阻恢复原值。

利用这两种传感器组成的声光检测系统在安防、楼宇等领域有着广泛的应用。本实验模拟楼道灯的声光双控系统,实验原理如图 6-22 所示。

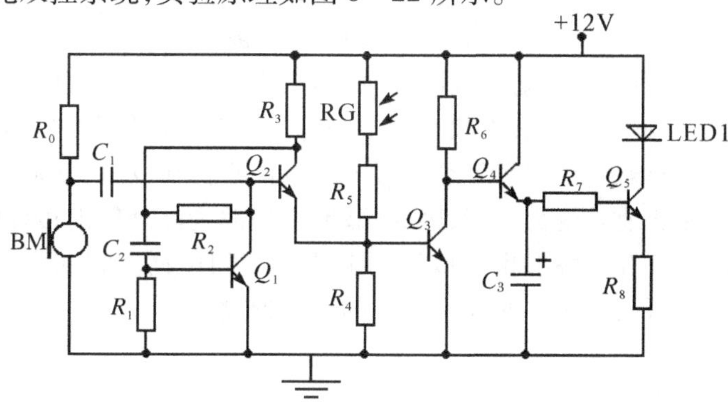

图 6-22 声光双控 LED 原理图

光敏电阻 RG 处于光照环境时，RG 为低电阻，Q_4 截止，LED1 不亮；光敏电阻 RG 无光照时，RG 为高阻抗，由于 R_2 的偏置使 Q_4 仍处于截止状态；此时若有声波信号经声波传感器 BM 拾取，Q_3 有很强的音频信号输入，使 Q_4 处于饱和状态，Q_5 也处于饱和状态，LED1 亮，同时对 C_3 充电，使 LED1 延时 10s 左右熄灭。

（三）实施步骤

（1）光敏电阻置于光电传感器模块上的暗盒内，其两个引脚引出到面板上。通过实验导线将光敏电阻接到声光双控 LED 电路的 RG 两端。

（2）打开实验台电源，将 +15V 电源接入传感器应用实验模块。

（3）0 ~ 20mA 恒流源接 LED 两端，调节 LED 驱动电流改变暗盒内的光照强度，说话或者敲击桌面发出声音，观察 LED1 的状态。

（4）调节 R_w，改变系统的灵敏度，重复步骤（3）观察实验现象有什么不同。

四、拓展知识

（一）红外辐射传感器

1. 红外辐射的基本知识

红外辐射俗称红外线，它是一种人眼看不见的、位于可见光中红色光以外的光线。其波长范围大致在 0.76 ~ 1000μm 的频谱范围内，相对应的频率大致在 $3\times10^{11}\sim4\times10^{14}$ Hz 之间。红外线与可见光、紫外线、X 射线、γ 射线、微波、无线电波一起构成整个无线连续电磁波谱，如图 6－23 所示。

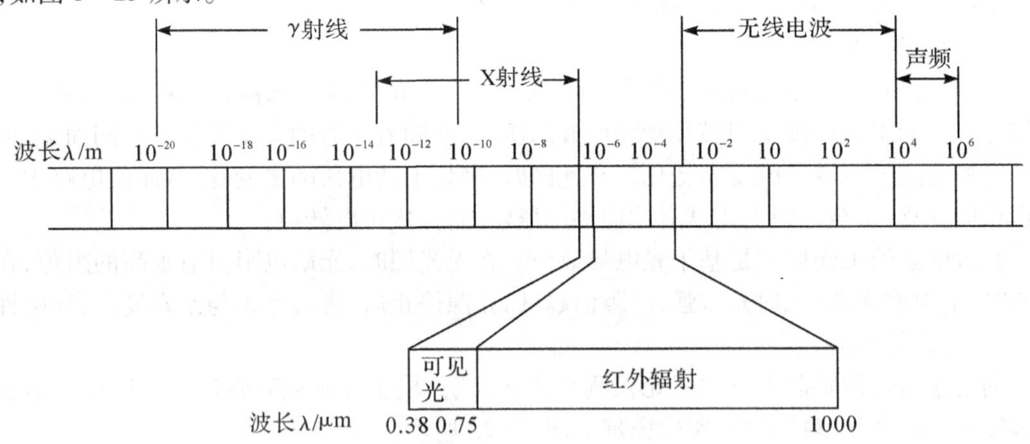

图 6－23 电磁辐射波长范围示意

红外辐射的物理本质是热辐射。实际上，任何温度高于绝对零度的物体，都是红外辐射源。每一种物体都会随其温度和表面状态的不同有不同功率的辐射，物体温度越高，辐射出来的红外线越多，红外辐射的能量就越强。实验表明，波长在 0.1 ~ 1000μm 之间的电磁波被物体吸收时，可以显著地转变为热能，因此，载能电磁波是红外辐射传播的主要媒介物。

同所有电磁波一样，红外辐射也是以波的形式在空间传播。它在真空中的传播速度等于波的频率与波长的乘积，即等于光在真空中的传播速度

$$c=\lambda f \tag{6-2}$$

式中：λ——红外辐射的波长（μm）；

f——红外辐射的频率(Hz)；

c——光在真空中的传播速度，$c = 30 \times 10^{10}$cm/s。

与可见光相比，红外辐射具有以下特点：不对人类视觉产生作用，具有不可见性；不受周围可见光的影响，可昼夜测量；能很好地透过烟雾；可以区分更细微的物体热状态；只要被测物体自身具有一定温度就会辐射红外光，因此不必另备光源；适用于遥感技术。

2. 红外传感器

红外传感器是一种将红外辐射能转换成易于分析和处理的电信号的光敏器件，又称红外探测器。按探测机理的不同，可分为热探测器和光子探测器两大类。

(1)热探测器：热探测器吸收入射红外辐射后，由于温度变化而引起探测器敏感元件的物理参数发生相应变化，通过测量有关物理参数的变化就可确定被吸收的红外辐射的能量或功率，从而得到被测非电量值。

热探测器的主要特点是响应波段宽，可以在室温下工作，使用方便。但因其响应时间长、灵敏度较低，所以一般用于红外辐射变化缓慢的场合。

(2)光子探测器：某些半导体材料在红外辐射的照射下产生光子效应，材料的电学性质会发生变化。通过测量电学性质的变化，可以确定红外辐射的强弱。光子探测器就是利用光子效应制成的红外探测器，主要特点是灵敏度高，响应速度快，具有较高的响应频率，但一般须在低温下工作，探测波段较窄。

小　结

(1)光电式传感器是以光电效应为基础，将光信号转换为电信号的传感器。

(2)光电式传感器大致分为三类：

1)利用光电发射效应工作的光电传感器，如光电管和光电倍增管。

2)利用光电导效应工作的光电传感器，如光敏电阻。

3)利用光电效应工作的光电传感器，如光敏二极管、光敏三极管、光控晶闸管等。光电耦合器件也属于此类。

(3)光敏元件的特性如表6－5所示。

表6－5　几种常用光敏元件特性比较

类　别	灵敏度	暗电流	频率特性	光谱特性	线性	稳定性	分散度	测量范围	主要用途	价　格
光敏电阻器	很高	大	差	窄	差	差	大	中	测开关量	低
光电池	低	小	中	宽	好	好	小	宽	测模拟量	高
光电二极管	较高	大	好	宽	好	好	小	中	测模拟量	高
光电三极管	高	大	差	较窄	差	好	小	窄	测开关量	中

思考与练习

1. 光电效应有哪几种类型？

2. 光敏电阻的基本特性和主要参数有哪些内容？

3. 光电池的结构是怎样的？光电池的主要参数有哪些？

4．试比较光敏电阻、光电池、光敏二极管和光敏三极管的性能差异，给出什么情况下应选用哪种器件最为合适的评述。

5．光电耦合器的基本结构是什么？光电耦合器有哪些优点？

6．光电传感器有哪些类型？举例说明光电传感器的应用。

项目 7 ▶ 磁电式传感器认识及使用

一、项目分析

磁电式传感器是通过磁电作用将被测量的参数(如振动、位移、转速等)转换成电信号输出的一种传感器,它包括磁电感应式传感器、霍尔传感器、磁栅传感器。其中霍尔传感器被广泛应用于无刷电机、高斯计、接近开关、微位移等测量中,是本课程的重要内容之一,应很好的掌握。

通过本项目的学习,能分析磁电感应式传感器的结构和工作原理,学会霍尔效应,能分析霍尔式传感器的误差及补偿方法。掌握直流激励时霍尔传感器的位移特性分析,霍尔式电子称的测量方法和使用霍尔式传感器测量转速的方法。了解磁栅式传感器的结构和工作原理。

知识点

- 磁电感应式传感器的工作原理、分类、应用、灵敏度、温度补偿、测量电路。
- 霍尔效应、霍尔元件的主要技术参数、霍尔传感器的结构和应用。
- 磁栅式传感器的结构及工作原理。

能力点

- 学会对直流激励时霍尔传感器的位移特性分析方法。
- 会用霍尔式电子秤进行称重测量。
- 学会霍尔传感器转速测量的方法。
- 能分析霍尔元件误差产生的原因及补偿方法。

二、相关知识

(一) 磁电感应式传感器

磁电感应式传感器是一种利用电磁感应原理将被测量转换成感应电势输出的机－电能量变换型传感器。它不需要供电电源,属有源传感器。由于它输出信号强,性能稳定,输出阻抗小,具有一定的工作带宽(10～1000Hz),适合于振动、转速、扭矩等测量,所以得到广泛应用。这种传感器通常具有较高的灵敏度,所以一般不需要高增益放大器,但其尺寸和重量较大。

1. 磁电式传感器的工作原理及分类

当导体在磁场中运动切割磁力线时,闭合导体回路中的磁通量 Φ 发生变化,导体中就会感应出电动势 e,其大小与回路所包围的磁通量的变化率成正比,即 W 匝线圈在变化磁场中感应的电动势为

$$e = -W\frac{\mathrm{d}\Phi}{\mathrm{d}t} \tag{7-1}$$

当线圈垂直于磁场方向以相对速度 v 运动切割磁力线时,感应电动势为

$$e = -WBlv \tag{7-2}$$

式中:l——每匝线圈的平均长度;

B——线圈所在磁场的磁感应强度。

若线圈以角速度 ω 转动,则感应电动势为:

$$e = -WBS\omega \tag{7-3}$$

式中:S——每匝线圈的平均截面积。

当传感器结构参数确定后,B、l、W、S 即为定值,产生的感应电动势 e 与线圈对磁场的相对运动线速度 v 或角速度 ω 成正比。所以,可用磁电式传感器测量线速度和角速度。当在测量线路中接入微分电路或积分电路后,就可用来测量位移和加速度。

磁电感应式传感器主要由磁路系统和线圈两个基本部分所构成。磁路系统的作用是产生磁场,为了减小传感器的体积,一般都采用永久磁铁;线圈与磁场中的磁通相交链产生感应电动势。由于感应电动势 e 是线圈与磁场发生相对运动而产生的,因此,运动部分可以是线圈,也可以是永久磁铁,前者称为动圈式,后者称为动铁式。构成传感器的其他部件还有壳体、支承、阻尼器、接线装置等。

(1)变磁通式磁电传感器:这种类型的传感器线圈和磁铁都固定不动,利用磁性材料制成一个齿轮(或凸轮)与被测物体相连而运动,在运动中齿轮(或凸轮)不断改变磁路的磁阻,从而改变了线圈的磁通,在线圈中感应出电动势。变磁通式传感器一般都做成转速传感器,产生感应电动势的频率作为输出,其频率值取决于磁通变化的频率。这种类型的传感器在结构上可分为开磁路和闭磁路两种。

1)开磁路变磁通式传感器:开磁路变磁通式传感器的结构如图 7-1 所示。线圈、磁铁静止不动,测量齿轮安装在被测旋转体转轴上,随之一起转动。每转动一个齿,齿的凹凸引起磁路磁阻变化一次,磁通也就变化一次,线圈中产生感应电动势,其变化频率等于被测转速与测量齿轮齿数的乘积,即

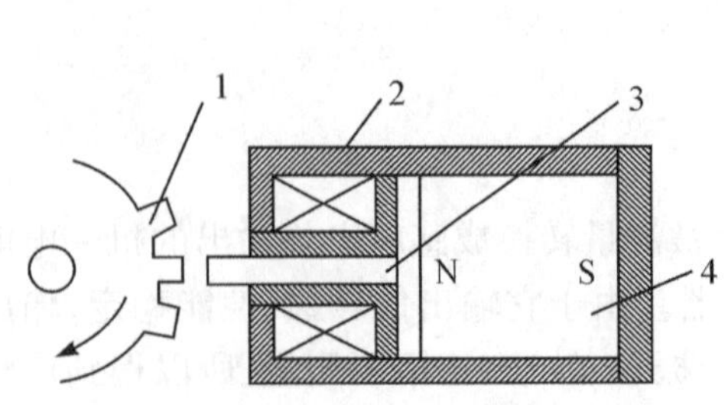

图 7-1　开磁路变磁通式传感器的结构

1. 齿轮　2. 感应线圈　3. 软铁　4. 永久磁铁

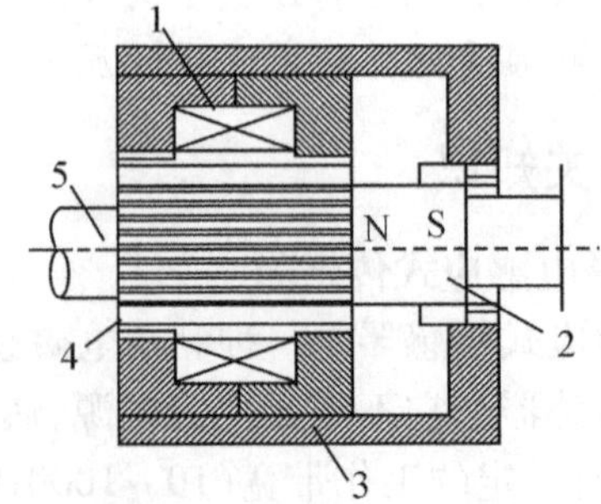

图 7-2　闭磁路变磁通式传感器的结构

1. 线圈　2. 永久磁铁　3. 外齿轮　4. 内齿轮　5. 转轴

$$f = z \cdot n/60 \tag{7-4}$$

式中:f——感应电势频率;

z——测量齿轮的齿数;

n——被测轴转速。

这种传感器结构简单,但输出信号较小,且因高速轴上加装齿轮较危险而不宜测量高转速。当被测轴振动大时,传感器输出波形失真较大。

2) 闭磁路变磁通式传感器:闭磁路变磁通式传感器的结构如图 7-2 所示。它由装在转轴上的内齿轮和外齿轮、永久磁铁和感应线圈组成,内外齿轮数相同。当转轴连接到被测转轴上时,外齿轮不动,内齿轮随被测轴而转动,内、外齿轮的相对转动使气隙磁阻产生周期性变化,从而引起磁路中磁通的变化,使线圈内产生周期性变化的感生电动势,显然感应电动势的频率与被测转速成正比。

变磁通磁电式传感器的输出电动势取决于线圈中磁场变化率,因而它与被测速度成一定比例关系,当转速太低时,输出电动势小,以致无法测量。所以,这类传感器有一个下限工作频率,一般为 50Hz 左右,闭磁路转速传感器的下限频率可降低到 30Hz 左右,其上限工作频率可达 100Hz。

(2)恒定磁通式磁电传感器:有动圈式和动铁式两种结构,分别如图 7-3 和图 7-4 所示。它们都是由永久磁铁、线圈、弹簧、金属骨架等组成,工作原理完全相同。例如在图 7-4 动铁式恒磁通磁电传感器中,线圈和壳体固定,永久磁铁用弹簧支承,当壳体随被测物体一起振动时,由于弹性元件较软而运动部件质量相对较大,因此振动频率足够高时,运动部件的惯性很大,来不及跟随振动体一起振动,近乎静止不动,振动能量几乎全部被弹性元件吸收,永久磁铁与线圈间的相对运动使线圈切割磁力线产生了感应电动势

$$e = -WBlv \tag{7-5}$$

式中:W——线圈在工作气隙磁场中的匝数;

B——工作气隙磁感应强度;

l——每匝线圈平均长度;

v——相对运动速度。

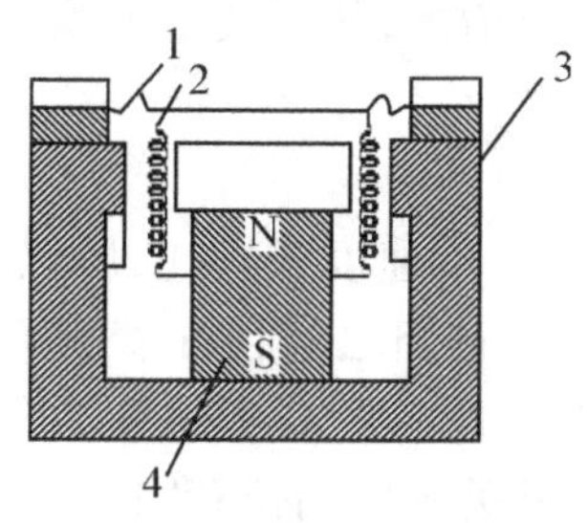

图 7-3 动圈式恒定磁通式磁电传感器

1. 弹簧 2. 线圈 3. 壳体 4. 永久磁铁

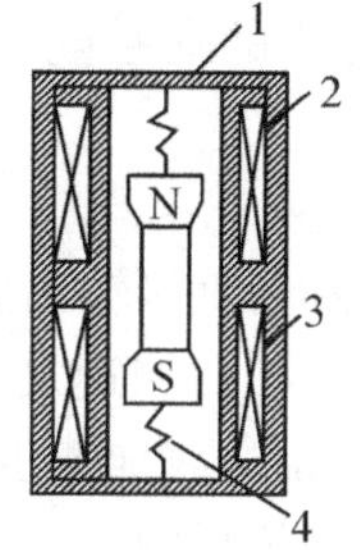

图 7-4 动铁式恒定磁通式磁电传感器

1. 壳体 2. 线圈 3. 永久磁铁 4. 弹簧

当传感器结构选定后,上式中的 W、B、l 都是常数,线圈的感应电动势仅与相对运动速度 v 有关。

2. 灵敏度和温度补偿

对于恒磁通式磁电传感器,其灵敏度为

$$K_c = \frac{e}{v} = WBl \tag{7-6}$$

可见，灵敏度 K_c 与磁感应强度 B、线圈的匝数 W 和每匝线圈的平均长度 l 有关。为了得到较高的灵敏度，应采用磁能较大的永久磁铁和尽量小的空气隙长度以提高磁感应强度，同时应使单线圈长度增加并提高有效匝数，但这些参数要受到传感器体积和重量等因素的制约。

当磁电式传感器接入测量电路中时，回路中的电流为

$$i = \frac{e}{R + R_f} \tag{7-7}$$

式中：R——传感器线圈等效电阻；

R_f——指示器的电阻。

当温度发生变化时，上式分子和分母都随温度而变，而且它们的变化是相反的。因为永久磁铁的磁感应强度随温度的升高而减小，所以感应电动势 e 也随温度的升高而减小；传感器和指示器线圈一般是由正温度系数的铜线绕制而成，所以它们的值随温度的升高而增大。

当温度升高 t℃时，回路中实际输出电流

$$i' = \frac{e(1 - \beta t)}{R(1 + \alpha t) + R_f(1 + \alpha_1 t)} \tag{7-8}$$

式中：β——磁铁磁感应强度的负温度系数；

α——传感器线圈电阻的正温度系数；

α_1——指示器（或测量电路）电阻的正温度系数。

温度引起输出电流的相对误差为

$$\gamma = \frac{i' - i}{i} \times 100\% \tag{7-9}$$

由上式可知，温度误差 γ 是负值，一般可达到 $-0.5\%/℃$。

温度误差的补偿方法可在结构允许的情况下，在磁系统的两个极靴上用磁分路片设置热磁分路，把气隙中的磁通分出一部分。磁分路片用镍铜合金或镍铁合金制成，其磁感应强度在 $-80 \sim +80$℃之间，随温度增加而明显地下降。因此，当温度升高时，热磁合金分路的磁通急剧减少，气隙中的磁通量增加，感应电动势 e 的值增加，从而使电流增大，起到了温度补偿的作用。

3. 测量电路

磁电感应式传感器直接输出感应电动势，其大小与运动速度成正比，所以是一个速度传感器。因为速度与位移和加速度之间有内在的联系，即它们之间存在着积分或微分关系。因此，若要获取被测位移或加速度信号，可在测量电路中配置积分电路和微分电路，通过开关切换达到不同的测量目的。如图 7-5 所示，当转换开关 S 转向位置"1"时，经过一个积分电路可测位移信号；S 转向位置"2"时，经过一个微分电路可测加速度信号；S 转向位置"3"时，传感器输出信号直接送到主放大器，可测速度信号。

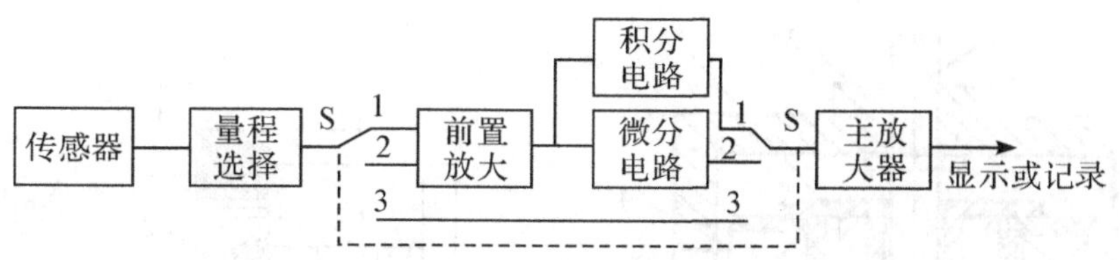

图 7－5　磁电感应式传感器测量电路的方框图

4. 磁电式传感器的应用

（1）磁电感应式振动速度传感器：图 7－6 所示为 CD－1 型绝对振动速度传感器的结构，它属于动圈式恒定磁通型磁电式传感器。

永久磁铁 3 通过铝架 4 固定在圆筒形导磁材料制成的壳体 7 中，借助于壳体的导磁性形成磁路系统，壳体还起屏蔽作用。磁路中有左、右两个环形气隙，右气隙中放置工作线圈 6，左气隙中放置起阻尼作用的圆环形阻尼器 2，一般用铜或铝制成，它们与心轴 5 连在一起组成质量块，用圆形弹簧片 1 和 8 支撑在壳体上。

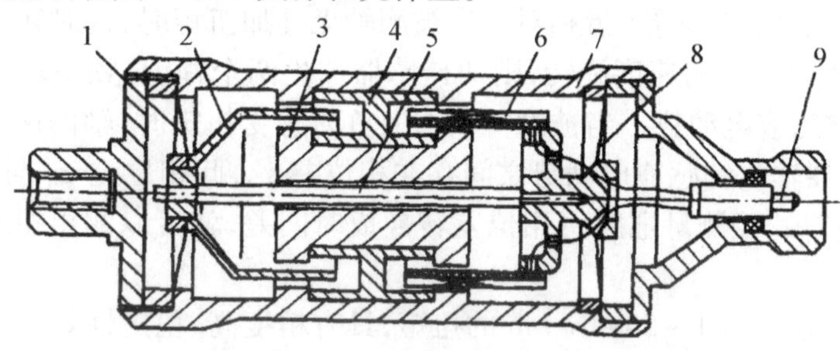

图 7－6　CD－1 型绝对振动速度传感器的结构

1,8. 弹簧片　2. 阻尼器　3. 永久磁铁　4. 铝架　5. 芯轴　6. 工作线圈　7. 壳体　9. 引线

使用时，振动传感器与被测振动体固连在一起，当被测体振动时，壳体与被测体一起振动，而架空的芯轴、线圈和阻尼器因惯性并不随之振动。因此位于气隙间的线圈与壳体产生相对运动，切割磁力线产生正比于振动速度的感应电动势，该电动势通过引线输出到测量电路中。

该传感器测量的基本量是振动速度，若在测量电路中接入积分和微分电路，还可以测量振动体的振幅和加速度。

（2）磁电式转速传感器：结构如图 7－7 所示，它是由转子、定子、线圈、永久磁铁等元件组成。转子与转轴固紧，并与永久磁铁组成磁路系统。转子与定子都用工业纯铁制成，在它们的圆形端面上都均匀地铣有一定数目的齿槽，两者的齿槽数对应相等。测量转速时，传感器的转轴与被测物转轴相连，因而带动转子转动。当转子的齿与定子的齿凸凹相对时，气隙最小，磁路系统中的磁通最大；而当齿与槽相对时，气隙最大，磁通最小。因此，定子不动而转子转动时，磁通就周期性地变化，从而在线圈中感应出近似正弦波的电动势信号。转速越高，感应电动势的频率越高。

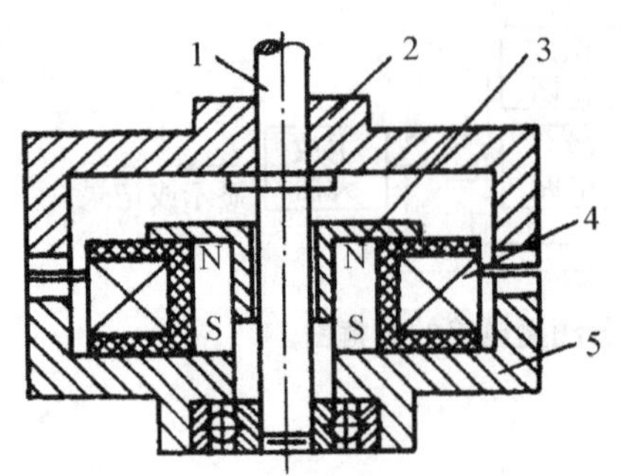

图 7－7 磁电式转速传感器的结构

1. 转轴 2. 转子 3. 永久磁铁 4. 线圈 5. 定子

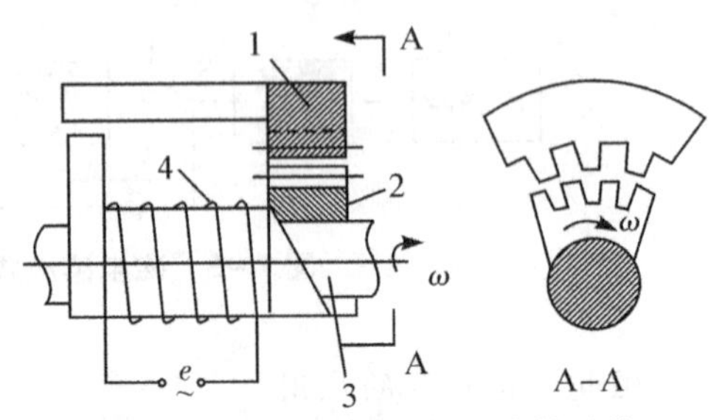

图 7－8 磁电感应式扭矩仪的结构

1. 定子 2. 转子 3. 转轴 4. 线圈

(3)磁电感应式扭矩仪:也称为变磁通式传感器,其结构如图 7－8 所示。

转子和线圈都固定在传感器轴上,而定子和永久磁铁固定在传感器外壳上。转子和定子都有一一对应的齿和槽。测量扭矩时,须用两个传感器将它们的转轴(包括线圈和转子)分别固定在被测轴的两端,外壳固定不动。安装时,一个传感器的定子齿与其转子齿相对,另一个传感器的定子槽与其转子齿相对。当被测轴无外加扭矩时,这时转轴没有负荷,扭转角 φ 为零。若转轴以一定角速度旋转,则两传感器产生两个幅值、频率均相同,而相位差为 180°的近似正弦波感应电动势。当被测转轴加上负荷感受扭矩时,轴的两端产生扭转角 φ。因此,两磁电传感器输出的感应电动势之间存在相位差 φ_0,此相位差 φ_0 与扭转角 φ 之间的关系为 $\varphi_0 = z\varphi$。然后,经测量电路将相位差转换成时间差,就可以测出扭转角 φ,进而求出扭矩。

这种传感器可以测量 1～5000N·m 的扭矩,具有精度高、稳定性好的特点,广泛应用于机械测试中。

(二)霍尔式传感器

1879 年美国物理学家霍尔(E. H. Hall)首先在金属材料中发现了霍尔效应,但由于金属材料的霍尔效应太弱而没有得到很好的应用。1948 年以后,随着半导体技术迅速发展,人们找到了霍尔效应比较明显的半导体材料,并制成了砷化镓、硅、锗等材料的霍尔元件。1980 年,德国的物理学家冯·克里青发现了一种“整数量子霍尔效应”,获得了 1985 年诺贝尔物理奖;1998 年美国科学家劳克林等人又发现了“分数量子霍尔效应”,从而获得了诺贝尔物理奖。

霍尔传感器就是利用半导体霍尔元件的霍尔效应实现磁电转换的一种传感器。霍尔传感器可以做的很小(几个平方毫米),用于测量地球磁场,制成电罗盘;将它卡在环形铁芯中,可以制成大电流传感器。它还可广泛用于无刷电动机、高斯计、接近开关、微位移等,其最大特点是非接触测量。

1. 霍尔效应

霍尔效应是物质在磁场中表现的一种特性,它是由于运动电荷在磁场中受到洛伦兹力作用产生的结果。如图 7－9 所示,在金属或半导体薄片两端通以控制电流 I,并在薄片的垂直方向上施加磁感应强度为 B 的磁场,那么在垂直于电流和磁场方向的薄片的另两侧会产生电动势 U_H,它的大小正比于控制电流 I 和磁感应强度 B 的乘积,这种现象称为霍尔效应,产生的电动势称为霍尔电动势,该薄片称为霍尔元件。

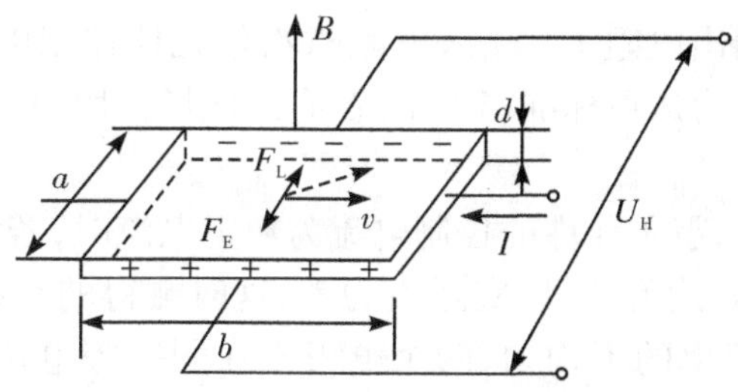

图 7-9 霍尔效应原理

假设 N 型半导体薄片的控制电流端通以电流 I，那么，半导体中的载流子（电子）将沿着与电流相反的方向运动，其平均速度为 v。若在垂直于半导体薄片平面的方向上施加磁场 B，则磁场中运动的电子会受到洛伦兹力 F_L 的作用，电子向一边偏转（见图 7-9 中虚线方向），并使该边形成电子积累，而另一边则为正电荷积累，于是就建立起一个电场。该电场阻止运动电子的继续偏转。当电场作用在运动电子上的电场力 F_E 与洛伦兹力 F_L 相等时，电子的积累便达到动态平衡。此时，在薄片两横断面之间建立的电场称为霍尔电场，相应的电动势称为霍尔电势，其大小可表示为

$$U_H = \frac{R_H IB}{d} = K_H IB \tag{7-10}$$

式中：R_H——霍尔系数（$m^3/℃$）；

I——控制电流（A）；

B——磁感应强度（T）；

d——霍尔元件的厚度（m）；

K_H——霍尔元件的灵敏度。

若电磁感应强度 B 不垂直于霍尔元件，而是与其法线呈某一角度 θ 时，实际上作用于霍尔元件上的有效磁感应强度是其法线方向（与薄片垂直方向）上的分量，即 $B\cos\theta$，这时的霍尔电动势为

$$E_H = K_H IB\cos\theta \tag{7-11}$$

由上式可知，霍尔电动势与输入电流 I、磁感应强度 B 成正比，且当 B 的方向改变时，霍尔电动势的方向随之改变，如果施加的磁场为交变磁场，则霍尔电动势为同频的交变电动势。

由式（7-10）可以看出，霍尔电动势的大小正比于控制电流 I 和磁感应强度 B，控制电流的方向或磁场方向改变时，输出电势的方向也将改变，若电流和磁场同时改变方向时，则霍尔电动势方向不变。灵敏度 K_H 是表示在单位磁感应强度和单位控制电流时输出霍尔电势大小的一个重要参数，一般要求越大越好。

目前常用的霍尔材料是 N 型半导体硅，它的霍尔灵敏度、温度特性、线性度均较好，而砷化镓是新型的霍尔材料，今后将得到更广泛的应用。此外，霍尔电动势除与材料有关外，同时还与霍尔元件的几何尺寸有关。元件的厚度 d 越薄，即 K_H 越大，霍尔元件的灵敏度越高，但厚度太小会增加元件的输入、输出电阻，一般取 $d=0.1$mm 左右。

当霍尔元件材料和几何尺寸确定后，霍尔电动势的大小只与控制电流 I 及磁感应强度 B 有关，因此霍尔传感器可用来检测磁场、电流及压力、振动等物理量。

2. 霍尔元件主要技术参数

（1）灵敏度 K_H：指元件在单位磁感应强度和单位控制电流下所得到的开路霍尔电压。

(2)输入电阻 R_i 和输出电阻 R_0:输入电阻指霍尔元件控制电极间的电阻,输出电阻指霍尔电极间的电阻。它们均是在标准温度下,没有外磁场作用,只通过控制电流的条件下得到的电阻值。

(3)不等位电势 U_0:当霍尔元件的控制电流为额定电流时,若元件所处位置的磁感应强度为零,则它的霍尔电势应该为零,但实际不为零,这时测得的空载霍尔电势称作不等位电势 U_0。这是由于材料电阻率的不均匀、两个电极不在同一等电位面上、霍尔元件的厚度不均匀等原因所造成的。不等位电势是影响霍尔元件测量精度的主要因素,要完全消除它很困难,一般要求 $U_0 \leqslant 1\text{mV}$。

(4)不等位电阻:指不等位电势与额定控制电流之比,又称零位电阻。

(5)寄生直流电势 U_{OD}:无外加磁场时,交流控制电流通过霍尔元件而在两霍尔电压极间产生的直流电势为寄生直流电势,它主要是电极与基片之间的非完全欧姆接触而产生的整流效应引起的。寄生直流电势为几百微伏,是影响霍尔元件温漂的原因之一。

(6)感应零电势:无控制电流时,霍尔元件在交流或脉动磁场中产生的电势即为感应零电势,产生感应零电势的原因与霍尔电极引线布置不合理等因素有关。

(7)霍尔电势温度系数 α:霍尔电势温度系数指在一定磁感应强度和激励电流下,温度每变化1℃时霍尔电势变化的百分率。α 越小,霍尔元件的精度越高,为了提高测量精度,必要时须加上温度补偿电路。

几种常用霍尔元件的主要技术参数如表 7 - 1 所示。

表 7 - 1　几种霍尔元件的主要技术参数

参数名称/单位	符号	HZ - 1 型	HZ - 4 型	HT - 2 型	HS - 1 型
		材料(N 型)			
		Ge(111)	Ge(100)	InSb	InAs
电阻率/(Ω·cm)	ρ	0.8 ~ 1.2	0.4 ~ 0.5	0.003 ~ 0.05	0.01
几何尺寸/mm	$1 \times b \times d$	8 × 4 × 0.2	8 × 4 × 0.2	8 × 4 × 0.2	8 × 4 × 0.2
输入电阻/Ω	R_i	110 ± 20%	45 ± 20%	0.8 ± 20%	1.2 ± 20%
输出电阻/Ω	R_o	100 ± 20%	40 ± 20%	0.5 ± 20%	1 ± 20%
灵敏系数/[mV/(mA·T)]	K_H	> 1.2	> 4.0	0.18 ± 20%	0.1 ± 20%
不等位电阻/Ω	r_o	< 0.07	< 0.02	< 0.005	0.003
寄生直流电势/mV	U	< 150	< 100		
额定控制电流/mA	I	20	50	300	200
霍尔电势温度系数/(1/℃)	α	0.04%	0.03%	-1.5%	
内阻温度系数/(1/℃)	β	0.5%	0.3%	-0.5%	
热阻/(℃/mW)	R_θ	0.4	0.1		
工作温度/℃	T	-40 ~ +45	-40 ~ +75	0 ~ +40	-40 ~ +60

3. 霍尔元件的驱动电路

在电路中,霍尔元件常用的图形符号如图 7-10 所示。

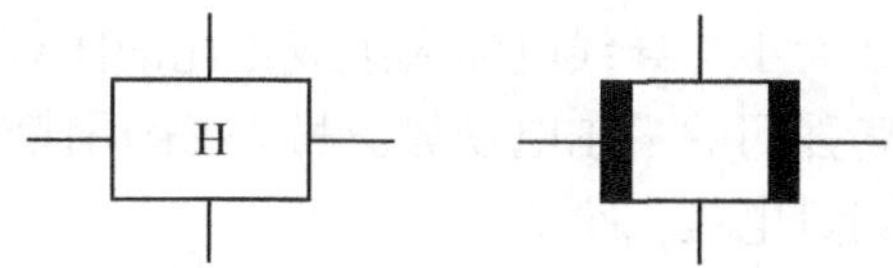

图 7-10 霍尔元件的符号

霍尔元件的基本电路如图 7-11 所示。

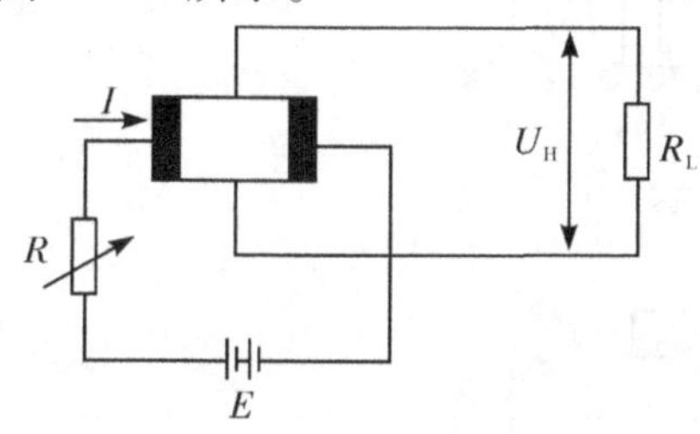

图 7-11 霍尔元件的基本电路

控制电流 I 由电源 E 供给,调节 R 可改变控制电流 I 的大小,霍尔元件输出接负载电阻 R_L,R_L 可以是放大器的输入电阻或测量仪表的内阻。由于霍尔元件必须在磁场 B 和控制电流 I 的作用下才会产生霍尔电势 U_H,所以在实际应用中,输入信号可以是控制电流 I 或磁场 B,或者二者同时作为输入信号,则霍尔元件的输出电势正比于 I 或 B,或两者的乘积。由于建立霍尔效应所需的时间很短(10^{-12} ~ 10^{-14}s),因此,控制电流用交流电时,频率可以很高(几千兆赫)。

霍尔元件可采用恒流驱动或恒压驱动,如图 7-12 所示。霍尔元件的恒压驱动特性与恒流驱动特性相反,两者各有优缺点,这要根据工作的要求来确定驱动方式。

恒压驱动电路简单,但性能较差,随着磁感应强度增加,线性度变坏,仅用于精度要求不太高的场合;霍尔元件的灵敏度变动率较小。

恒流驱动时,元件的电阻大小与控制电流大小无关,线性度高,精度高,受温度影响小;但霍尔元件的灵敏度受工艺因素的影响,会有较大的变动(主要是对厚度 d 的控制)。

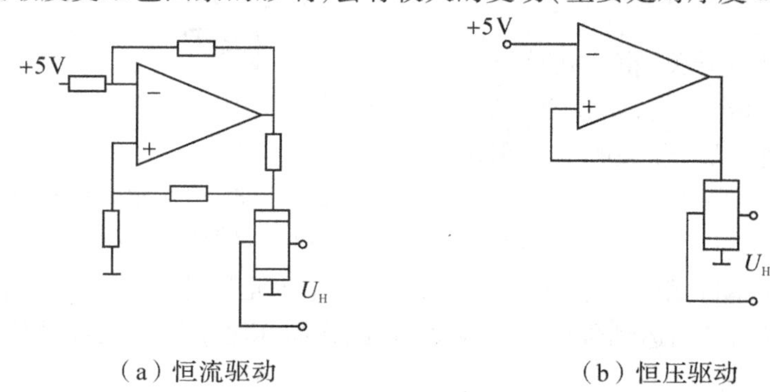

(a) 恒流驱动　　(b) 恒压驱动

图 7-12 霍尔元件的驱动电路

4. 霍尔式传感器应用

(1)霍尔式压力计:如图 7-13 所示,它主要由弹性元件(如膜盒)和霍尔元件组成。当压力发生变化时,膜盒会相应发生膨胀或收缩,通过杠杆带动霍尔元件,在永久磁铁内运动,根据霍尔元件位移原理,霍尔元件便会输出与压力成正比的霍尔电动势。

(2)霍尔传感器磁场测量仪:如图7-14所示,当给环形铁芯内的导线通电后,根据楞次定律,在导线周围会产生强度大小与导线电流大小成正比的闭合磁场,根据霍尔元件工作原理,霍尔元件会产生反映磁场强弱的霍尔电动势。另外,采用该结构也能测量导线的电流大小,如使用霍尔钳形电流表测量电流大小。

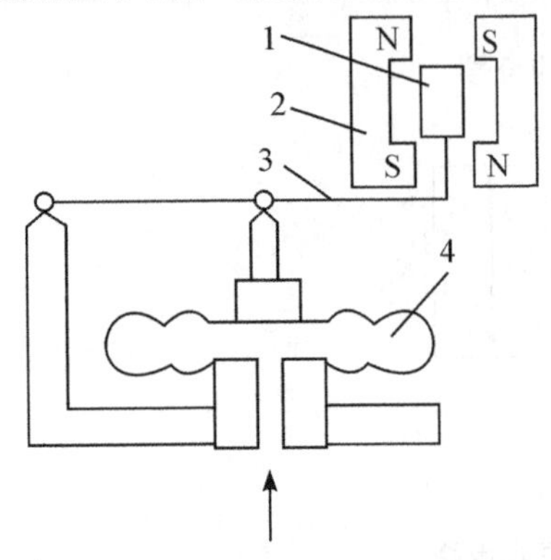

图7-13 霍尔式压力计

1.霍尔元件 2.永久磁铁 3.杠杆 4.膜盒

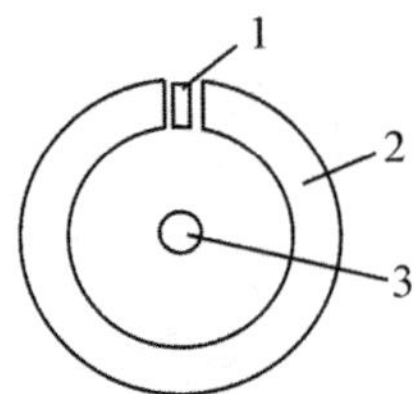

图7-14 霍尔传感器磁场测量示意图

1.霍尔元件 2.环形铁芯 3.导线

(3)转速测量:利用霍尔传感器测量转速的原理很简单,图7-15所示是几种不同结构的霍尔式转速传感器,被测转速的转轴和一个磁性转盘的输入轴相连,当被测转轴转动时,磁性转盘随之转动,使得霍尔元件上的磁通量发生变化,霍尔传感器便可在每一个小磁铁通过时产生一个相应的脉冲,检测出单位时间的脉冲数,便可知被测转速。为了提高转速测量的分辨率,可增加磁性转盘上小磁铁的个数。

(4)霍尔式接近开关:霍尔式接近开关是一个无接触磁控开关,磁铁靠近时,开关接通;磁铁离开后,开关断开。霍尔接近开关电路如图7-16所示。

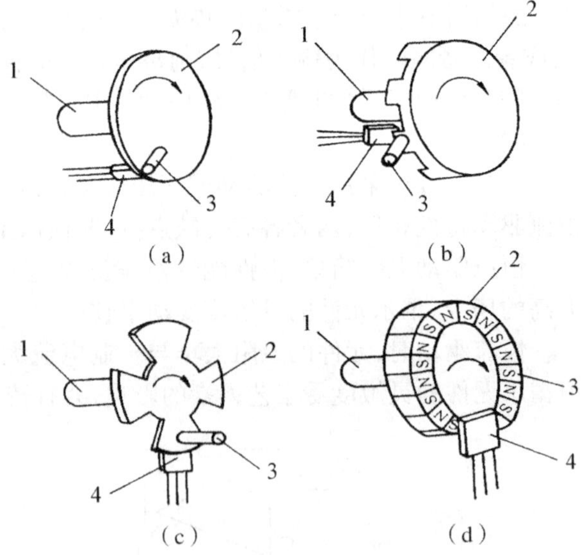

图7-15 几种霍尔式传感器的结构

1.转轴 2.转盘 3.小磁铁 4.霍尔传感器

霍尔式限位开关如图7-17所示,当磁铁随运动部件移动到距霍尔接近开关几毫米时,霍尔元件的输出由高电平变为低电平,使继电器吸合或释放,控制运动部件停止移动(否则将撞坏霍尔元件),起限位的作用。

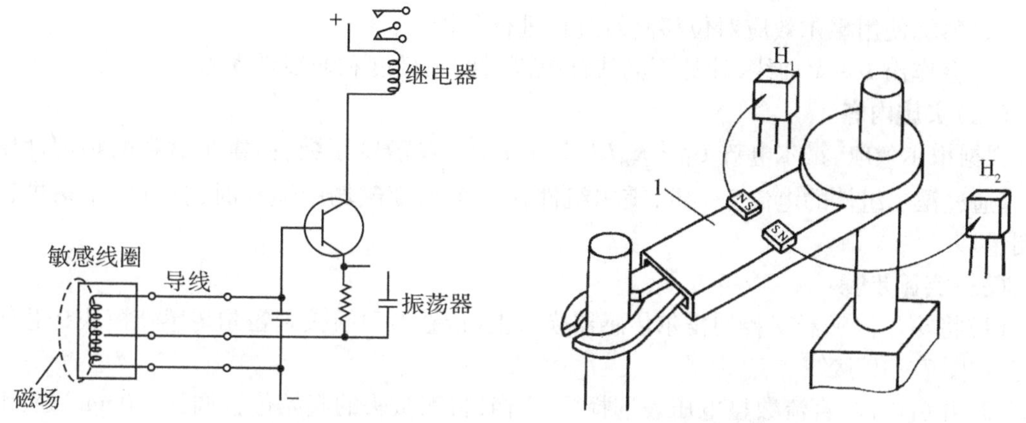

图 7-16　霍尔接近开关电路

图 7-17　霍尔式限位开关

(5)霍尔式汽车无触点电子点火装置:传统的机电气缸点火装置使用机械式的分电器,

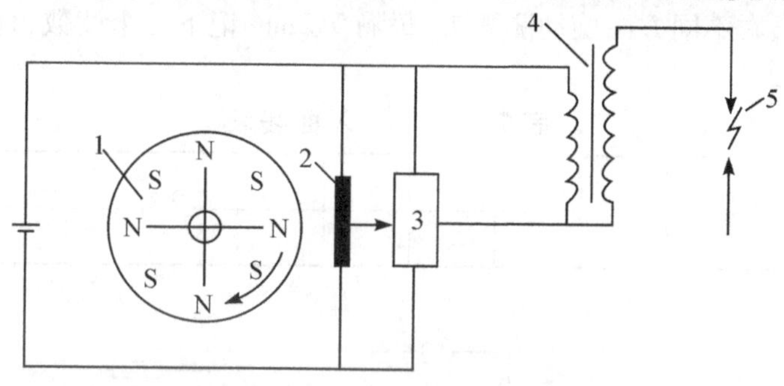

图 7-18　霍尔式四汽缸汽车点火装置示意

1. 磁轮鼓　2. 开关型霍尔集成电路　3. 晶体管功率开关　4. 点火线圈　5. 火花塞

存在点火时间不准确、触电易磨损等缺点。采用霍尔开关无触点晶体管点火装置可以克服上述缺点,并提高燃烧效率。四汽缸汽车点火装置如图 7-18 所示,图中的磁轮鼓代替了传统的凸轮及白金触点。

在与发动机主轴连接的磁轮鼓上装有与发动机气缸数相应的 4 块磁钢。当发动机主轴带动磁轮鼓转动时,每当磁钢转动到霍尔传感器处时,传感器即输出一个与气缸活塞运动同步的脉冲信号,并用此脉冲信号去触发晶体管功率开关,使点火线圈二次侧产生很高的感应电压,火花塞产生火花放电。

汽车霍尔电子点火器,由于它具有无触点、节油、能适应于恶劣工作环境和各种车速、冷启动性好等特点,目前已广泛应用于汽车点火系统。

三、项目实施

任务一　直流激励式霍尔传感器的位移特性分析

(一)实施要求

(1)能熟练使用霍尔传感器模块、霍尔传感器、直流电源、数显电压表、测微头连接测量电路。

(2)熟练使用霍尔效应对位移测量过程进行分析。

(3)会作出 $U-X$ 曲线,计算不同线性范围时的灵敏度和非线性误差。

(二)实施内容

根据霍尔效应,霍尔电势 $U_H=K_H IB$,其中 K_H 为灵敏度系数,由霍尔材料的物理性质决定,当通过霍尔组件的电流 I 一定,霍尔组件在一个梯度磁场中运动时,就可以用来进行位移测量。

(三)实施步骤

(1)将霍尔传感器安装到霍尔传感器模块上,传感器引线接到霍尔传感器模块9芯航空插座,按图7-19接线。

(2)开启电源,直流数显电压表选择“2V”档,将测微头的起始位置调到“10mm”处,手动调节测微头的位置,先使霍尔片大概在磁钢的中间位置(数显表大致为0),固定测微头,再调节 R_{W1} 使数显表显示为零。

(3)分别向左、右不同方向旋动测微头,每隔0.2mm记下一个读数,直到读数近似不变,将读数填入表7-2。

表7-2　$U-X$ 曲线表

X(mm)														
U(mV)														

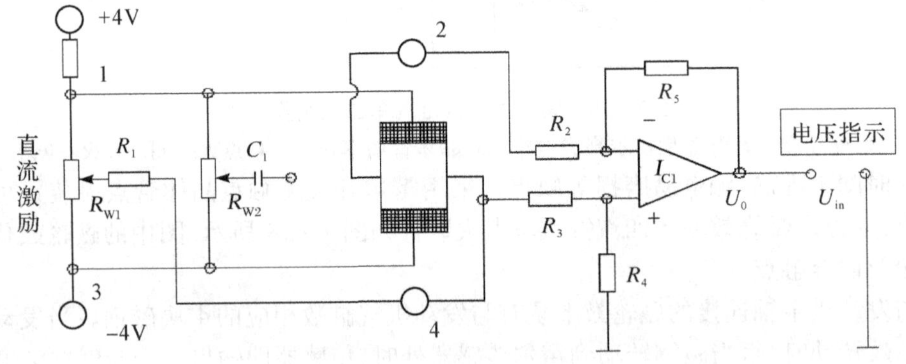

图7-19　霍尔传感器直流激励接线

(4)作出 $U-X$ 曲线,计算不同线性范围时的灵敏度和非线性误差。

任务二　霍尔式电子秤的应用

(一)实施要求

(1)能熟练使用霍尔传感器模块、霍尔传感器、振动源、直流稳压电源连接测量电路。

(2)会作出 V_0-W 曲线,并在取走砝码后在平台放一不知质量之物品,根据曲线坐标值大致求出此物质量。

(二)实施内容

这里采用直流电源激励霍尔组件,根据霍尔效应,霍尔电势 $U_H=K_H IB$,其中 K_H 为灵敏度系数,由霍尔材料的物理性质决定,当通过霍尔组件的电流 I 一定,霍尔组件在一个梯度

磁场中运动时,就可以用来进行位移测量。

(三)实施步骤

(1)将霍尔传感器安装在振动台上:传感器引线接到霍尔传感器模块的9芯航空插座,按下图7-20接线。

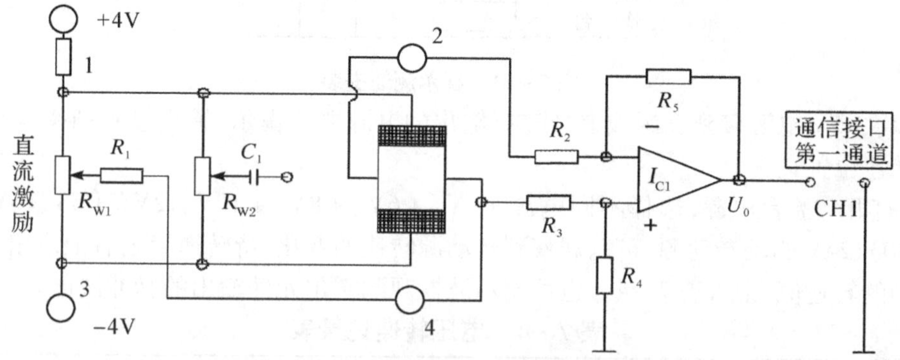

图7-20　霍尔式电子秤接线

(2)将直流电源接入传感器实验模块,打开实验台电源,在双平衡梁处于自由状态时,将系统输出电压调节为零,输出接电压表2V档。

(3)将砝码依次放上振动平台,砝码靠近振动平台边缘,后一个砝码叠在前一个砝码上。

(4)将所称砝码质量与输出电压值记入表7-3。

表7-3　V_0-W记录表

W(g)									
V_0(V)									

(5)根据实验记录的数据,作出V_0-W曲线,并在取走砝码后在平台放一不知质量之物品,根据曲线坐标值大致求出此物质量。

任务三　霍尔测速

(一)实施要求

(1)能熟练使用霍尔传感器,直流电源+5V、+4V、±6V、±8V、±10V,转动源,频率/转速表。

(2)会分析霍尔组件产生脉冲的原理。

(3)会根据记录的驱动电压和转速,作出V-RPM曲线。

(二)实施内容

利用霍尔效应表达式:$U_H=K_HIB$,当被测圆盘装上N只磁性体时,转盘每转一周磁场变化N次,每转一周霍尔电势就同频率相应变化,输出电势通过放大、整形和计数电路就可以测出被测旋转物的转速。

(三)实施步骤

(1)安装:根据图7-21,霍尔传感器已安装于传感器支架上,且霍尔组件正对着转盘上的磁钢。

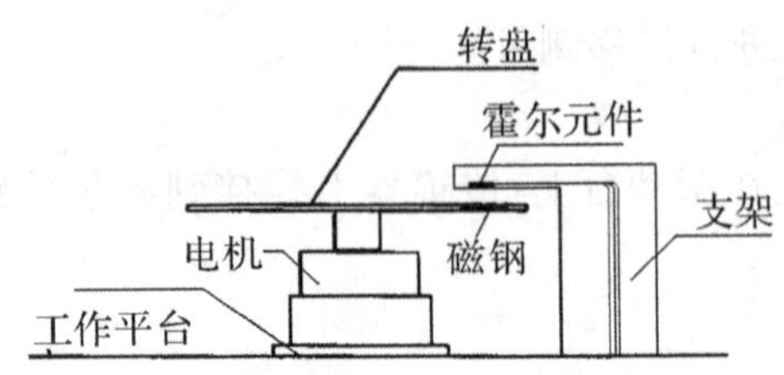

图 7－21　霍尔测速安装

(2)将 +5V 电源接到三源板上“霍尔”输出的电源端,“霍尔”输出接到频率/转速表(切换到测转速位置)。

(3)打开实验台电源,选择不同电源 +4V、+6V、+8V、+10V、12V(±6)、16V(±8)、20V(±10)、24V 驱动转动源,可以观察到转动源转速的变化,待转速稳定后记录相应驱动电压下得到的转速值,记入表 7－4。也可用示波器观测霍尔元件输出的脉冲波形。

表 7－4　电压转速记录表

电压(V)	+4	+6	+8	+10	12	16	20	24
转速(r/min)								

四、拓展知识

(一)霍尔元件的误差分析及补偿

霍尔元件在实际应用时,因各种因素的存在会使霍尔电动势上叠加各种误差电势,影响其测量精度,这些误差电势产生的主要原因有两类:半导体制造工艺的缺陷和半导体本身固有的特性。其主要表现为零位误差和温度误差。

1. 零位电势及其补偿

霍尔元件的零位误差包括不等位电势、寄生直流电势和感应零电势,其中不等位电势是最主要的零位误差。如图 7－22(a)所示,霍尔电动势是从 A、B 两点引出的,但制作霍尔元件时,由于不能保证霍尔电极 A、B 焊在同一位面上,因此当控制电流流过元件时,即使磁场强度为零,A、B 间仍存在一个电动势,即不等位电势 U_0。

若要降低不等位电势 U_0,除了在工艺上采取措施以外,还须采用补偿电路加以补偿。

霍尔元件可以等效为一个四臂电桥,如图 7－22(b)所示。当霍尔电极 A、B 在同一等位面上时,$r_1=r_2=r_3=r_4$,电桥平衡,不等位电势 U_0 为零;若霍尔电极 A、B 不在同一等位面上时(如 $r_3>r_4$),则有不等位电势 U_0 输出。此时可根据 A、B 两点电位的高低,判断应在某一桥臂上并联一定的电阻,使电桥达到平衡,从而使不等位电势为零。

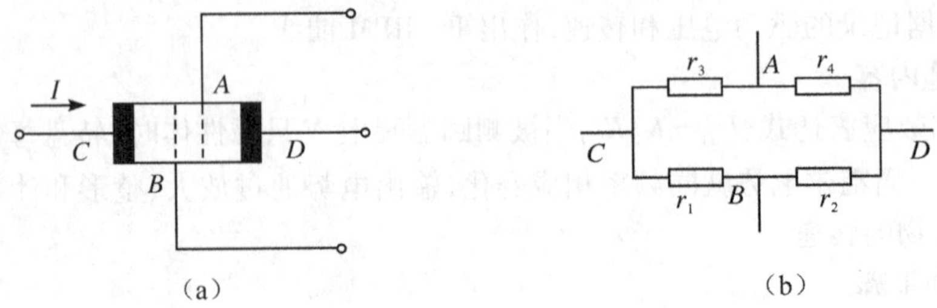

图 7－22　霍尔元件的不等位电势及等效电路

对霍尔元件不等位电势的几种补偿电路如图 7－23 所示。图 7－23(a)是不对称补偿电路,这种电路结构简单、易调整,但工作温度变化后原补偿关系遭到破坏;图 7－23(b)、(c)、(d)是对称电路,因而在温度变化时补偿的稳定性要好些,但这种电路减小了霍尔元件的输入电阻,增大了输入功率,降低了霍尔电动势的输出。

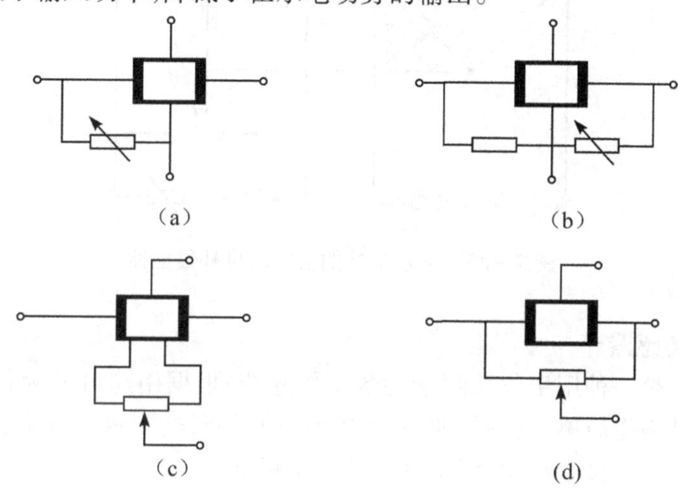

图 7－23　霍尔元件不等位电势的几种补偿电路

2. 温度误差及其补偿

霍尔元件是由半导体材料制成的,与一般半导体器件一样对温度的变化很敏感,其电阻率、迁移率和载流子浓度等都随温度的变化而变化,因此,霍尔元件的性能参数如内阻、霍尔电动势等也将随温度发生变化,从而给测量带来较大的温度误差。为了减小温度误差,除选用温度系数较小的元件如砷化铟(InAs)外,还可以采用适当的补偿电路。

图 7－24 是采用恒流源及输入并联电阻的温度补偿电路。虽然恒流源提供的恒定控制电流可以减小温度误差,但元件的灵敏度系数也是温度的函数,因此仍存在温度误差。为进一步提高霍尔电势的温度稳定性,对于正温度系数的霍尔元件,可在元件控制极并联分流电阻 R_0。温度升高时,霍尔元件内阻迅速增加,通过霍尔元件的电流减少,通过补偿电阻的电流增加。这样利用元件内阻的温度特性和一个补偿电阻,就能自动调节通过霍尔元件的电流大小,使霍尔电动势的温度误差得到补偿。

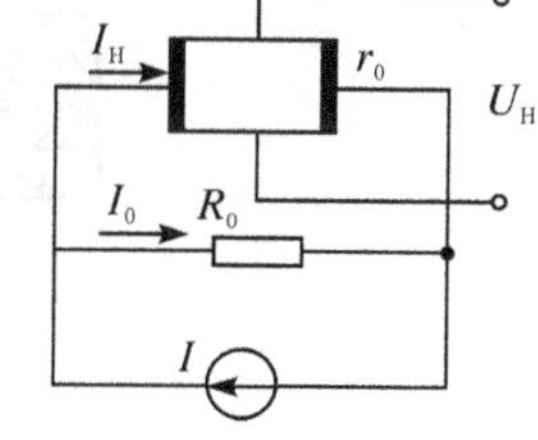

图 7－24　温度补偿电路

对于霍尔系数随温度上升而减小的器件,可采用恒压源供电,在输入回路中串联一个负温度系数的热敏电阻 R_t。温度升高时,R_t 阻值减小,控制电流增大,从而使温度误差得到补偿。在装配时,热敏电阻应和霍尔元件尽量靠近封装在一起,以使它们的温度变化一致。

图 7－25 所示为霍尔电势的桥路温度补偿法原理电路,霍尔元件的不等位电势 U_0 用 R_p 来补偿,但不等位电势 U_0 也受温度影响。在霍尔输出极上串联一个温度补偿电桥,电桥的一个桥臂由锰铜电阻和热敏电阻 R_x 并联而成,另外三个桥臂电阻均为锰铜电阻,当温度变化时,由于 R_x 发生变化,使电桥的输出发生变化,从而使整个回路的输出得到补偿。仔细调整电桥的温度系数,可使在 ±40℃的温度变化范围内,霍尔元件输出与温度基本无关。

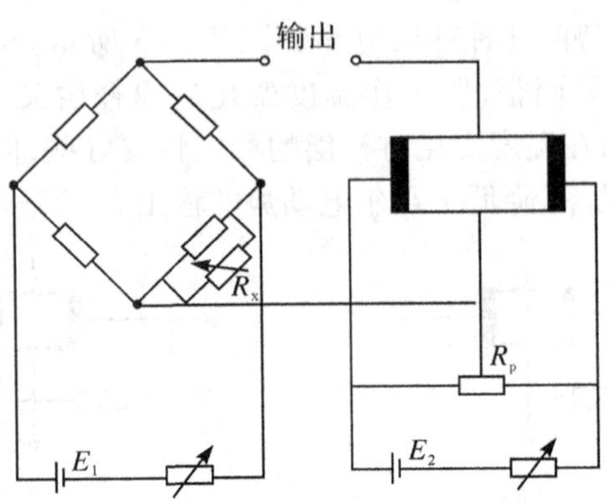

图 7－25　霍尔电势的桥路温度补偿电路

(二)磁栅式传感器

磁栅式传感器是一种用于位移测量的数字传感器,根据用途可分为长磁栅式和圆磁栅式两种。其优点是制作简单、复制方便、易于安装、便于调整、测量范围宽、抗干扰能力强,常用在机床上测量直线位移和转角,但精度和分辨率略低。

1. 磁栅式传感器的结构和工作原理

磁栅式传感器主要由磁栅(磁尺或磁盘)、磁头和检测电路组成。磁栅上录有等间距的磁信号,它是利用磁带录音的原理将等节距的周期变化的电信号(正弦波或矩形波)用录磁的方法记录在磁性尺子或圆盘上而制成的。装有磁栅传感器的仪器或装置工作时,磁头相对于磁栅有一定的相对位置,在这个过程中,磁头把磁栅上的磁信号读出来,这样就可以把被测位置或位移转换成电信号。

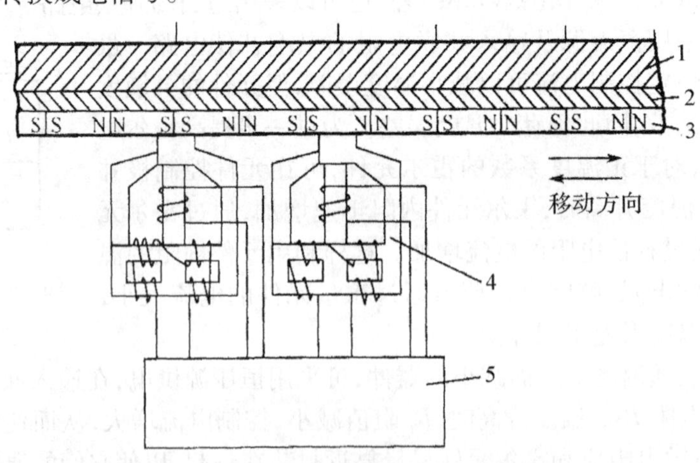

图 7－26　磁栅传感器示意图

1. 磁尺基体　2. 抗磁镀层　3. 磁性涂层　4. 磁头　5. 控制电路

磁栅结构如图 7－26 所示,磁栅(磁尺)利用不导磁的金属做基体,或者采用在钢材上面镀一层抗磁材料做基体,在基体表面均匀地涂覆一层磁性薄膜,然后录上空间波长为 λ 的磁信号,要求录磁信号幅度均匀,幅度变化应小于 10%,节距均匀。磁信号的波长又称节距,目前长磁栅常用的磁信号节距一般为 0.05mm 和 0.02mm 两种,圆磁栅的角节距一般为几分至几十分。磁信号的极性首尾相接,磁尺断面和磁化图形如图中所示,在 N 与 N 和 S 与 S 重叠

部分磁感应强度最强。

磁栅基体要有良好的加工性能和电镀性能,其线膨胀系数应与被测件接近,基体也常用钢制作,然后用镀铜的方法解决隔磁问题,铜层厚度为0.15~0.20mm。长磁栅基体工作面平直度误差应不大于0.005~0.01mm/m,圆磁栅工作面不圆度应不大于0.005~0.01mm。粗糙度在0.16μm以下。

磁栅分为长磁栅和圆磁栅两大类,前者用于测量线位移,后者用于测量角位移。长磁栅又有尺型、带型和同轴型三种,精度要求较高的场合下常用尺型磁栅。

圆磁栅传感器如图7-27所示。磁盘的圆柱面上的磁信号由磁头读取,为避免磨损,磁头与磁盘之间应有微小的间隙,罩起屏蔽作用。

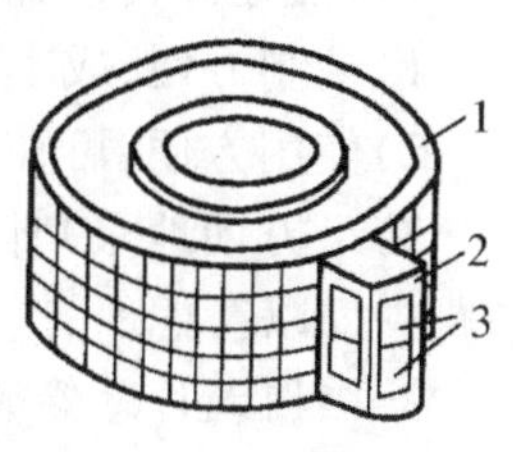

图7-27 圆磁栅

1.磁盘 2.罩 3.磁头

磁头的作用是读取磁栅上的磁信号,按读取信号方式的不同,磁头可分为动态磁头与静态磁头两种。

动态磁头又称速度响应磁头,为非调制式磁头,由铁镍合金材料制成的铁芯和一组线圈组成,如图7-28所示。当磁头与磁栅之间以一定的速度相对移动时,由于电磁感应将在磁头线圈中产生感应电动势。当磁头与磁栅之间的相对运动速度不同时,输出感应电动势的大小也不同,若处于相对静止或相对运动速度很慢时,就没有信号输出或输出信号很小,因此动态磁头不适合用于长度测量。

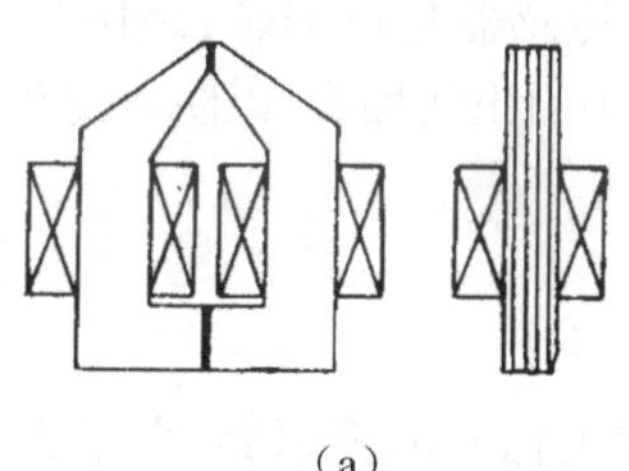

(a)

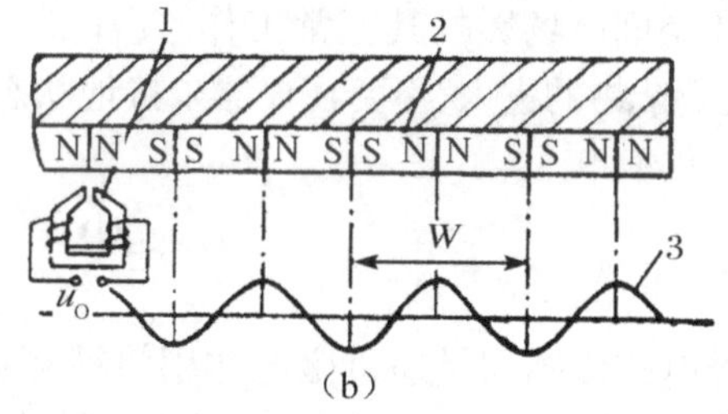

(b)

图7-28 动态磁头结构与读出信号

静态磁头又称作磁通响应式磁头,为调制式磁头,由铁芯和两组线圈组成。它与动态磁头的根本区别在于,磁头与磁栅之间没有相对运动的情况下也有信号输出。静态磁头的结构如图7-29所示,它有两个绕组:励磁绕组 N_1 和感应输出绕组 N_2。在励磁绕组中通入交变的励磁电流,使磁芯的可饱和部分(截面较小)在每周内发生两次磁饱和,磁饱和时磁芯的磁阻很大,磁栅上的漏磁通不能通过铁芯,输出绕组不产生感应电动势。只有在励磁电流每周两次过零时,可饱和磁芯才能导磁,磁栅上的漏磁通使输出绕组产生感应电动势。

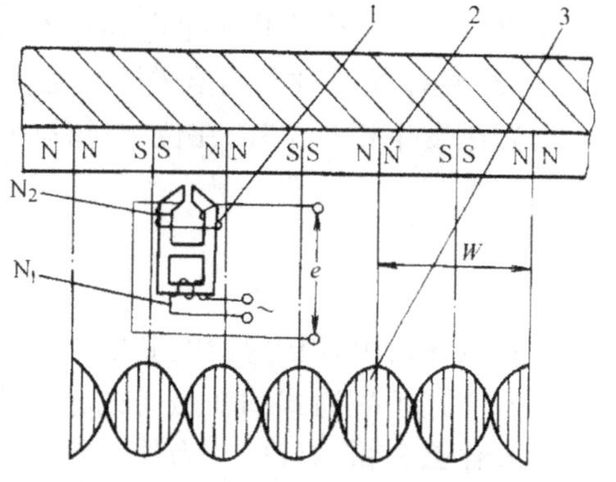

图7-29 静磁头结构及工作示意图

1.磁头 2.磁栅 3.读出信号波形

可见,静态磁头的磁栅是利用它的漏磁通变化来产生感应电动势的。静态磁头输出信号的频率为励磁电源频率的两倍,而感应电动势的包络线反映了磁头与磁尺的位置关系,其幅值则与磁栅与磁头之间的相对位移成正弦(或余弦)关系。为增大输出,实际使用时常采用多间隙磁头。多间隙磁头的输出是许多个间隙磁头所取得信号的平均值,有平均效应作用,因而可提高测量精度。

2. 磁栅式传感器的特点与误差分析

(1)磁栅式传感器的特点:

1)录制方便,成本低廉。当发现所录磁栅不合适时可抹去重录。

2)使用方便,可在仪器或机床上安装后再录制磁栅,因而可避免安装误差。

3)可方便地录制任意节距的磁栅信号:例如检查蜗杆时希望基准量中含有 π 因子,可在节距中加以考虑。

3. 磁栅式传感器的误差

磁栅传感器的误差主要包括零位误差与细分误差。

影响零位误差的主要因素有:磁栅的节距误差、磁栅的安装与变形误差、磁栅剩磁变化所引起的零位漂移、外界电磁场干扰等。

影响细分误差的主要因素有:由于磁膜不均匀或录磁过程不完善造成磁栅上信号幅度不相等、两个磁头间距偏离 1/4 节距较远、两个磁头参数不对称引起的误差、磁场高次谐波分量和感应电动势高次谐波分量的影响。

上述两项误差应限制在允许范围内,若发现超差,应找出原因并加以解决。另外,实际使用时为防止空间磁场影响其正常工作,要注意对磁栅式传感器加以屏蔽;磁栅外面应有防尘罩,防止铁质杂物的进入;不要在仪器未接地状态插拔磁头引出线插头,以防止磁头被磁化。

小　　结

(1)磁电式传感器是通过磁电作用将被测量转换成电信号的传感器,它主要是利用金属磁场敏感材料和半导体磁场敏感材料作为转换器件。

(2)在置于磁场中的导体或半导体内通入电流,若电流与磁场垂直,则在与磁场和电流都垂直的方向上会出现一个电动势差,这种现象称为霍尔效应。

(3)磁栅是一种利用拾磁原理工作的位移测量元件,它由磁体和磁头组成。测量时,磁头与磁体发生相对位移,在位移过程中,磁头把磁体上的磁信号检测出来并转换成电信号。

思考与练习

1. 试述磁电式传感器的简单工作原理及其基本结构。
2. 简述恒磁通式和变磁通式磁电传感器的工作原理。
3. 什么是霍尔效应?为什么霍尔元件用半导体薄片制成?
4. 霍尔元件主要技术参数和特性有哪些?
5. 霍尔元件有哪些误差?其补偿方法怎样?
6. 霍尔传感器有哪些应用?
7. 磁栅传感器由哪几部分组成?动态磁头和静态磁头的主要区别是什么?
8. 举例说明磁电感应式传感器的应用。

项目 8 ▶ 半导体式传感器认识及使用

一、项目分析

半导体传感器是由半导体敏感元件构成的传感器，其种类繁多，能把光、气、湿度、射线、离子等非电信号转换成电信号，广泛应用于过程自动检测、灾害自动报警、自动计量、自动控制等各个领域，担任重要角色。

本项目介绍了半导体传感器中的气敏、湿敏、磁敏、色敏传感器的结构、工作原理及应用实例。

知识点

- 掌握半导体气敏传感器的特点、分类、特性、应用实例。
- 掌握半导体湿敏传感器的特点、分类、应用实例。
- 了解半导体磁敏传感器的特点、应用实例。
- 了解半导体色敏传感器的特点、应用实例。

能力点

- 能分析家用气体报警器的工作原理及测量电路。
- 学会使用气敏传感器测量酒精、一氧化碳、煤气的方法。
- 学会使用湿敏传感器测量空气湿度的方法。

二、相关知识

（一）气敏传感器

气敏传感器是一种用来检测气体的类别、浓度和成分并把它们转化为电量输出的传感器，主要用于工业上天然气、煤气、石油化工等部门的易燃、易爆、有毒、有害气体的监测、预报和自动控制。由于被测气体的种类繁多，性质各异，所以不可能用一种方法或一种传感器来检测所有的气体，检测方法应随气体种类、浓度、成分和用途而异，所以气敏传感器的种类也很多。气敏传感器通常是暴露在各种成分的气体中使用的，其工作条件较差，而且被测气体分子一般要附着于气敏传感器的功能材料（气敏材料）表面且与之发生化学反应，这样往往会使气敏传感器性能变差。因此就要求气敏传感器能长期稳定地工作，重复性好，响应速度快，对被测气体以外的共存气体或物质不敏感。

气敏传感器是利用待测气体与半导体(主要是金属氧化物)表面接触时,产生的电导率等物性变化来检测气体。按照半导体变化的物理性质,可分电阻型和非电阻型两类。电阻型半导体气敏元件是利用敏感材料接触气体时,其阻值变化来检测气体的成分或浓度的;非电阻型半导体气敏元件是利用其他参数,如二极管伏安特性和场效应管的阈值电压变化来检测被测气体的。按照半导体与气体相互作用时产生的变化只限于半导体表面或深入到半导体内部,可分为表面控制型和体控制型。

1. 表面控制型气敏元件

(1)气敏元件的结构:表面控制型气敏元件是利用半导体表面因吸附气体引起半导体元件电阻值变化的特性制成的,是开发、研究和应用最早的一类传感器,具有气体检测灵敏度高、响应速度快、实用等优点,主要用于可燃性气体的检测,也可检测吸附能力很强的非可燃性气体。这类传感器的材料多数采用 SnO_2 和 ZnO 等较难还原的氧化物,一般要掺有少量的贵金属(如 Pt 等)作为激活剂。目前应用最多的是 SnO_2 类气敏元件,它一般由敏感元件、加热器和外壳构成,按制造工艺的不同可分为四种类型:烧结型、薄膜型、厚膜型和多层结构型。不论哪种敏感元件,均须采用电加热器,它的作用是使附着在探测部分处的油雾、尘埃等烧掉,加速气体的吸附,提高元件的灵敏度和响应速度。一般要加热到 200 ~ 400℃。

在这些气敏元件中,工艺最成熟、应用最广泛的是烧结型气敏元件,它是以多孔陶瓷 SnO_2 为基材(粒度在 1μm 以下),添加不同物质,采用传统制陶方法进行烧结。烧结时埋入测量电极和加热丝,制成管芯,最后将电极和加热丝引线焊在管座上,外加两层不锈钢网而制成。它的加热方式分为直热式和旁热式两种,其结构与符号分别如图 8-1 和图 8-2 所示。

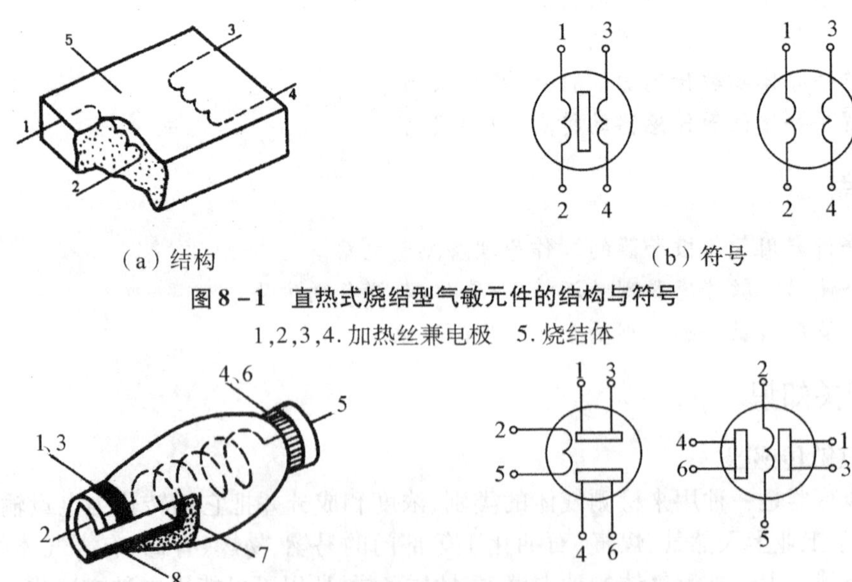

(a)结构　　(b)符号

图 8-1　直热式烧结型气敏元件的结构与符号

1,2,3,4. 加热丝兼电极　5. 烧结体

图 8-2　旁热式烧结型气体传感器的结构与符号

(a)结构　　(b)符号

1,3,4,6. 电极　2,5. 加热丝　7. SnO_2 烧结体　8. 绝缘瓷管

直热式元件管芯由三部分组成:SnO_2基体材料、加热丝和测量丝,加热丝和测量丝直接埋在 SnO_2基体材料内,工作时加热丝通电加热,测量丝用于测量元件的阻值。另外,直热式的加热丝兼做电极使用。这类元件制作工艺简单、成本低、功耗小;但热容量小,易受环境气

流的影响，测量回路与加热回路间没有隔离，会相互干扰，加热丝在加热和不加热状态下会产生涨缩，易造成接触不良。

旁热式的管芯增加了一个陶瓷管，在管内放进高阻加热丝，管外涂梳状金电极作测量极，在金电极外涂 SnO_2等材料。这种结构的元件电极与加热丝分离，加热丝不与气敏材料接触，避免了回路间的互相影响；元件热容量大，降低了环境气氛对元件加热温度的影响，克服了直热式的缺点，有较好的稳定性。

(2)气敏元件的工作原理：对表面控制型气敏元件来说，半导体表面气体的吸附和反应与敏感元件的阻值有着密切的关系。当半导体表面吸附有气体时，半导体和吸附的气体之间发生电子授受，造成电子迁移，形成表面电荷层，使半导体的电导率等物性发生变化。一般若吸附 H_2、CO、碳氢化合物等还原性气体时，气敏元件的电导率升高；吸附 O_2 等氧化性气体时，气敏元件的电导率降低，这种阻值变化情况如图 8－3 所示。其最佳工作温度一般多在 200 ~ 500℃范围。

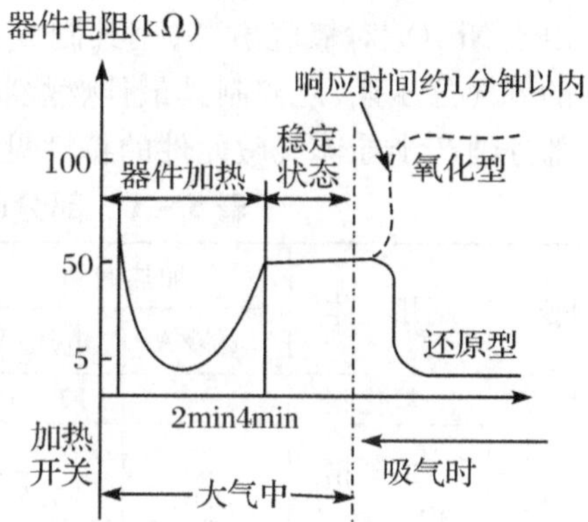

图 8－3　SnO_2 气敏元件电阻与吸附气体关系

气敏元件处于空气中时，由于空气中的氧成分大体上是恒定的，因而氧的吸附量也是恒定的，气敏元件的阻值大致保持不变。如果被测气体流入这种气氛中，元件表面将产生吸附作用，元件的阻值会随气体浓度而变化，由浓度与电阻值的变化关系即可得知被测气体的浓度。

实验证明，SnO_2中的添加物质对其气敏效应有明显影响。制作元件时的烧结温度和元件工作时的加热温度，对其气敏性能也有明显的影响。因此，利用元件这一特性可进行选择检测。

SnO_2 气敏元件的阻值随温度、湿度上升而有规律地减小，因此为了提高仪器的检测精度和可靠性，使用时除尽量保持恒温、恒湿外，还要选用温度、湿度特性好的气敏元件及在电路中进行温度、湿度补偿。

SnO_2 气敏元件在不通电状态下存放一段时间后，再使用之前必须经过一段电老化过程，因在这段时间内，元件阻值要发生突然变化而后才趋于稳定。经过长时间存放的元件，在标定之前，一般需要 1 ~ 2 周的老化时间。

图 8－4 所示 SnO_2 为气敏元件的基本测量电路。测量时，可以采用敏感元件与基准电阻器串联外加电压的方法，根据基准电阻器上的电压值 U_{RL}来求出气敏元件的电阻值 R_s。

图 8－4　SnO_4 气敏元件的基本测量电路

2. 体控制型气敏元件

在采用反应性强、容易还原氧化物作为材料的传感器中，即使是在温度较低的条件下，也可能会因可燃性气体而改变其体内的结构组成(晶格缺陷)，并使敏感元件的阻值发生变化。即使是难还原的氧化物，在反应性强的高温范围内，其体内的晶格缺陷也会受到影响。对于这类体控制型气敏传感器，关键问题是不仅要保持敏感元件的稳定性，而且在气体感应时也能保持氧化物半导体材料本身的晶体结构。

常用到的体控制型气敏传感器是三氧化二铁（Fe_2O_3）系列和氧气传感器。

Fe_2O_3 系列是以 $\gamma-Fe_2O_3$ 和 $\alpha-Fe_2O_3$ 为主体的多孔质烧结体传感器，主要用于检测液化石油气、煤气和天然气。$\alpha-Fe_2O_3$ 对水蒸气和乙醇不灵敏，特别适合用做家庭可燃气报警器，通过调节晶粒的微细化和提高孔隙率，还可以提高该气敏传感器的检测灵敏度。

由于 Nb_2O_5 对氧气敏感，用其制成氧气传感器可用于检测汽车发动机和锅炉等所排废气中的氧气分压强，以控制其最佳燃烧状态，从而达到节能目的。

部分国产半导体气敏元件的特性见表 8－1。

表 8－1　部分国产半导体气敏元件的特性

型号	适用气体	加热回路		测量电压/V	灵敏度	响应时间/s	恢复时间/s	预热时间/min
		电流/A	电压/V					
HQ－5	一氧化碳	—	2～5	10	≥5	< 10	< 30	< 10
HQ－2	石油、酒精、甲烷、乙烷等可燃易爆气体	—	5	5～15	—	< 10	< 120	
QN－06		0.6	1.5	6	> 5	< 20	< 20	10
QN－03A		0.36	2.5					
QN－02		0.28	2					
QN－01B		0.16	3					
MQ11	天然气、煤气、液化石油气、乙醚、氟利昂、氢气、汽油、煤油等	0.35	—	9	> 3	≤5	≤30	5～10
MQ31		—	2.5	10	> 2	≤5	≤60	—

3. 气敏传感器应用

（1）煤气报警器：属于气体报警器，可根据气体种类安放于容易检测气体泄漏的地方，一旦气体泄漏，达到危险程度，便自动发出报警信号。

图 8－5 所示是一种最简单的家用气体报警器电路。气敏传感器采用直热式气敏器件 TGS109，当室内可燃气体增加时，由于气敏元件接触到可燃性气体时，其电阻值降低，这样流经测试回路的电流便增加，可直接驱动蜂鸣器报警。

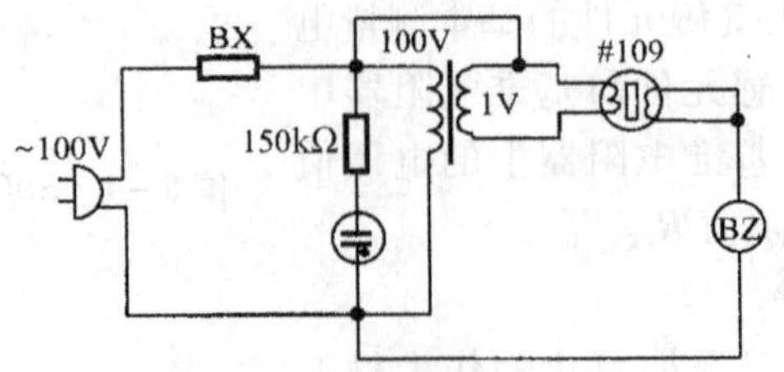

图 8－5　简易家用气体报警器电路

设计报警器的开始报警浓度非常重要，对于丙烷、丁烷、甲烷等气体，都选定在其爆炸下

限的十分之一，并要注意到温度、湿度和电源电压变化可能产生的影响。

(2)简易酒精测试器：图 8－6 所示为一酒精测试器简易酒精测试电路，此电路采用 TGS－812 型酒精传感器，对酒精有较高的灵敏度（对一氧化碳也敏感）。气体传感器选用二氧化锡气敏元件，A 为显示驱动器，它共有 10 个输出端，每个输出端可以驱动一个发光二极管，显示驱动器 A 根据第 5 脚电压高低来确定依次点亮发光二极管的级数，酒精含量越高，则点亮二极管的级数越大。

当气体传感器探测不到酒精时，加在 A 的第 5 脚电平为低电平；当气体传感器探测到酒精时，其内阻变低，从而使 A 的第 5 脚电平变高。上面 5 个发光二极管为红色，表示超过安全水平，酒精含量不超过 0.05%。

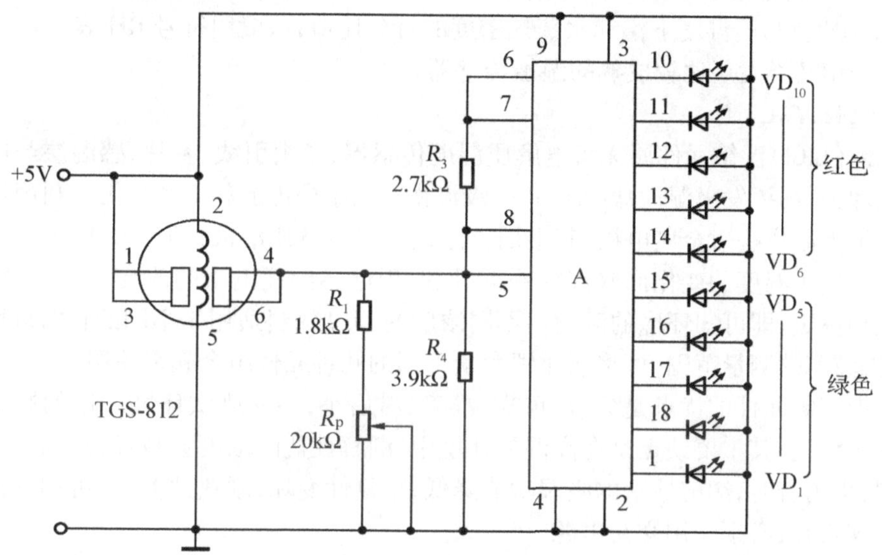

图 8－6　简易酒精测试电路

(3)矿灯瓦斯报警器：图 8－7 所示为一种矿灯瓦斯报警器电路，其瓦斯探头由 QM－N5 型气敏传感器、限流电阻 R_1 及矿灯蓄电池等组成。因为气敏元件在预热期间会输出信号造成误报警，所以气敏传感器在使用前必须预热十几分钟以避免误报警。一般瓦斯报警器直接安放在矿工的工作帽内，以矿灯蓄电池为电源。当瓦斯超限时，矿灯自动闪光并发出报警声。

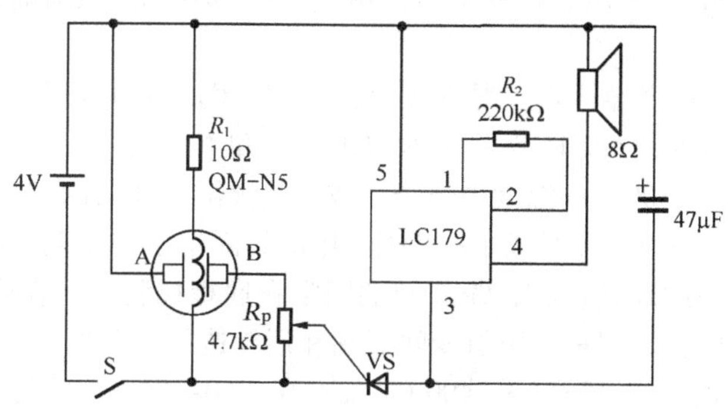

图 8－7　矿灯瓦斯报警器电路

当无瓦斯或瓦斯浓度很低时，QM－N5 的 A－B 极间电阻很大，电位器 R_p 滑动触点电压小于 0.7V,VS 不被触发,警笛声电路无电源不发声;当瓦斯气体超过安全标准时,A – B 极间电阻迅速减小,当 R_p 滑动触点电压大于 0.7V,VS 被触发导通,警笛电路得电,发出报警声。

(二)湿敏传感器

随着科技的发展和社会的进步,湿度的检测与控制显得越来越重要和必不可少。湿度是空气中所含有的水蒸气量,即空气的干湿程度。湿敏传感器是能感受外界湿度变化,并通过器件材料的物理或化学性质变化,将湿度转换成可用电信号的一种传感器。湿度的表示方法主要有两种:绝对湿度和相对湿度。绝对湿度是指在一定温度及压力条件下,单位体积空气中所含的水蒸气的质量,一般用符号 AH 表示;相对湿度是指空气中实际所含水蒸气密度(即绝对湿度)与同温度下饱和水蒸气密度的百分比值,一般用符号 RH 表示。

下面介绍几类发展比较成熟的湿敏传感器。

1. 氯化锂湿敏元件

氯化锂(LiCl)湿敏元件属无机电解质湿度传感器,它由引线、基片、感湿层与电极组成。其感湿原理为:不挥发吸湿性盐(如 LiCl)吸湿潮解,离子电导率发生变化。利用这一特性,在绝缘基板上制作一对金属电极,其上面再涂覆一层电解质溶液,即可形成一层感湿膜。感湿膜可随空气中湿度的变化而吸湿或脱湿,同时引起感湿膜电阻的改变。通过对感湿膜电阻的测试和标定,即可知环境的湿度。不同浓度的 LiCl 涂料适用于不同的相对湿度范围,因此,为获得较宽的测量范围,可将氯化锂含量不同的几种元件组合起来使用。

氯化锂湿敏元件的优点是灵敏、可靠、准确、滞后小,不受测试环境风速的影响,检测精度可达到 ±5%。其主要缺点是在高湿的环境中,潮解性盐的浓度会被稀释,因此,使用寿命短;当有灰尘附着时,潮解性盐的吸湿功能降低,重复性变坏;耐热性差,不可用在露点以下;为避免出现极化,必须采用交流电源。

2. 半导体陶瓷湿敏元件

半导体陶瓷材料湿敏元件通常是由两种以上金属氧化物混合烧结而成的多孔陶瓷,主要有 $ZnO-LiO_2-V_2O_5$ 系、$MgCr_2O_4-TiO_2$ 系、$TiO_2-MgO-Cr_2O_3$ 系、Fe_3O_4 等。其化学稳定性好,易于吸湿和去湿,响应速度快,可加热清洗,有利于在恶劣环境下工作,体积小,测湿范围宽。一般金属半导体氧化物陶瓷,如 $MgCr_2O_4-TiO_2$ 等,具有感湿负特性,其电阻值随湿度的增加而减小。过渡金属氧化物半导体陶瓷,如 Fe_3O_4 等,具有感湿正特性,其电阻值随湿度的增加而加大。

(1)$MgCr_2O_4-TiO_2$ 半导体陶瓷湿敏传感器:$MgCr_2O_4-TiO_2$ 湿敏材料通常制成多孔陶瓷型“湿 – 电”转换器件,它以 P 型半导体 $MgCr_2O_4$ 和 N 型半导体 TiO_2 为原料,按 70%:30% 的比例混合,置于 1300℃ 的温度中烧结而成。将该陶瓷体切割成薄片,在薄片两面再印刷并烧结梳状 RuO_2 或金电极,便成了感湿体,并将其固定于绝缘陶瓷底板的相应插脚上。在芯片外绕一个扁螺旋形加热线圈,线圈两端固定在底板插脚上。在陶瓷底板的插脚外围设置环状短路电极,以去除测量电极引线间吸潮和污染造成的漏电。每次使用前,通电加热清洗线圈,将湿敏陶瓷片加热至 350 ~ 400℃,保持 10 ~ 60s,即可清除污染,停数分钟后,元件电阻方能恢复原值。

$MgCr_2O_4-TiO_2$ 半导体陶瓷湿敏传感器的感湿机理一般认为是:利用陶瓷烧结体微结晶表面对水分子进行吸湿或脱湿使电极间电阻值随相对湿度成指数变化。图 8 – 8 所示为

$MgCr_2O_4-TiO_2$ 湿敏传感器的结构与湿度特性，为了比较，图中给出了日本松下Ⅰ型和松下Ⅱ型的感湿特性曲线。由图可知，松下Ⅱ型湿敏元件的值与环境相对湿度之间呈现较理想的指数函数关系，在环境湿度为 1% ~100% RH 的范围内元件阻值的变化为 $10^4 \sim 10^8\Omega$。

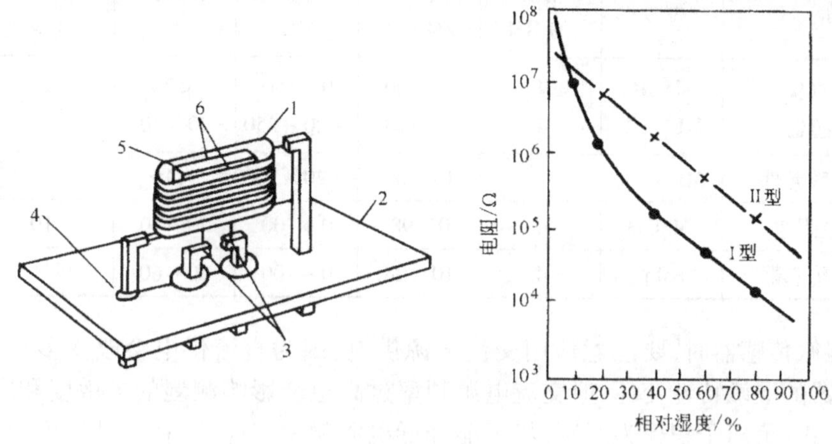

（a） 结构示意图　　（b） 感湿特性曲线

图 8-8　$MgCr_2O_4-TiO_2$ 湿敏传感器结构与湿度特性

1. 感湿陶瓷　2. 陶瓷底板　3. 底板插脚　4. 引出线　5. 金电极　6. 加热清洗线圈

$MgCr_2O_4-TiO_2$ 湿敏传感器的特点是使用范围宽，湿度温度系数小，可用于高温（150℃），最高承受温度可达 600℃，响应时间短，特别是在对其进行多次加热清洗后性能仍较稳定。

由于 $MgCr_2O_4-TiO_2$ 在 150℃以下对气体不敏感，在 350 ~400℃时，对氧化还原性气体有明显的化学吸收反应，电阻值随氧气浓度增大而减小，随可燃气体浓度增大而增大。采用适当的材料和制造工艺，可制成湿－气双功能传感器。

（2）$ZnO-Cr_2O_5$ 陶瓷湿敏传感器：$MgCr_2O_4-TiO_2$ 湿敏传感器虽然具有很多优点，但因其阻值过高，所以难以实现高精度检测，而 $ZnO-Cr_2O_5$ 湿敏传感器的阻值远小于 $MgCr_2O_4$ 传感器。这类湿敏元件的构造如图 8-9 所示，它是将多孔材料的电极烧结在多孔陶瓷圆片的两表面上，并焊上 Pt 引线，然后将敏感元件装入有网眼过滤器的方形塑料盒中并用树脂固定，即可形成 $ZnO-Cr_2O_5$ 陶瓷湿敏传感器。

图 8-9　$ZnO-Cr_2O_5$ 陶瓷湿敏传感器结构

这种传感器不需要加热器，只需 0.5mW 的微小功率即可使用；其湿敏元件的电阻率几乎不随温度改变，老化现象很小，长期使用后电阻率变化只有百分之几；元件的响应快；吸湿和脱湿时几乎没有湿滞现象。

表 8－2 列出部分国产湿敏元件和湿敏传感器的型号和特性参数。

表 8－2 部分陶瓷类湿敏传感器参数

名称	型号	精度 /%RH	量程 /%RH	工作温度 /℃	响应时间 /s	工作电压 /V_{AC}	清洗电压 /V_{AC}
半导体陶瓷湿敏传感器	MSCB	4	1～100	0～150	＜20	≤3	10
	MEC－1	4	1～100	－20～250	20～30		
半导体湿敏元件	MHS－1	3	1～100	－20～300	＜15		
湿敏电阻	MSC1	4	0～98	0～100	20～40	≤10	18
陶瓷湿度传感器	SMY	4	10～98	0～100	20～60		

使用湿敏传感器时，要注意使用交流电源供电，因为直流供电会改变多孔陶瓷表面结构，使传感器的湿敏特性变坏，但交流电源频率过高也会影响测湿的灵敏度和准确性，因此应以不产生正、负离子积聚为原则，尽可能降低电源频率。此外，在测试精度要求比较高的情况下，应对湿敏传感器进行线性化温度补偿和处理。

3. 湿敏传感器的应用

（1）自动去湿器：如图 8－10 所示，H 为湿度传感器，R_L 为加热电阻丝，V_1 和 V_2 接成施密特触发器，V_2 的集电极负载 K 为继电器线圈。V_1 的基极回路电阻是 R_1、R_2 和 H 的等效电阻 R_P。在正常情况下，调好电路各电阻值，使 V_1 导通，V_2 截止。当外界条件使环境湿度增加而导致 H 的阻值 R_P 下降到某一数值时，R_2 和 R_P 并联之阻值不足以维持 V_1 导通，则 V_1 截止，V_2 导通，其负载继电器 K 接通，K 的常开触点 Ⅱ 闭合，电阻丝 R_L 通电加热，去除湿气。当湿气减小到一定程度时，施密特触发器又翻转到初始状态，V_1 导通，V_2 截止，K 的常开触点 Ⅱ 断开，R_L 断电停止加热，实现了湿度的自动控制。

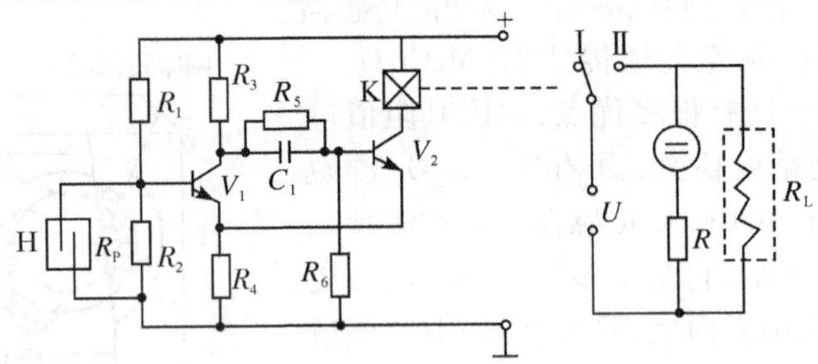

图 8－10 自动去湿装置

（2）自动喷灌控制器：自动喷灌控制器电路如图 8－11 所示，由电源电路、湿度检测电路和控制电路组成。电源电路由电源变压器 T、整流桥 UR、隔离二极管 VD_2、稳压二极管 VS 和滤波电容器 C_1、C_2 等组成。

自动喷灌控制器工作原理是交流 220V 电压经 T 降压、UR 整流后，在滤波电容器 C_2 两端产生直流 6V 电压。该电压一路供给微型水泵的直流电动机（采用交流电动机的大、中型水泵使用交流 220V 电源供电，见图中虚线所示）；另一路经 VD_2 降压、VS 稳压和 C_1 滤波后，产生 +5.6V 电压，供给 VT_1～VT_3 和继电器 K。

湿度传感器插在土壤中，对土壤湿度进行检测。当土壤湿度较高时，湿度传感器两电极

之间的电阻值较小，使 VT_1、VT_2 导通，VT_3 截止，继电器 K 不吸合，水泵电动机 M 不工作。

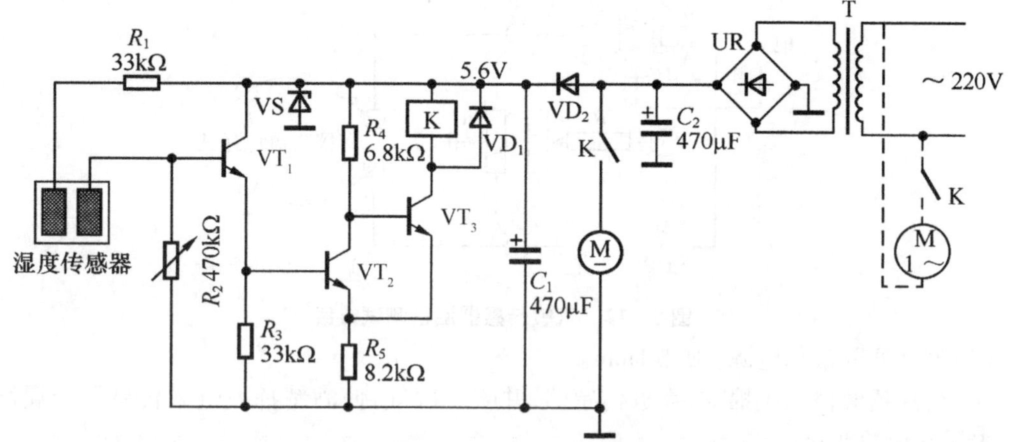

图 8－11　自动喷灌控制电路

当土壤湿度变小，使湿度传感器两电极之间的电阻值增大至一定值时，VT_1 和 VT_2 将截止，使 VT_3 导通，继电器 K 吸合，其常开触头 K 接通，使水泵电动机 M 通电，喷水设施开始工作。

当土壤中的水分增加到一定程度，湿度传感器两电极间的电阻值减小至一定值时，VT_1 和 VT_2 又导通，使 VT_3 截止，继电器 K 释放，水泵电动机 M 停转。当土壤水分减少至一定程度时，将重复进行上述过程，从而使土壤保持较恒定的湿度。

三、项目实施

任务一　气敏传感器对酒精的测量

（一）实施要求

（1）能熟练使用气敏传感器、酒精、棉球（自备）、差动变压器实验模块连接酒精检测报警测量电路。

（2）能分析气敏传感器工作原理；如果该系统用于交通警察检查有否酒后开车，分析这样一种传感器还须考虑哪些环节与因素。

（二）实施内容

本实验所采用的 SnO_2（氧化锡）半导体气敏传感器属电阻型气敏元件。它是利用气体在半导体表面的氧化和还原反应导致敏感元件阻值变化：若气浓度发生变化，则阻值发生变化，根据这一特性，可以从阻值的变化得知吸附气体的种类和浓度。

（三）实施步骤

（1）将气敏传感器夹持在差动变压器实验模板上传感器固定支架上。

（2）按图 8－12 接线，将气敏传感器接线端红色接 0～5V 电压加热，黑色接地；电压输出选择 ±10V，黄色线接 +10V 电压、蓝色线接 R_{W1} 上端。

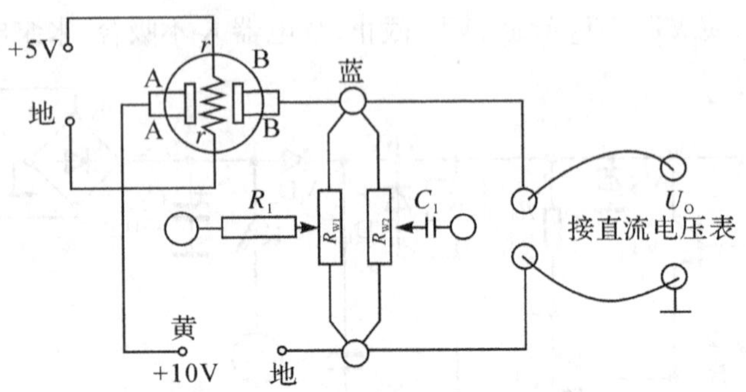

图 8-12　气敏传感器酒精测试接线

(3)打开实验台总电源，预热 1min。

(4)用浸透酒精的小棉球，靠近传感器，并吹 2 次气，使酒精挥发进入传感器金属网内，观察电压表读数变化。

任务二　气敏传感器对一氧化碳、煤气的测量

(一)实施要求

(1)能熟练使用气敏腔、可燃气体检测传感器、差动变压器实验模块对可燃气体(自备)进行测量；

(2)了解可燃气体检测传感器的原理与应用，若该系统用于家庭环境一氧化碳、煤气检测装置，根据实验观察到的数据，会分析需要考虑的环节与因素。

(二)实施内容

气敏元件是利用半导体表面因吸附气体引起半导体元件电阻值变化特征制成的一类传感器。MQ-7 型可燃气体检测传感器是一种表面电阻控制型半导体气敏器件，主要是靠表面电导率变化的信息来检测被接触气体分子。传感器内部附有加热器，提高器件的灵敏度和响应速度。

传感器的表面电阻 R_s，与其串联的负载电阻 R_L 上的有效电压信号输出 V_{RL}。二者之间的关系为：

$$R_s/R_L = (V_c - V_{RL}) / V_{RL}$$

该电压变量随气体浓度增大而成正比例增大。

MQ-7 可用于家庭、环境的一氧化碳探测装置，适宜于一氧化碳、煤气等的探测。

(三)实施步骤

(1)将 CO 传感器探头固定在差动变压器实验模块的支架上，传感器的 4 根引线红色和黑色为加热器输入，接 0~5V 电压加热(没有正负之分)。传感器预热 1min 左右。

(2)按图 8-13 接线，直流电压表选择 20V 档。记下传感器暴露在空气中时电压表的显示值。

(3)将准备好的装有少量煤气(<4%)的瓶口(或打火机内的丁烷气体)对准传感器探头，注意观察直流电压表的明显变化。一段时间后电压表的显示趋于稳定，拿开煤气瓶，观察直流电压表的读数(回到初始值可能需要 2~3h)。

(4)实验结束，关闭所有电源，整理实验仪器。

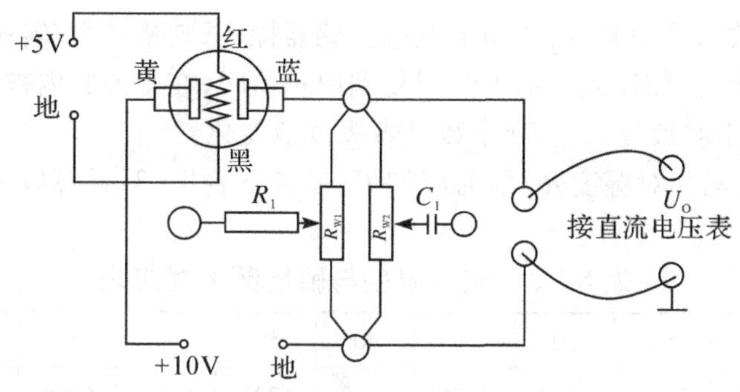

图 8－13　气敏传感器一氧化碳、煤气测试接线

任务三　湿敏传感器对空气湿度的测量

(一)实施要求

(1)能熟练使用湿敏传感器、湿敏座、干燥剂、棉球(自备)对湿度进行测量。

(2)会连接湿敏传感器实验装置测量电路。

(3)了解湿敏传感器的原理及应用范围,会计算空气相对湿度。

(二)实施内容

湿度是指大气中水分的含量,通常采用绝对湿度和相对湿度两种方法表示。湿度是指单位体积中所含水蒸气的含量或浓度,用符号 AH 表示;相对湿度是指被测气体中的水蒸气压和该气体在相同温度下饱和水蒸气压的百分比,用符号% RH 表示。湿度给出大气的潮湿程度,因此它是一个无量纲的值。实验使用中多用相对湿度概念。湿敏传感器种类较多,根据水分子易于吸附在固体表面渗透到固体内部的这种特性(称为水分子亲和力),湿敏传感器可以分为水分子亲和力型和非水分子亲和力型,本实验所采用的属水分子亲和力型中的高分子材料湿敏元件。高分子电容式湿敏元件是利用元件的电容值随湿度变化的原理。具有感湿功能的高分子聚合物,例如乙酸－丁酸纤维素和乙酸－丙酸比纤维素等,做成薄膜,它们具有迅速吸湿和脱湿的能力,感湿薄膜覆在金箔电极(下电极)上,然后在感湿薄膜上再镀一层多孔金属膜(上电极),这样形成的一个平行板电容器就可以通过测量电容的变化来感觉空气湿度的变化。

(三)实施步骤

(1)湿敏传感器实验装置如图 8－14 所示,红色接线端接 +5V 电源,黑色接线端接地,蓝色接线端和黑色接线端分别接频率/转速表输入端。频率/转速表选择频率档,记下此时频率/转速表的读数。

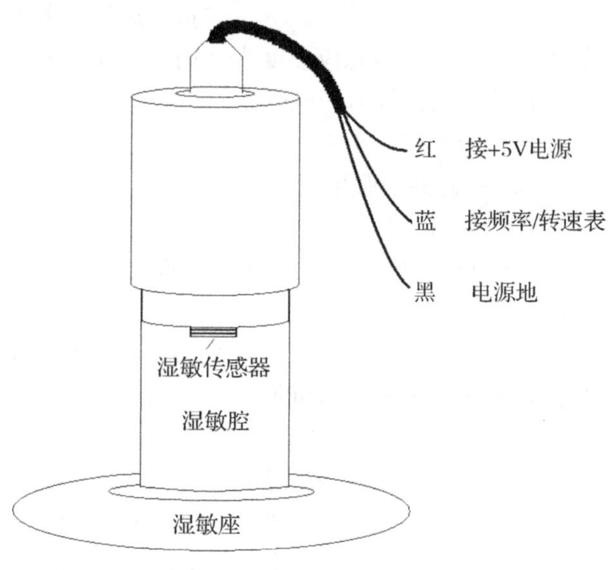

图 8－14　湿敏传感器对空气湿度测试接线

(2)将湿棉球放入湿敏腔内,并插上湿敏传感器探头,观察频率/转速表的变化。

(3)取出湿纱布,待数显表示值下降回复到原示值时,在干湿腔内被放入部分干燥剂,同样将湿度传感器置于湿敏腔孔上,观察数显表头读数变化。

(4)输出频率f与相对湿度R_H值对应如下,参考下表8-3,计算以上三种状态下空气的相对湿度。

表8-3 相对湿度与输出频率对应表

RH(%)	0	10	20	30	40	50	60	70	80	90	100
f(Hz)	7351	7224	7100	6976	6853	6728	6600	6468	6330	6186	6033

四、拓展知识

(一)磁敏传感器

磁敏传感器是利用半导体磁敏元件对磁场敏感的特性,将磁场信息变换成相应电信息的元件。磁敏传感器具有灵敏度高、可靠性好、体积小、价格低、寿命长、功耗小、易于集成化等优点,既可测量磁场、磁通量、电流及电功率等电磁量,又可检测位移、转速和加速度等非电磁量。下面介绍几种目前应用最广泛的磁敏传感器。

1. 半导体磁敏电阻

半导体磁敏电阻是利用半导体材料的磁阻效应制成的。磁敏效应是指某些半导体材料的电阻值受磁场的影响而改变的现象,常用的半导体磁敏电阻的材料是InSb和InAs等。

(1)磁阻效应:置于磁场中的载流导体除了产生霍尔效应外,导体中载流子因受洛伦兹力作用要发生偏转,载流子运动方向的偏转使电流路径发生变化。载流子从一个电极流到另一个电极所通过的路径要比无磁场时的路径长些,因此增加了载流导体的电阻率,即起到加大电阻的作用,而且磁场越强,增大电阻的作用越强。我们就把这种在外加磁场作用下使导体(或半导体)电阻随磁场变化而变化的现象称为磁阻效应,其表达式为

$$\rho_B=\rho_0(1+0.273\mu^2B^2) \tag{8-1}$$

式中:ρ_B——存在磁感应强度为B时的电阻率;

ρ_0——无磁场时的电阻率;

μ——电子迁移率;

B——磁感应强度。

从式(8-1)可知:磁场一定时,迁移率越高的材料(如InSb、InAs和NiSb等半导体材料),其磁阻效应越明显。另外磁阻效应的大小还取决于器件的几何形状,它们之间的关系可表示为

$$\Delta\rho/\rho_0\approx K(\mu B)^2[1-f(l/w)] \tag{8-2}$$

式中:l、w——分别为器件的长和宽;

K——常数;

$f(l/w)$——形状效应系数。

(2)半导体磁敏电阻:利用磁敏效应制成的半导体磁敏电阻可以有图8-15所示的几种形式,这些形状不同的半导体薄片都处在垂直于纸面向外的磁场中,箭头代表了电子运动的方向,电子运动的轨迹在磁场的作用下都将向左前方偏移。

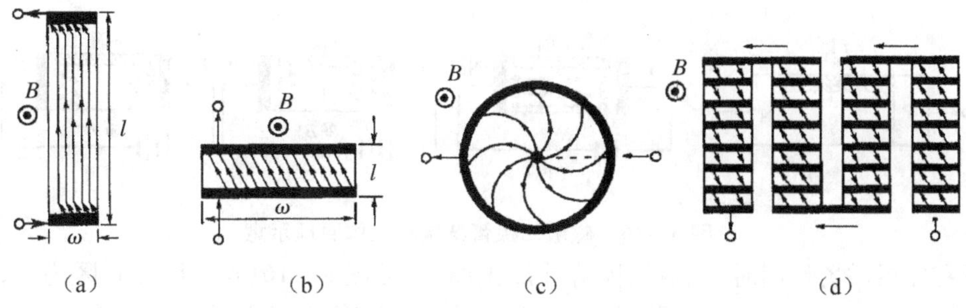

图 8-15　半导体磁敏电阻元件内电流分布

图 8-15(a)所示为纵长方形片,其元件长宽比$\frac{l}{w} >> 1$,在磁场作用下电子运动偏向一侧,产生了霍尔效应。当霍尔电场对电子施加的电场力和磁场对电子施加的洛仑兹力平衡时,电子运动轨迹就不再继续偏移,所以,薄片内电子运动轨迹只有两端是倾斜的,中段电子运动方向平行于薄片长度的方向。这种形状的半导体磁敏电阻由于电子运动路径增加得并不显著,所以电阻增大的不多。

图 8-15(b)所示为横长方形器件,其长宽比$\frac{l}{w} << 1$,在外加磁场的作用下电子运动发生偏移,但因为来不及形成较大的霍尔电场,所以其磁阻效应的效果比前者要显著。

图 8-15(c)所示为圆形片器件,称为"科比诺圆盘"。圆盘中心部分为一个电极,圆盘外沿为另一个电极,两个电极间构成一个电阻器。电子由中央向边缘运动,其运动轨迹是圆弧形,不论直径大小,圆片中任何地方都不会积累电荷,因而不会形成霍尔电场,因此电阻会随磁场有很大的变化,电阻增大非常明显,所以磁阻效应非常显著。但由于它的初始电阻太小,所以不太实用。

图 8-15(d)所示是把横长片串联成"弓"字形,片与片之间的粗黑线代表金属导体,其作用霍尔电压短路,使之不能形成电场力,所以电子运动方向总是倾斜的,电阻增加得比较多。这种形式的半导体磁敏电阻在其电子运动路径上有很多金属导体条,从而把半导体片分成多个栅格,所以也称为"栅格式"磁敏电阻。

半导体磁敏电阻大多制成栅格式,主要有基片、电阻条和引线三个组成部分。磁敏电阻的材料通常采用 InSb 和 InAs,片的厚度要尽量小,在应用时,常与恒定电阻串联,构成简单的分压电路。磁敏电阻与霍尔元件属同一类,都是磁电转换元件,不同的是磁敏电阻没有判断极性的能力,只有与辅助材料(磁铁)并用才具有识别磁极的能力。

2. 磁敏二极管

磁敏二极管和磁敏三极管都属于长"基区"的 PN 结型的磁电转换元件,具有输出信号大、灵敏度高、工作电流小、体积小等特点,比较适合磁场、转速、探伤等方面的检测和控制。

普通二极管 PN 结的基区做得很短,目的是为了避免载流子在基区的复合,而磁敏二极管 PN 结的基区做得很长,并由接近本征半导体的高阻材料构成。一般锗磁敏二极管的基区是用$\rho = 40\Omega \cdot cm$左右的 P 型或 N 型单晶做成(其本征半导体的$\rho = 50\Omega \cdot cm$),在其两端有 P 型和 N 型锗并引出,若以 i 代表长基区,则其 PN 结实际上是由 Pi 结和 iN 结共同组成的$P^+ - i - N^+$结型。在长基区 i 的一个侧面通过喷砂法破坏晶格表面使它形成高复合区 r,其复合速率很高,则其相对侧面就是光滑的低复合表面,如图 8-16(a)所示。

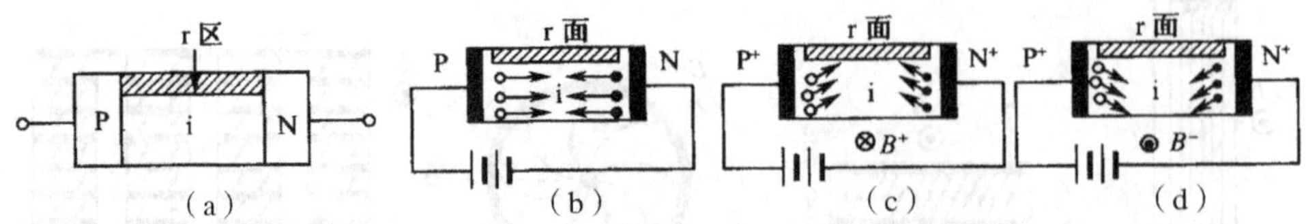

图 8－16 磁敏二极管结构和工作原理示意

没有外界磁场作用时，磁敏二极管外加正偏压，见图 8－16(b)，此时 P 区为正，大量空穴从 P 区通过 i 区进入 N 区，同时也有大量电子注入 P 区，从而形成电流。在这个过程中只有少量电子和空穴在 i 区复合掉。当磁敏二极管受到垂直于纸面向内磁场 B^+ 作用时，如图 8－16(c)所示，由于洛伦兹力的作用使得电子和空穴向高复合区 r 面偏转，导致载流子复合速率增大，基区的等效电阻增大，电流减小。反之，若磁敏二极管受到垂直于纸面向外的磁场 B^- 作用，见图 8－16(d)，电子和空穴受到洛伦兹力的作用会向低复合面偏转，它们的复合速率明显减小，基区的等效电阻减小，电流变大。

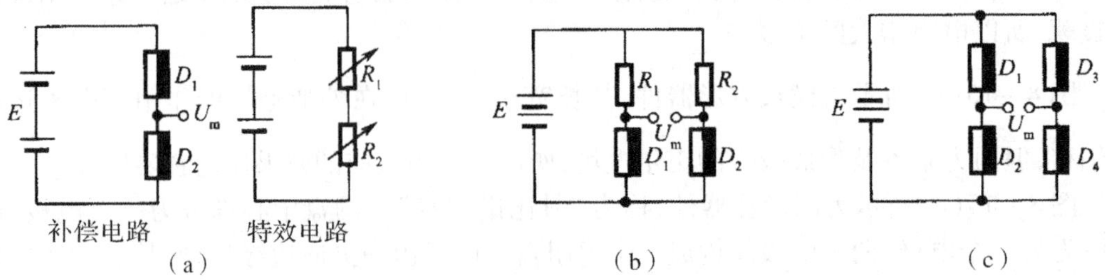

图 8－17 磁敏二极管的温度补偿电路

由上面的分析可知，当磁场强度变化时，磁敏二极管的电流也相应变化，实现了磁电转换。但要注意的是，磁敏二极管仅能在正向偏压下工作，因为反向偏压时，流过磁敏二极管的电流极小，几乎与磁场无关。

磁敏二极管受温度影响较大，使用时应注意采取补偿措施。例如，可选用两只或四只特性一致的器件，让它们处在相反磁极下，组成互补式、差分式电路，如图 8－17 所示。磁敏二极管具有较高的响应频率，锗磁敏二极管的磁灵敏度截止频率为 2kHz，而硅管可达 100。

3. *磁敏三极管*

硅磁敏三极管和锗磁敏三极管均属于双极性长基区晶体管，其结构如图 8－18(a)所示，发射极、基极和集电极是在弱 P 型或弱 N 型本征半导体上用合金法或扩散法形成的。

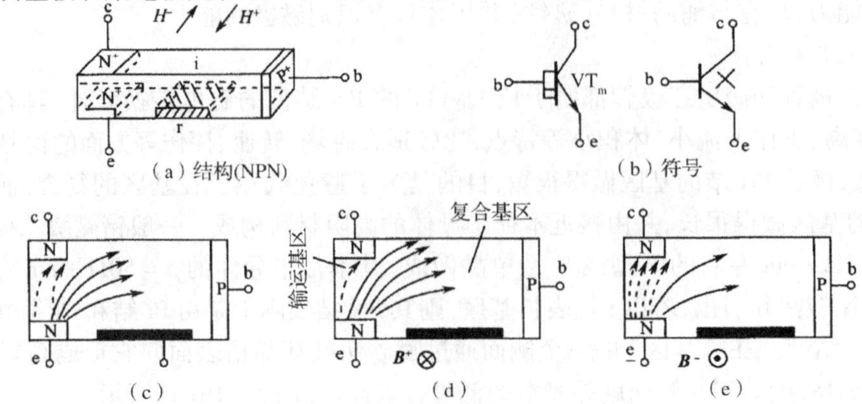

图 8－18 磁敏三极管的结构和工作原理

锗磁敏三极管的基区分为两个:一个是从发射极注入的载流子输运到集电极的输运基区;另一个是从发射极和基极注入的载流子复合的复合基区。类似于锗磁敏二极管的基区结构,其发射极和基极之间的PN结长基区也制作有高复合区r。

没有磁场作用时,如图8－18(c)所示,磁敏三极管be间加一定的偏压后,发射结的载流子分别向两个基区运动。因基区长度大于载流子有效扩散长度,大部分载流子通过e－i－b形成基极电流,只有少数载流子输入到集电极,形成的共发射极直流电流增益$\beta = I_c/I_b < 1$。共发射极偏置下的磁敏三极管受到垂直纸面向内的正向磁场B^+作用时,如图8－18(d)所示,由于洛仑兹力的作用,载流子向复合区偏转,集电极电流显著下降。反之,若共发射极偏置下的磁敏三极管受到垂直纸面向外的反向磁场B^-作用时,见图8－18(e),载流子背离高复合区而偏向输运基区,集电极电流增加。

由以上分析可知,磁敏三极管的电流放大倍数小于1,但集电极电流却有很高的磁灵敏度,即使基极电流恒定,只要外加磁场改变集电极电流就会改变。根据这一特性,磁敏三极管可用来测量磁场、电流、转速、位移等物理量。

要注意的是,由于磁敏三极管对温度比较敏感,实际使用时必须采用适当的方法进行温度补偿。例如对于硅磁敏三极管可用正温度系数的普通三极管来补偿因温度而产生的集电极电流的漂移,如图8－19所示,温度升高时,VT_1管集电极电流增加,可使得VT_m管集电极电流也增加,从而补偿了VT_m管因温度的升高而导致的集电极电流的下降。

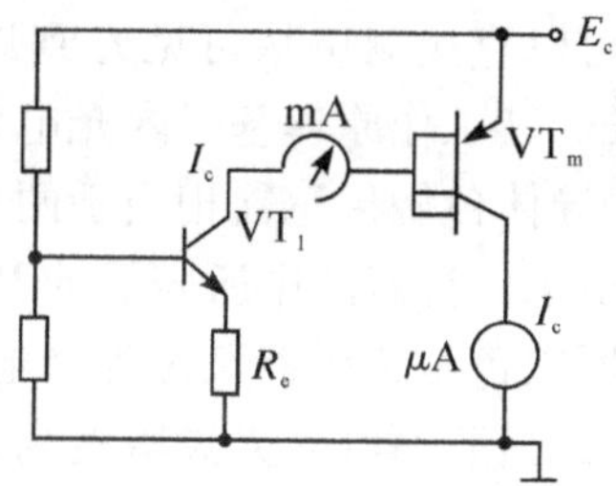

图8－19　硅磁敏三极管的温度补偿电路

4.磁敏传感器应用

(1)磁阻式图形识别传感器:磁阻式图形识别传感器能检测出卡片、纸币等上面的磁性信号,并输出相应的电信号波形。由于从卡片、纸币等上面检测的磁性信号十分微弱,因此,须经放大电路放大,由示波器或记录仪将波形显示出来。其放大电路如图8－20所示。由于传感器的输出信号较小,采用交流放大电路。由集成稳压电路7805给传感器提供5V电压,传感器输出经C_1耦合输入运算放大器,其截止频率取决于R_1C_1和R_2C_2,放大器的增益为60dB。

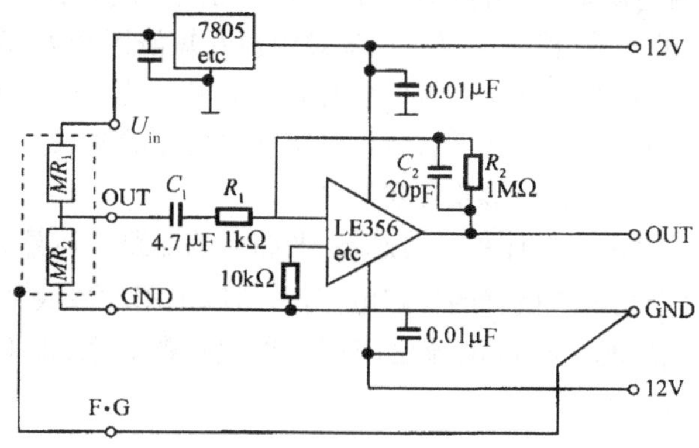

图8－20　图形识别传感器放大电路

(2)涡轮流量计:涡轮流量计利用磁敏二极管或三极管对磁铁周期性地接近或远离,则可输出频率信号。若采用磁性齿轮,则磁敏二极管或三极管的输出波形接近正弦波,其频率与齿轮的转速成正比。其原理图如图8-21所示,传感器安装在与涡轮相垂直的位置,利用转速与流量成比例的关系,可以测量流量,这种传感器的低速特性很好,所以无论流量大小,都能很好地计量。

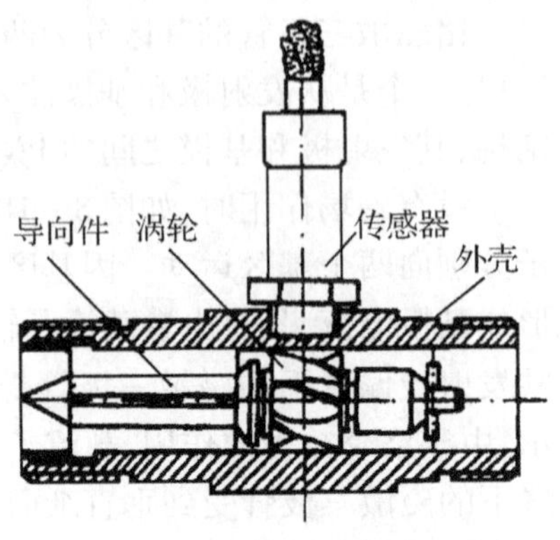

图8-21 涡轮流量计原理

(二)色敏传感器

1.工作原理

半导体色敏传感器是近年来出现的一种新型的光敏器件,可以直接测量从可见光到近红外波段内单色辐射的波长。其工作原理基于内光电效应,它是一种可将光信号转换为电信号的光辐射探测器。

半导体色敏传感器相当于两只结构不同的光电二极管的组合,其结构和等效电路如图8-22所示。注意图中所表示的P^+-N-P实际不是晶体管,而是两个深浅不同的PN结二极管,所以色敏传感器又称为光电双结二极管。浅结的光电二极管对紫外光灵敏度高,深结的光电二极管对红外光灵敏度高,也就是说,半导体的不同区域对不同的波长分别具有不同的灵敏度。波长短的光子衰减快,穿透深度浅,波长长的光子衰减较慢,能穿透硅片较深区域。根据这一特性,我们就可用这种器件测量入射光的波长。

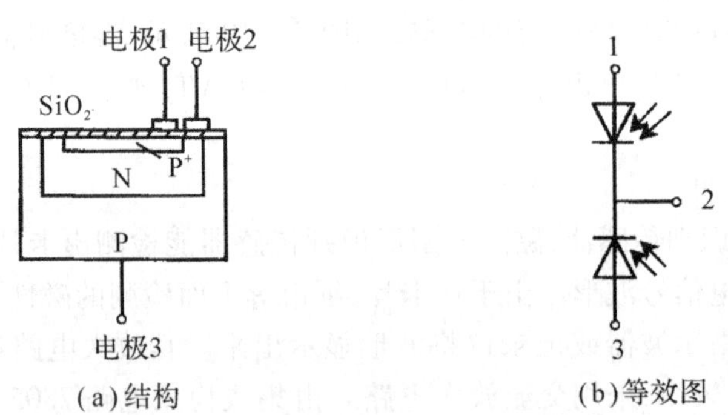

图8-22 半导体色敏器件结构及等效图

具体应用时,要先对色敏器件进行标定,也就是说测定不同波长的光照射下,器件中两只光电二极管短路电流的比值,浅结二极管的短路电流在短波区较大,深结二极管的短路电流在长波区较大,因此,二者的比值与入射单色光波长的关系就可以确定了。根据标定的曲线,测量出某一单色光时的短路电流比值,就可确定该单色光的波长。

2.色敏传感器的应用——彩色信号处理电路

如图8-23所示,它是由半导体色敏传感器、两路对数电路及运算放大器OP_3构成。因为识别色彩必须获得两个光电二极管的短路电流比,所以采用对数放大器电路,在电流较小时,二极管两端加上的电压和流过的电流之间存在近似对数关系,即OP_1、OP_2输出分别与$\lg I_{SD1}$、$\lg I_{SD2}$成比例,OP_3的输出为

$$V_0=C(\lg I_{SD2}-\lg I_{SD1})=C\lg\frac{I_{SD2}}{I_{SD1}}$$

式中，C 为常数。可见，该电路输出信号正比于短路电流比 I_{SD2}/I_{SD1} 的对数，将该输出电压经 A/D 变换处理后即可判断出与电平相对应的波长(即颜色)。

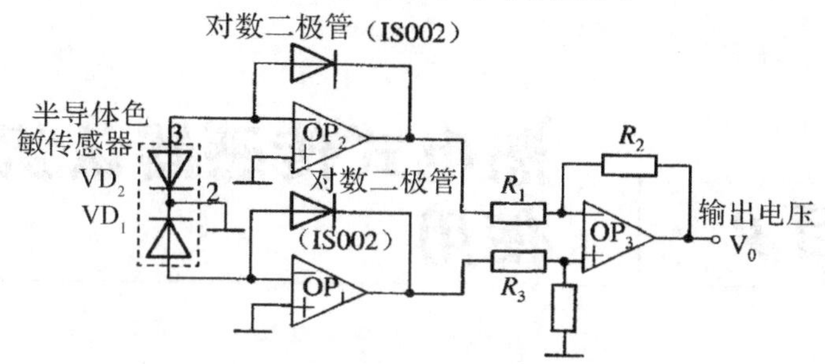

图 8－23　彩色信号处理电路

小　　结

(1)半导体式传感器包括半导体气敏传感器、半导体湿敏传感器、半导体磁敏传感器、半导体色敏传感器等。

(2)半导体气敏传感器是利用半导体材料与气体相接触时电阻和功函数会发生变化的效应来检测气体成分或浓度的传感器。

(3)半导体湿敏传感器是利用半导体粒子表面上化学或物理方式吸收水蒸气而使其阻抗变化来检测湿度的传感器。

(4)半导体磁敏传感器是利用某些半导体材料的电阻值受磁场的影响而改变的磁阻效应进行检测的传感器。

(5)半导体色敏传感器是一种利用半导体材料的内光电效应将光信号转换为电信号的光辐射探测器。

思考与练习

1. 气敏传感器有哪几种类型？简述其工作原理。
2. 为什么多数气敏元件都附有加热器？
3. 氯化锂和半导体陶瓷湿敏电阻各有什么特点？
4. 简述磁阻效应和半导体磁敏电阻的原理。
5. 磁敏二极管和磁敏三极管的结构和工作原理是什么？
6. 半导体色敏传感器的结构和等效电路是怎样的？简述其工作原理。
7. 举例说明半导体传感器的应用。

项目 9 热电式传感器认识及使用

一、项目分析

热电式传感器是利用其敏感元件的特征参数随温度变化的特性，将温度的变化转换为电量变化的装置或器件。目前工业生产和控制中应用最为普遍的方法是将温度量转换为电阻和电势。其中，将温度变化转换成电阻变化的称为热电阻传感器；将温度变化转换成热电动势变化的称为热电偶传感器。另外，利用半导体材料的电阻值随温度变化的热敏电阻和利用半导体 PN 结温度特性的集成化温度传感器在测温领域中也得到越来越多的重视。

本项目要求能分析热电式传感器测温的基本原理，包括热电偶的热电效应、热电偶基本定律、冷端温度补偿方法；能分析金属热电阻、半导体热电阻的电阻－温度特性及测量电路，了解半导体温度传感器的原理及应用。学会使用智能调节仪控制温度的方法，能熟练使用 K 型热电偶测温度。

知识点

- 热电偶测量温度的基本原理、基本定律及应用实例。
- 金属热电阻、半导体热敏电阻的电阻－温度特性、伏安特性及应用实例。
- 半导体温度传感器的测温原理及应用。

能力点

- 掌握使用智能调节仪控制温度的方法。
- 能熟练使用 K 型热电偶测量温度。

二、相关知识

（一）热电偶

热电偶在温度测量中应用极为广泛，它结构简单、准确度高、测量范围广，可以用来测量 100～1300℃范围内的温度，根据需要还可以测量更高或更低的温度。

1. 热电偶测温的基本原理

热电偶能将温度变化量转换为热电动势的理论是建立在热电效应的基础上。

将两种不同材料的导体 A 和 B 组成一个闭合回路，如图 9－1 所示，如果两个接点的温度不等（$T>T_0$），则回路中就会产生电动势，从而形成电流，其大小与材料性质及接点温度有

关，该现象称为热电动势效应或塞贝克效应，通称热电效应。

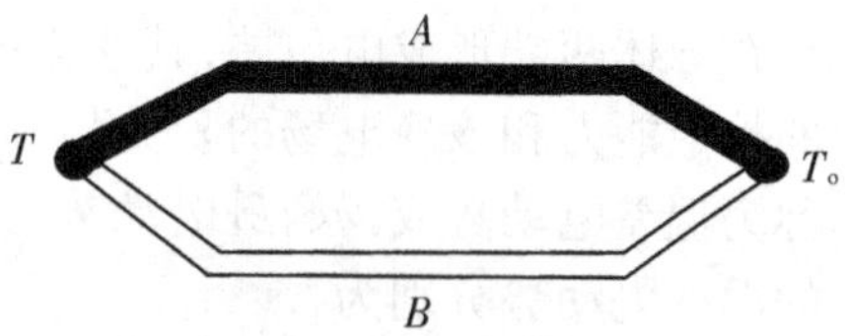

图 9－1　热电偶结构原理

通常把两种不同导体的这种组合称为热电偶，A 和 B 称为热电极，回路中产生的电流称为热电流，产生这一电流的电动势称为热电动势，用 $E_{AB}(T,T_0)$ 表示。测温时，热电偶的一个接点置于被测温度场（T）中，该接点称为测量端，也叫作工作端或热端，另一接点一般置于某一恒定温度场（T_0）中，称为参考端或自由端、冷端。

研究表明：热电偶回路中的热电动势 $E_{AB}(T,T_0)$，是由接触电动势（或称珀尔帖电动势）和温差电动势（或称汤姆逊电动势）组成，它们分别由珀尔帖效应和汤姆逊效应产生。

（1）珀尔帖效应：由于不同材料的导体自由电子密度不同，当两种不同的导体 A、B 接触时，在它们接触处会产生自由电子的扩散现象，如图 9－2 所示。

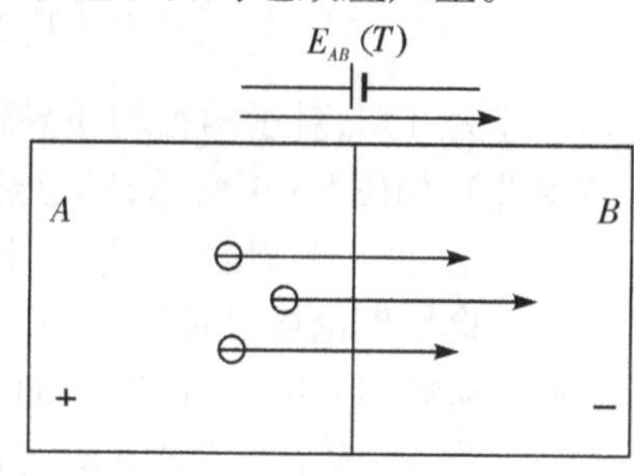

图 9－2　接触电动势

假设导体 A 的自由电子密度大于导体 B 的自由电子密度，则在单位时间内从 A 扩散到 B 中的自由电子要多于从 B 扩散到 A 中的自由电子，结果导体 A 因失去电子带正电，而导体 B 因得到电子而带负电，于是在两种导体接触处形成了电位差，即电动势，这个电动势阻碍自由电子由导体 A 向导体 B 的进一步扩散。当电子的扩散能力与该电动势的阻力相等时，接触处的自由电子扩散达到动态平衡。这种由于两种导体自由电子密度不同而在其接触处形成的电动势，称为接触电动势或珀尔帖电动势，用 $E_{AB}(T)$ 或 $E_{AB}(T_0)$ 表示，其大小与导体材料的性质和接触处的温度有关，与导体材料的几何形状和尺寸无关。根据物理学理论推导可得到下列公式：

$$E_{AB}(T)=\frac{kT}{e}\ln\frac{n_A}{n_B} \tag{9-1}$$

$$E_{AB}(T_0)=\frac{kT_0}{e}\ln\frac{n_A}{n_B} \tag{9-2}$$

式中：k——玻耳兹曼常数，$k=1.38\times10^{-23}$ J/K；

T、T_0——接触处的热力学温度；

n_A、n_B——A、B 导体的自由电子密度；

e——自由电子电荷量，$e=1.6\times10^{-19}$ C。

由于 $E_{AB}(T)$ 和 $E_{AB}(T_0)$ 方向相反，故回路的总接触电动势为

$$E_{AB}(T)-E_{AB}(T_0=\frac{k}{e}(T-T_0)\ln\frac{n_A}{n_B} \tag{9-3}$$

（2）汤姆逊效应：在一根均质的导体内，若其两端的温度不同（设 $T>T_0$），导体中将会产生温度梯度，自由电子按温度梯度的分布在导体内形成密度梯度，电子将从温度高的一端向温度低的一端扩散，如图 9－3 所示。

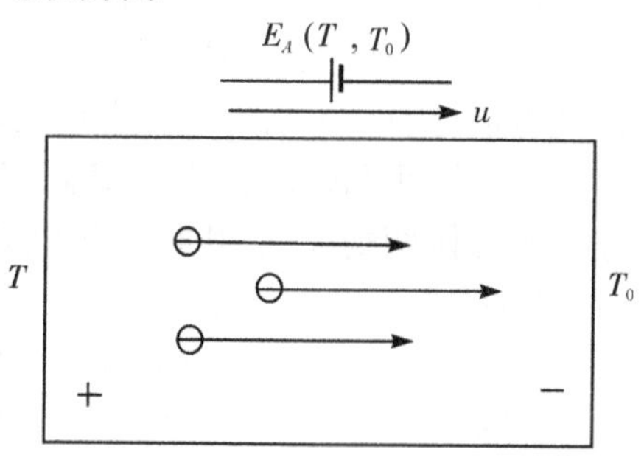

图 9－3　温差电动势

T 端失去电子带正电，T_0 端得到电子带负电，于

是在导体两端形成电位差，其建立的静电场阻碍电子由 T 端向 T_0 端的进一步扩散，当电子的扩散能力和该静电场的阻力相等时，电子扩散达到动态平衡，此时导体两端形成的电位差称为温差电动势或汤姆逊电动势，其大小与导体的种类及其两端的温度差有关。A、B 导体的温差电动势分别为

$$E_A = (T, T_0) = \int_{T_0}^{T} \sigma_A \mathrm{d}T \tag{9-4}$$

$$E_B = (T, T_0) = \int_{T_0}^{T} \sigma_B \mathrm{d}T \tag{9-5}$$

式中：σ_A、σ_B——分别是导体 A、B 的汤姆逊系数。

回路总温差电动势为

$$E_A(T, T_0) = E_B(T, T_0) = \int_{T_0}^{T} (\sigma_A - \sigma_B) \mathrm{d}T \tag{9-6}$$

综上可知，对于两种均质导体 A、B 所组成的热电偶回路，当接点温度分别为 T 和 T_0 时 $(T > T_0)$，如图 9-4 所示，其总热电动势是两个温差电动势和两个接触电动势之和，即

$$E_{AB}(T, T_0) = E_{AB}(T) + E_B(T, T_0) - E_{AB}(T_0) - E_A(T, T_0) \tag{9-7}$$

实验与理论均已证明，热电偶回路总电动势主要是由接触电动势引起的，所以回路的总电动势可近似为

$$E_{AB}(T, T_0) = E_{AB}(T) - E_{AB}(T_0) = \frac{k}{e}(T - T_0) \ln \frac{n_A}{n_B} \tag{9-8}$$

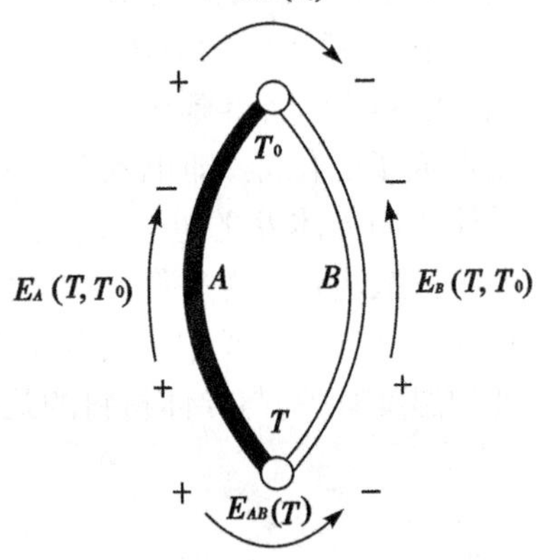

图 9-4　热电偶回路

由式(9-8)可知，热电偶的两个端点的温差愈大，产生的热电动势也愈大，若参考端温度 T_0 保持恒定，热电动势只与测量端温度 T 的大小有关，因此，可以用热电动势的大小衡量温度 T 的大小。在实用中，自由端（参考端）温度 T_0 通常保持在 0℃。

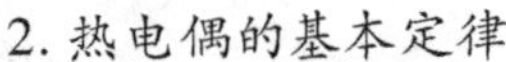

2. 热电偶的基本定律

在使用热电偶测温时，必须在测温回路中引入连接导线与显示仪表。因此，为了准确地测量温度，不仅要懂得热电偶的测温原理，还要掌握有关热电偶的几个基本定律。

(1)均质导体定律：同一种均质导体组成的闭合回路，不论导体的截面积和长度如何，也不论各处温度分布如何，均不会产生热电动势。该定律说明：

1)热电偶必须由两种不同性质的电极材料组成。

2)同一种热电极材料组成的闭合回路内存在温差时，若回路中产生了热电动势，就说明此热电极材料是不均匀的。根据此定律，可以检验组成热电偶的热电极材料的均匀性。

(2)中间导体定律：在 A、B 材料组成的热电偶回路中串接入第三种导体 C，只要引入的第三种导体两端温度相同，则热电偶回路的总热电动势与所串接的中间导体（即第三种导体）无关。

该定律表明：在实际测温时，可以在热电偶回路中接入一个测量仪表（相当于第三种导体），图 9-5 所示为热电偶中接入测量仪表的两种方式，只要该仪表的两个接点温度相同，则对热电偶的测量结果都不会产生影响。

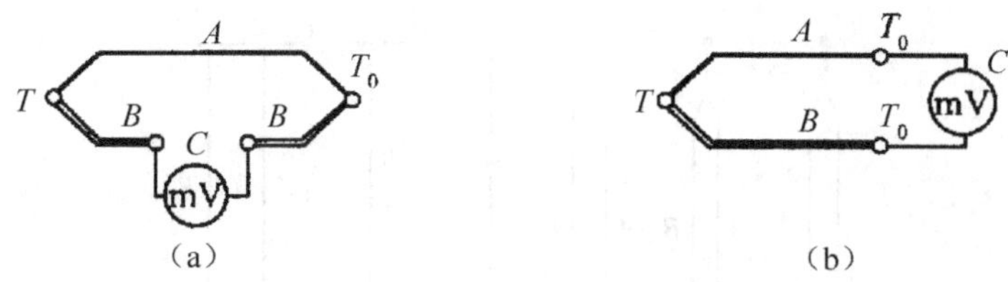

图 9－5　热电偶接入测量仪表的两种方式

如果串入的第三种导体两端温度不相等，则热电偶回路的总热电动势将要发生变化，变化的程度取决于所串导体的性质和两接点的温差。因此，第三种导体不宜采用与热电偶的热电极性质相差很远的材料，否则，一旦其两端温差变大，热电偶回路的总热电动势会受到很大影响。

(3) 中间温度定律：热电偶在接点温度为 T、T_0 时的热电动势等于该热电偶在接点温度为 (T,T_n) 和 (T_n,T_0) 时相应的热电动势的代数和，即

$$E_{AB}(T,T_0)=E_{AB}(T,T_n)+E_{AB}(T_n,T_0) \tag{9-9}$$

若 $T_0=0$，则

$$E_{AB}(T,0)=E_{AB}(T,T_n)+E_{AB}(T_n,0) \tag{9-10}$$

(4) 标准电极定律：如图 9－6 所示，如果两种导体（A 和 B）分别与第三种导体（C）组成热电偶的热电动势已知，则由这两种导体（A 和 B）组成的热电偶的热电动势为

$$E_{AB}(T,T_0)=E_{AC}(T,T_0)-E_{BC}(T,T_0) \tag{9-11}$$

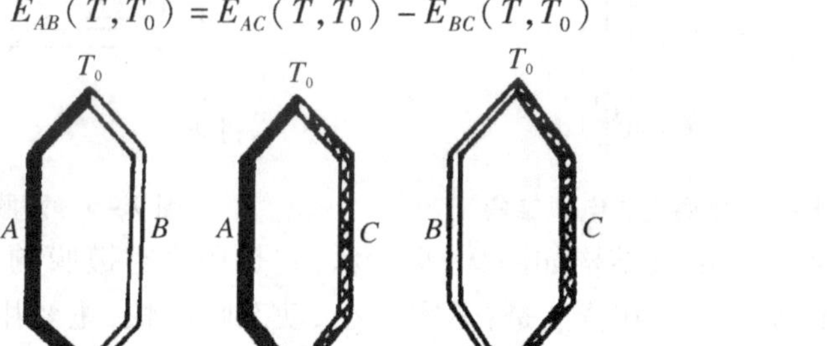

图 9－6　三种导体分别组成的热电偶

导体 C 称为标准电极，在实际应用中，通常选取纯铂(Pt)($R_{100}/R_0\geq1.392$)作为标准电极材料，因为纯铂(Pt)的物理化学性能稳定，熔点较高，易提纯。采用标准电极大大方便了热电偶的选配，只要知道各种不同的热电极材料对标准电极的热电动势，就可方便地求出任何两种材料相配组成热电偶的热电动势。

3. 热电偶的结构

热电偶在测量时，需要将测量端置于被测温度场中，测量端又称为热接点，从本质上讲是将两种或两种以上的热电偶材料用各种方法可靠地连接在一起，通常采用铰接、焊接、镀层等方法实现。根据不同的测温环境，热接点有不同的结构形式，常用的几种结构形式如图 9－7 所示。

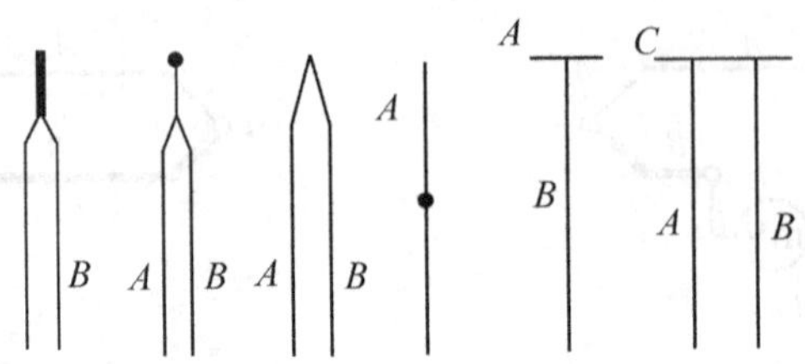

图 9－7　热接点的几种结构

工业用热电偶必须长期工作在恶劣环境下，根据被测对象不同，热电偶的结构形式是多种多样的，常见的结构形式有普通型热电偶、薄膜热电偶（片状、针状）、铠装热电偶等。

（1）普通型热电偶：这种热电偶在测量时将测量端插入被测对象的内部，主要用于测量容器或管道内气体、流体等介质的温度，一般做成棒形。其结构如图 9－8 所示，主要包括：热电极、绝缘管、保护套管和接线盒等。

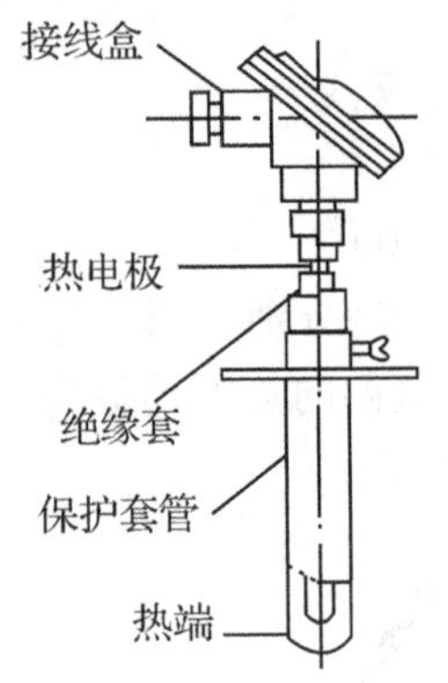

图 9－8　普通型热电偶结构

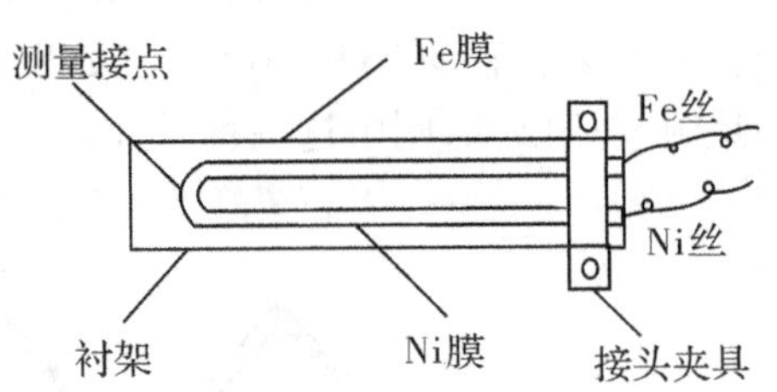

图 9－9　薄膜热电偶结构

（2）薄膜热电偶：其结构如图 9－9 所示，它是用真空镀膜的方法，将热电极材料沉积在绝缘基板上而制成的。其特点是：热容量小、动态响应快，主要用于测量瞬变的表面温度和微小面积上的温度。

（3）铠装热电偶：又称缆式热电偶或套管热电偶，由保护套管（材料为不锈钢或镍基高温合金）、绝缘材料（高纯脱水氧化镁或氧化铝）与热电偶丝组合在一起拉制而成。其特点是：动态响应快、热惯性小、抗震性好、挠度好，适用于复杂结构（如狭小弯曲管道内）的温度测量。图 9－10所示为铠装热电偶工作端结构的几种型式，其中图（a）为单芯结构，其外套管亦为一电极，中心电极在顶端与套管直接焊接在一起；图（b）为双芯碰底型，测量端和套管焊在一起；图（c）为双芯不碰底型，热电极与套管相互绝缘；图（d）为双芯露头型，测量端露在套管外面；图（e）为双芯帽型，把露头型的测量端套上一个套管材料做成的保护帽，再用银焊密封起来。

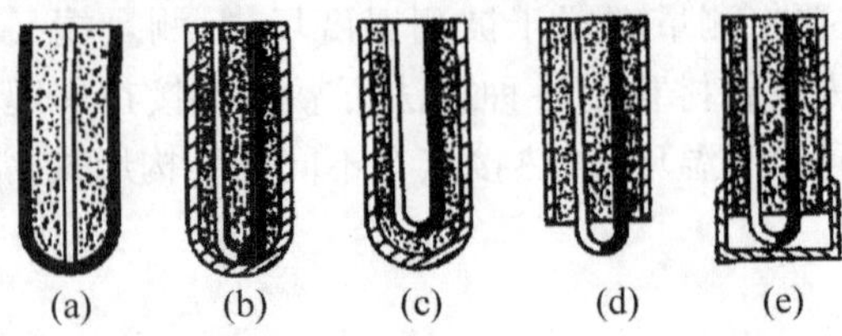

图 9－10　铠装热电偶工作端的结构

4. 热电极材料的基本要求

根据热电偶的测温原理，只要是两种不同金属材料就可以形成热电偶，但是为了保证测量的可靠性及足够的测量精度，并不是所有材料都适用于作热电偶，对其热电极材料的基本要求是：

(1)良好的热电特性：热电动势及热电动势率(灵敏度)要足够大，热电特性稳定，热电动势与温度的关系最好呈线性。

(2)良好的物理性能：如电导率高，电阻温度系数小。

(3)稳定的化学性能：化学成分均匀，不易氧化和腐蚀。

(4)材料的机械强度高。

(5)材料易加工，复制性好。

实际生产中很难找到一种完全满足上述要求的材料，在设计时应根据具体测温情况选用不同材料制作热电偶。目前常用的热电极材料有贵金属和普通金属两大类：贵金属热电极材料有铂铑合金和铂，其热电特性稳定，测温准确性高，复制性好，但热电势较小；普通金属热电极材料有铁、铜、镍铬合金、镍硅合金等，还有铱、钨、锌等耐高温材料，它们的热电势较大，但复制性和稳定性较差。

热电偶的热电极有正、负之分，在其技术指标中会有说明，使用时应注意这一点。

5. 热电偶的冷端温度补偿

由热电偶测温原理可知，热电偶输出热电动势的大小取决于热电极材料及两接点的温差。只有在热电材料一定，其冷端温度 T_0 保持不变的条件下，输出热电动势 $E_{AB}(T,T_0)$ 才与工作端温度 T 成单值函数关系。但在工程测温中，由于热电偶冷端离工作端很近，且又处于大气中，因而冷端温度很难保持恒定，常随环境温度的变化而变化，这将直接影响测温的准确性。因此，必须对冷端进行修正或补偿。

(1)冷端温度修正法：由于热电偶的温度－热电动势关系(即分度表)是在冷端温度保持0℃的情况下得到的，与它配套使用的仪表也是根据这一关系进行刻度的。若冷端温度不等于0℃而是某一温度 T_n，则热电偶实际测得的热电动势是 $E_{AB}(T,T_0)$，为了便于利用标准分度表由热电动势查相应工作端的温度 T，就需要对仪表的指示值加以修正。由中间温度定律

$$E_{AB}(T,0)=E_{AB}(T,T_n)+E_{AB}(T_n,0) \tag{9-12}$$

只要加上热电偶工作于 T_n 和0℃之间的热电动势 $E_{AB}(T_n,0)$，便可将实测热电动势 $E_{AB}(T,T_n)$ 修正到相对于0℃的热电动势 $E_{AB}(T,0)$，而 $E_{AB}(T_n,0)$ 可由热电偶的标准分度表查出，见表9－1～表9－4。表中温度按10℃分档，其中间值可按内插法计算。

例如：有一镍铬－镍硅热电偶，工作时其冷端温度 $T_n=30$℃，测得热电动势 $E_{AB}(T,T_n)=39.1$mV，求被测介质实际温度。

解：由 $T_n=30$℃查热电偶分度表得 $E_{AB}(T_n,0)=E_{AB}(30,0)=1.2$mV，则

$$E_{AB}(T,0)=E_{AB}(T,30)+E_{AB}(30,0)=39.1+1.2=40.37\text{mV}$$

再由40.37mV查热电偶分度表得被测介质实际温度为977℃。

表9-1 铂铑$_{10}$-铂热电偶(分度号为S)分度表

工作端温度/℃	0	10	20	30	40	50	60	70	80	90
	热电动势/mV									
0	0.000	0.055	0.113	0.173	0.235	0.299	0.365	0.432	0.502	0.573
100	0.645	0.719	0.795	0.872	0.950	1.029	1.109	1.190	1.273	1.356
200	1.440	1.525	1.611	1.698	1.785	1.873	1.962	2.051	2.141	2.232
300	2.323	2.414	2.506	2.599	2.692	2.786	2.880	2.974	3.069	3.164
400	3.260	3.356	3.452	3.549	3.645	3.743	3.840	3.938	4.036	4.135
500	4.234	4.333	4.432	4.532	4.632	4.732	4.832	4.933	5.034	5.136
600	5.237	5.339	5.442	5.544	5.648	5.751	5.855	5.960	6.064	6.169
700	6.274	6.380	6.486	6.592	6.699	6.805	6.913	7.020	7.128	7.236
800	7.345	7.454	7.563	7.672	7.782	7.892	8.003	8.114	8.225	8.336
900	8.448	8.560	8.673	8.786	8.899	9.012	9.126	9.240	9.355	9.470
1 000	9.585	9.700	9.816	9.932	10.048	10.165	10.282	10.400	10.517	10.635
1 100	10.754	10.872	10.991	11.110	11.229	11.348	11.467	11.587	11.707	11.827
1 200	11.947	12.067	12.188	12.308	12.429	12.550	12.671	12.792	12.913	13.034
1 300	13.155	13.276	13.397	13.519	13.640	13.761	13.883	14.004	14.125	14.247
1 400	14.368	14.489	14.610	14.731	14.852	14.973	15.094	15.215	15.336	15.456
1 500	15.576	15.697	15.817	15.937	16.057	16.176	16.294	16.415	16.534	16.653
1 600	16.771									

表9-2 铂铑$_{10}$-铂铑$_{6}$ 热电偶(分度号为B)分度表

工作端温度/℃	0	10	20	30	40	50	60	70	80	90
	热电动势/mV									
0	-0.000	-0.002	-0.003	-0.002	0.000	0.002	0.006	0.011	0.017	0.025
100	0.033	0.043	0.053	0.065	0.078	0.092	0.107	0.123	0.140	0.159
200	0.178	0.199	0.220	0.243	0.266	0.291	0.317	0.344	0.372	0.401
300	0.431	0.462	0.494	0.527	0.561	0.596	0.632	0.669	0.707	0.746
400	0.786	0.827	0.870	0.913	0.957	1.002	1.048	1.095	1.143	1.192
500	1.241	1.292	1.344	1.397	1.450	1.505	1.560	1.617	1.674	1.732
600	1.791	1.851	1.912	1.974	2.036	2.100	2.164	2.230	2.296	2.363
700	2.430	2.499	2.569	2.639	2.710	2.782	2.855	2.928	3.003	3.078
800	3.154	3.231	3.308	3.387	3.466	3.546	3.626	3.708	3.790	3.873
900	3.957	4.041	4.126	4.212	4.298	4.386	4.474	4.562	4.652	4.742
1 000	4.833	4.924	5.016	5.109	5.202	5.297	5.391	5.487	5.583	5.680
1 100	5.777	5.875	5.973	6.073	6.172	6.273	6.374	6.475	6.577	6.680
1 200	6.783	6.887	6.991	7.096	7.202	7.308	7.414	7.521	7.628	7.736
1 300	7.845	7.953	8.063	8.172	8.283	8.393	8.504	8.616	8.727	8.839
1 400	8.952	9.065	9.178	9.291	9.405	9.519	9.634	9.748	9.863	9.979
1 500	10.094	10.210	10.325	10.441	10.558	10.674	10.790	10.907	11.024	11.141
1 600	11.257	11.374	11.491	11.608	11.725	11.842	11.959	12.076	12.193	12.310
1 700	12.426	12.543	12.659	12.776	12.892	13.008	13.124	13.239	13.354	13.470
1 800	13.585									

表 9 -3　镍铬 - 镍硅(镍铝)热电偶(分度号为 K)分度表

工作端温度/℃	0	10	20	30	40	50	60	70	80	90
	热电动势/mV									
-0	-0.000	-0.392	-0.777	-1.156	-1.527	-1.889	-2.243	-2.586	-2.920	-3.242
+0	0.000	0.397	0.789	1.203	1.611	2.022	2.436	2.850	3.266	3.681
100	4.095	4.508	4.919	5.327	5.733	6.137	6.539	6.939	7.338	7.737
200	8.137	8.537	8.938	9.341	9.745	10.151	10.560	10.969	11.381	11.793
300	12.207	12.623	13.039	13.456	13.874	14.292	14.712	15.132	15.552	15.974
400	16.395	16.818	17.241	17.664	18.088	18.513	18.938	19.363	19.788	20.214
500	20.640	21.066	21.493	21.919	22.346	22.772	23.198	23.624	24.050	24.476
600	24.902	25.327	25.751	26.176	26.599	27.022	27.445	27.867	28.288	28.709
700	29.128	29.547	29.965	30.383	30.799	31.214	31.214	32.042	32.455	32.866
800	33.277	33.686	34.095	34.502	34.909	35.314	35.718	36.121	36.524	36.925
900	37.325	37.724	38.122	38.519	38.915	39.310	39.703	40.096	40.488	40.897
1 000	41.269	41.657	42.045	42.432	42.817	43.202	43.585	43.968	44.349	44.729
1 100	45.108	45.486	45.863	46.238	46.612	46.985	47.356	47.726	48.095	48.462
1 200	48.828	49.192	49.555	49.916	50.276	50.633	50.990	51.344	51.697	52.049
1 300	52.398									

表 9 -4　铜 - 康铜热电偶(分度号为 T)分度表

工作端温度/℃	0	10	20	30	40	50	60	70	80	90
	热电动势/mV									
-200	-5.603	-5.753	-5.889	-6.007	-6.105	-6.181	-6.232	-6.258 -5.069	-5.261	-5.439
-100	-3.378	-3.656	-3.923	-4.177	-4.419	-4.648	-4.865	-2.475	-2.788	-3.089
-0	-0.000	-0.388	-0.757	-1.121	-1.475	-1.819	-2.152			
0	0 0.000	0.391	0.789	1196	1.611	2.035	2.467	2.908	3.357	3.813
100	4.277	4.749	5.227	5.712	6.204	6.702	7.207	7.718	8.235	8.757
300	14.860	15.443	16.030	16.621	17.217	17.816	18.420			
400	20.869									

(2)补偿导线法:为了保证热电偶冷端温度恒定,可以把热电极加长,使冷端远离工作端,放置在恒温或温度波动较小的地方,这种方法对于廉价金属制成的热电偶是可行的,但热电偶若采用贵重金属制成,直接连接到远处测量仪表上很不经济,一般是采用一种特殊导线(称补偿导线)将热电偶的冷端延伸出来,如图 9 - 11 所示,A、B 是

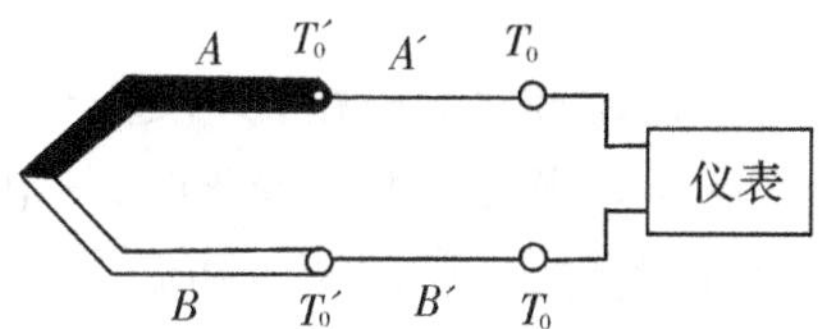

图 9 - 11　补偿导线连接示意图

热电偶,A'、B'为补偿导线。

不同型号的补偿导线具有不同的热电性能,为了不改变热电偶的热电动势,要求补偿导线在一定温度范围(0~100℃)内具有和所连接的热电偶相同或相似的热电性能,并且要保证补偿导线与热电偶两个接点温度相等。

必须指出,补偿导线具有正、负极之别,其正极应接热电偶的正极,负极应接热电偶的负极,如果极性接反了,不但不能起到补偿导线的作用,反而会抵消一部分热电偶的热电动势,引起较大的测量误差。

(3)0℃恒温法:根据物理学可知,冰水混合的容器中可获得标准的0℃温度,若将热电偶的冷端置于冰水混合物中就可使冷端温度保持0℃,热电偶的工作状态与分度表状态达到了一致。这种方法主要用于实验室测温和热电偶的标定,见图9-12。

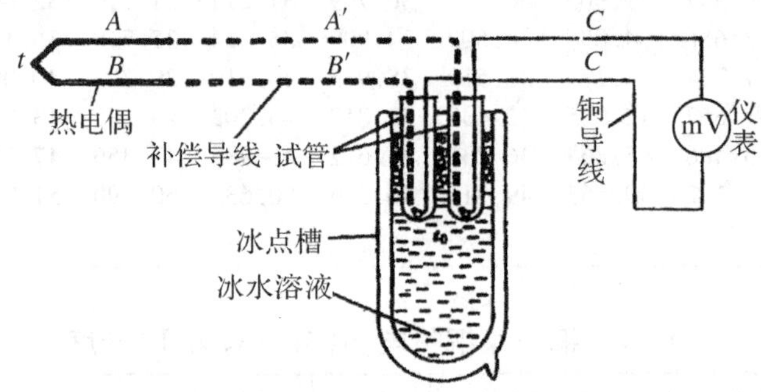

图9-12　冷端处理的延长导线法和0°C恒温法

(4)补偿电桥法:利用不平衡电桥产生的电动势来补偿热电偶因冷端温度变化而引起的热电动势的变化,如图9-13所示,在热电偶与测量仪表之间接入一个直流不平衡电桥,即补偿电桥,电桥的四个桥臂由电阻R_1、R_2、R_3和R_{Cu}组成,其中R_1、R_2和R_3均由锰铜丝绕制,其电阻值几乎不随温度变化,R_{Cu}由温度系数较大的铜线绕制,其电阻值随温度升高而增大,使用时R_{Cu}与热电偶的冷端靠近,使其感受同样的温度。电桥由稳压后的直流电源E供电。

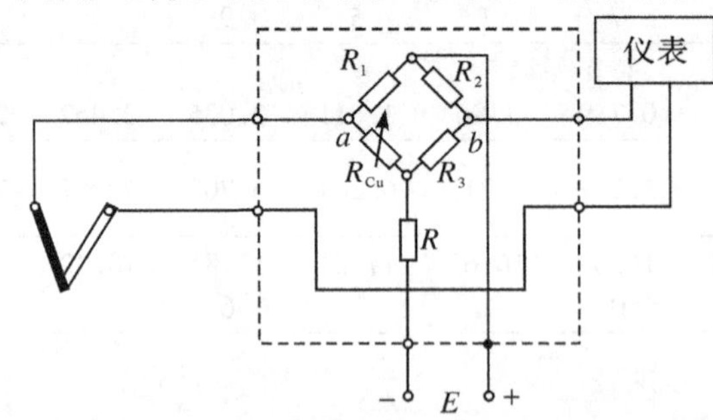

图9-13　具有补偿电桥的热电偶测量线路

设计时使电桥在20℃处于平衡状态,此时电桥a,b两点的电位相等,电桥对仪表的读数无影响。当环境温度变化时,热电偶冷端温度也变化,则热电动势将随冷端温度的变化而改变,但此时R_{Cu}的阻值也随温度而改变,电桥的平衡状态被打破,输出不平衡电压U_{ab},适当选择桥臂电阻值,可使产生的不平衡电压U_{ab}正好补偿由于冷端温度变化而引起的热电动势变化值,使仪表指示正确的测温值。

需要注意的是,由于电桥在20℃时处于平衡,所以采用这种补偿电桥需要把仪表的机械

零位调整到20℃。

6. 热电偶温度测量电路

(1)单点温度测量电路:图9-14所示为热电偶单点温度测量电路,其中A、B为热电偶,C、D为补偿导线,M为一毫伏计(或数字仪表、自动电子电位差计、直流电位差计等)。这时回路中总电动势为$E_{AB}(T,T_O)$,则流过测温毫伏计的电流为

$$I=\frac{E_{AB}(T,T_0)}{R_L+R_C+R_M} \tag{9-13}$$

式中,R_L、R_C、R_M分别为热电偶、导线(铜线R_L,补偿导线C、D)的电阻和仪表的内阻,它们在温度一定时有固定值,测得的电流与温度有一一对应的关系,即可以在表上标出温度的刻度。

(2)两点间温差的测量电路:图9-15所示为测量两点间温差的电路,其中两个热电偶属同型号热电偶,且补偿导线相同,连接方法使各自产生的热电动势相互抵消,仪表读数即为T_1和T_2的温度差。

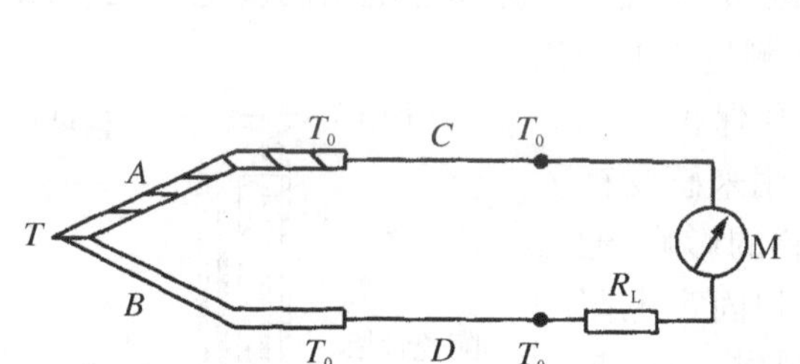

图9-14 单点温度测量电路

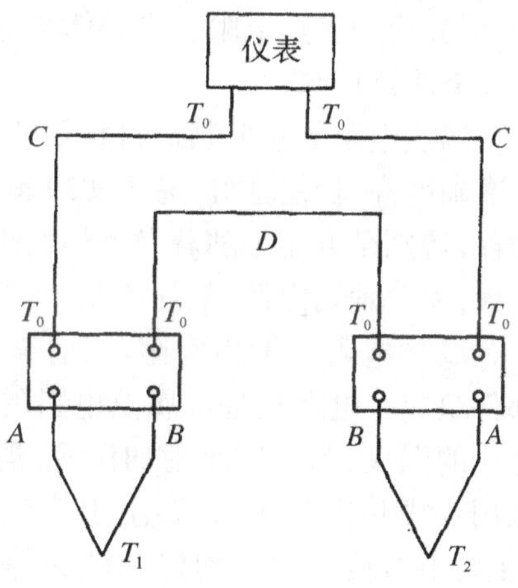

图9-15 测量两点之间温差的电路

(3)平均温度测量电路:测量平均温度的方法通常是将几只同型号的热电偶并联在一起,如图9-16所示。

R_1、R_2、R_3阻值很大,以免T_1、T_2、T_3不相等时,每个热电偶线路上流过的电流会因其热电偶的电阻变化而变化。由电路知回路中总的热电势为

$$E_T=\frac{E_{AB}(T_1,T_0)+E_{AB}(T_2,T_0)+E_{AB}(T_3,T_0)}{3} \tag{9-14}$$

此电路的优点是仪表的分度表与单独用一个热电偶时一样,可直接读出平均温度;缺点是若有一个热电偶被烧断,从仪表上不能反映出来。

(4)若干点温度之和的测量电路:将若干个同类型热电偶串联,可以测量这些点的温度和,也可测量平均温度,如图9-17所示。此电路中若有一个热电偶烧断,总的热电动势消失,可以立即知道有某个热电偶烧断。

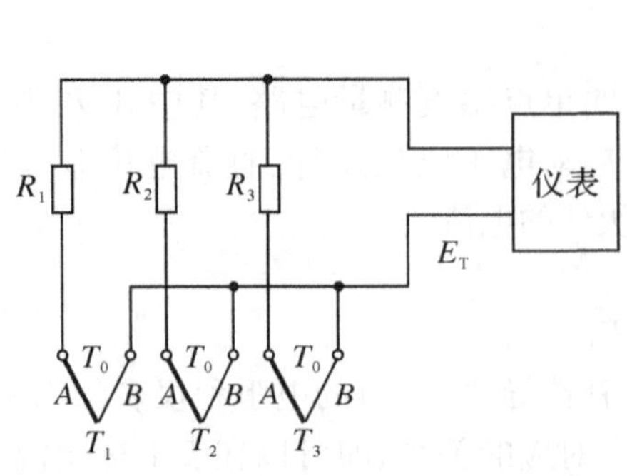

图 9－16　平均温度测量电路

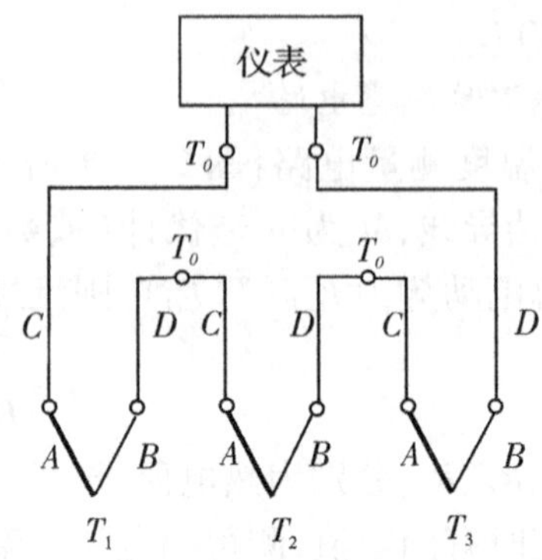

图 9－17　若干点温度之和的测量电路

(二)热电阻

热电阻也是一种测温元件,它是利用导体或半导体材料的电阻随温度变化而变化的热电阻效应来测量温度的,其特点是准确度高,测量范围大,无须参考点。根据热电阻性质的不同,可分为金属热电阻和半导体热电阻两大类,前者通常称为热电阻,后者称为热敏电阻。

1. 金属热电阻

金属热电阻的主要制造材料是纯金属,多用于－200～500℃范围内的温度测量。其特点是准确度高、稳定性好,易于实现非电量的电量转换,便于进行远距离测量,多点切换和信号处理,特别是近年来随着微型热电阻的问世,大大提高了金属热电阻的反应速度。但其热惯性大,需要辅助电源,从而限制了它在动态测量中的应用。

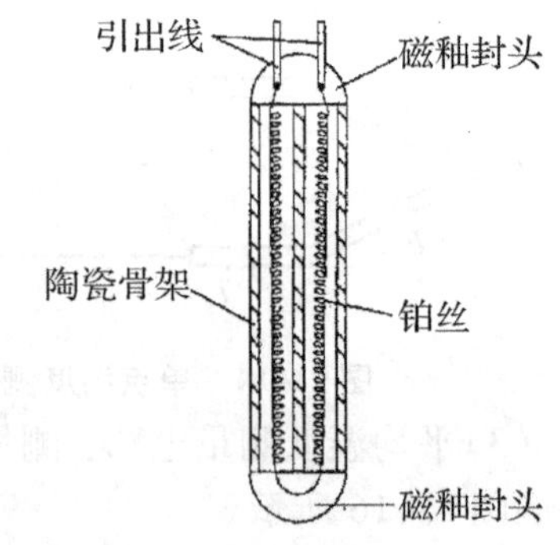

图 9－18　内绕式陶瓷铂热电阻结构

金属热电阻一般由电阻丝、骨架、引线和保护套管等部件组成。电阻丝是金属热电阻的核心,用来感受被测介质的温度,为了减小附加误差,消除电感的影响,通常采用双线并排绕法;骨架用于缠绕、支撑和固定电阻丝,主要由石英、云母、陶瓷和塑料等材料制成;引线是使热电阻与外部测量及控制装置相连接的部分,通常使用的材料是银丝、镍铬丝及镀银铜线等;保护套管用来保护热电阻不直接和所测介质接触,避免其受到有害物质的影响,主要使用碳钢、不锈钢、黄铜等材料,在特殊环境下也有在金属保护套管表面喷涂一层耐磨材料,如磨煤机的煤粉温度测量。另外,在金属热电阻和引线之间还有一小段过渡引线,直径约0.3mm,主要采用铂、铂铱或其他与玻璃、陶瓷体膨胀系数相近的合金材料制成。图 9－18 所示是一个内绕式陶瓷铂热电阻的结构图。

电阻丝是金属热电阻的主要感温部分,由纯金属制成,选作感温元件的材料应满足如下要求:

(1)材料的电阻温度系数要大而且稳定,电阻值与温度之间应具有良好的线性关系。

(2)材料具有比较大的电阻率,热容量小,反应速度快。

(3)材料特性具有良好的复现性,易于复制,价格低。

(4)在测温范围内具有稳定的物理和化学性质。

目前工业上应用最广泛的金属热电阻材料是铂和铜。

2. 常用热电阻

(1)铂电阻

铂电阻以金属铂作为感温元件。铂在氧化性介质中,甚至在高温下,它的物理、化学性质都非常稳定,是目前制造热电阻的最好材料。铂电阻的特点是:线性度好、测量准确、互换性好、抗振动冲击的性能好,它不仅用作一般工业测温,还可作为标准电阻温度计广泛地应用于温度的基准、标准的传递,其长时间稳定的复现性可达 10^{-4}K,是目前测温复现性最好的一种温度计。国际温标 IPTS-68 规定,在 -259.34 ~ 630.74℃温度范围内,以铂电阻温度计作为基准器。但它在还原性介质中,特别在高温下很容易被从氧化中还原出来的蒸气所沾污,容易使铂丝变脆,并改变它的电阻与温度之间的关系,因此一定要加保护套管。

铂电阻的测温精度与铂的纯度有关,通常用百度电阻比 $W(100)$ 表示铂的纯度,即

$$W(100) = R_{100}/R_0 \tag{9-15}$$

式中:R_{100}、R_0 分别为 100℃和 0℃时铂电阻的电阻值。

这个比值相当于 0 ~ 100℃范围内,平均电阻温度系数的 100 倍,其值越大,表示铂电阻丝纯度越高,测温精度也越高。国际实用温标规定,作为基准器的铂电阻,其百度电阻比 $W(100) \geq 1.39256$,与之相应的铂的纯度为 99.9995%,工业用铂电阻的纯度 $W(100)$ 为 1.387 ~ 1.390。

铂电阻的测温范围是 -200 ~ 850℃,其电阻与温度之间的关系为:

在 -200 ~ 0℃的温度范围内有

$$R_t = R_0[1 + At + Bt^2 + C(t-100)t^3] \tag{9-16}$$

在 0 ~ 850℃的温度范围内有

$$R_t = R_0(1 + At + Bt^2) \tag{9-17}$$

式中:R_0——温度为 0℃时铂电阻的电阻值(Ω);

R_t——温度为 t℃时铂电阻的电阻值(Ω);

t——被测介质的温度(℃);

A、B、C——分度系数,与 $W(100)$ 有关。当 $W(100) = 1.385$ 时,$A = 3.908 \times 10^{-3}/℃$,$B = -5.802 \times 10^{-7}/℃^2$,$C = -4.273 \times 10^{-12}/℃^4$。

由式(10-12)和(10-13)可知,0℃时的阻值 R_0 非常重要,若 R_0 值不同,则同样温度下 R_t 值也不同,目前国内统一设计的一般工业用标准铂电阻 R_0 值有 100Ω 和 50Ω 两种。

通常热电阻也用分度表表示其电阻 R_t 和温度 t 之间的关系,分度号是分度表的代号,一般用制成热电阻金属的化学元素符号和 0℃时的电阻值表示,如 Pt100、Pt50。表 10-5 是分度号为 Pt100 的铂电阻分度表。分度号为 Pt50 的铂电阻分度表,可将表 9-5 中电阻值减半得到。

表 9－5　$R_{100}/R_0=1.385$ 铂热电阻分度表（分度号为 Pt100）

温度/℃	0	10	20	30	40	50	60	70	80	90
	电阻值/Ω									
－200	18.49									
－100	60.25	56.19	52.11	48.00	43.37	39.71	35.53	31.32	27.08	22.80
－0	100.00	96.09	92.16	88.22	84.27	80.31	76.32	72.33	68.33	64.30
0	100.00	103.90	107.79	111.67	115.54	119.40	123.24	127.07	130.89	134.70
100	138.50	142.29	146.06	149.82	153.58	157.31	161.04	164.76	168.46	172.16
200	175.84	179.51	183.17	186.32	190.45	194.07	197.69	201.29	204.88	208.45
300	212.02	215.57	219.12	222.65	226.17	229.67	233.17	236.65	240.13	243.59
400	247.04	250.48	253.90	257.32	260.72	264.11	267.49	270.86	274.22	277.56
500	280.90	284.22	287.53	290.83	294.11	297.39	300.65	303.91	307.15	310.38
600	313.59	316.80	319.99	323.18	326.35	329.51	332.66	335.79	338.92	342.03
700	345.13	348.22	351.30	354.37	357.42	360.47	363.50	366.52	369.53	373.52
800	375.51	378.48	381.45	384.40	387.34	390.26				

（2）铜电阻

铂电阻虽然优点很多，但价格昂贵，在测量精度要求不高且温度较低的场合可以采用铜电阻。其特点是：电阻温度系数较大、价格便宜、互换性好、固有电阻小。在 －50～150℃ 的温度范围内，铜电阻与温度近似呈线性关系，灵敏度也比铂电阻高［铜的电阻温度系数 $\alpha=(4.25\sim4.28)\times10^{-3}/℃$，而铂的电阻温度系数在 0～100℃ 间的平均值为 $3.9\times10^{-3}/℃$］，容易提纯得到高纯度材料，复制性能好。但铜电阻的电阻率较低（$\rho_{铜}=0.017\times10^{-6}\Omega\cdot m$，而 $\rho_{铂}=0.0891\times10^{6}\Omega\cdot m$），体积较大，热惯性也大，在 100℃ 以上容易氧化，因此只能用于低温测量和没有水分及无腐蚀性介质中的温度测量。

在 －50～150℃ 温度范围内，铜电阻的阻值与温度之间的关系可表示为

$$R_t=R_0(1+\alpha t) \tag{9-18}$$

式中：R_t——温度为 t℃ 时铜电阻的电阻值（Ω）；

R_0——温度为 0℃ 时铜电阻的电阻值（Ω）；

α——铜电阻的电阻温度系数，$\alpha=(4.25\sim4.28)\times10^{-3}/℃$；

t——被测介质的温度（℃）。

目前工业上常用的铜电阻的分度号有 G、Cu50 和 Cu100，它们的技术特性如表 9－6 所示。

表 9－6　铜热电阻的技术特性

分度号	G	Cu50	Cu100
R_0/Ω	53	50	100
R_{100}/R_0	1.425 ± 0.001		1.425 ± 0.002
精度等级	Ⅱ		Ⅲ
R_0 允许误差/%	±0.1		±0.1
最大允许误差/%	$\pm(0.3+3.5)$		$\pm(0.3+6.0\times10^{-3t})$

表9－7是分度号为Cu50的铜电阻的分度表，对于分度号为Cu100的铜电阻，将表9－7中的电阻值加倍即可。

表9－7　R_{100}/R_0＝1.428的铜热电阻的分度表（分度号为Cu50）

温度/℃	0	10	20	30	40	50	60	70	80	90
	电阻值/Ω									
－0	50.00	47.85	45.70	43.55	41.40	39.24				
0	50.00	52.14	54.28	56.42	58.56	60.70	62.84	64.98	67.12	69.26
100	71.40	73.54	75.68	77.83	79.98	82.13				

（3）其他热电阻：

1）铁、镍热电阻：铁和镍两种金属也有较高的电阻率和电阻温度系数，也可制作成体积小、灵敏度高的热电阻温度计。但由于铁易氧化、化学性能不稳定，故尚未实用。镍的稳定性较好，电阻温度系数约为铂的1.5倍，但互换性差，主要用于150℃以下的温度测量，常用的R_0的值有100Ω、300Ω和500Ω。

2）铟电阻：铟电阻是一种高精度低温电阻，用99.999%高纯度铟丝制成，可用于4.2K到室温范围内温度的测量，重现性达到±0.001K，灵敏度比铂高10倍。其缺点是材料较软，复制性较差。

3）锰电阻：在低温范围内，锰的电阻率与温度呈平方倍变化，因而锰电阻的阻值变化很大，灵敏度极高。其缺点是脆性大，难以拉制成丝。

4）碳电阻：碳电阻在低温下灵敏度高，热容量小，对磁场不敏感，价格便宜，易于操作，适合作液氦温域的温度计。但其热稳定性较差。

3. 金属热电阻的测量线路

工业上广泛使用的金属热电阻主要进行－200～500℃范围内温度的测量。由于金属热电阻的阻值较小，所以实际使用金属热电阻测量温度时，一定不能忽视连接导线电阻值的影响。为了减小因连接导线电阻随环境温度变化而造成的测量误差，工业热电阻一般采用三线或四线电桥连接法。

（1）三线制电桥电路：原理图如图9－19所示。

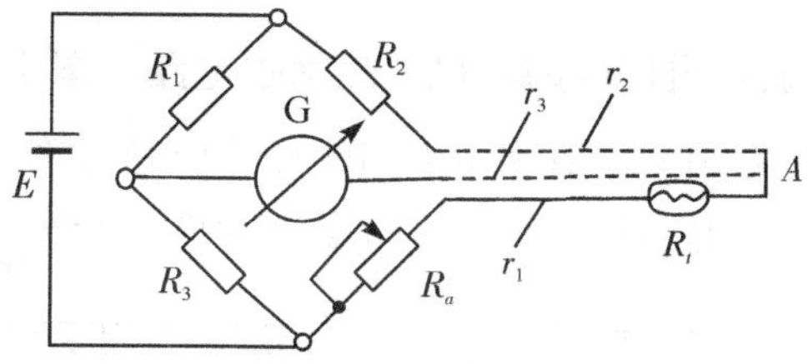

图9－19　热电阻测温电桥的三线连接法

G为检流计，R_1、R_2、R_3为固定电阻，R_a为零位调节电阻，金属热电阻R_t通过线电阻为r_1、r_2、r_3的三根导线和电桥相连，其中一根导线和检流计串联，其大小r_3对电桥的平衡无影响，另两根导线分别和相邻的两桥臂相连，它们的长度和电阻温度系数α都相同，即满足$r_1=r_2=r$。当电桥平衡时，可得到下列关系

$$R_1(R_a+r_1+R_t)=R_3(R_2+r_2)$$

即

$$R_t + R_a = \frac{R_3}{R_1}R_2 + \frac{R_3}{R_1}r_2 - r_1$$

$$= \frac{R_3}{R_1}R_2 + \frac{R_3}{R_1}r - r$$

若使 $R_1 = R_3$，则上式就和 $r = 0$ 时的电桥平衡公式完全相同，这说明采用此测量线路，导线电阻对金属热电阻的测量毫无影响。

值得注意的是，以上结论只有在 $R_1 = R_3$，且只有在平衡状态下才成立。另外，在此种接法中，由于可调电阻 R_a 触点的接触电阻和电桥臂的电阻相连，若接触电阻不稳定，则会导致电桥的零点不稳定。

（2）四线制电桥电路：在高精度的测量中，可将测量电路设计成四线制接法，如图 9－20所示。

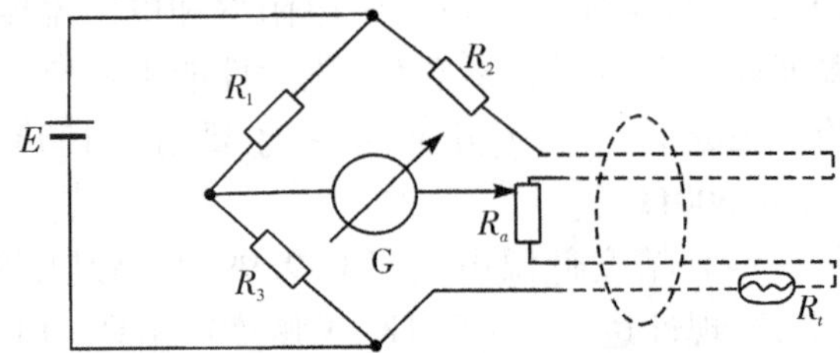

图 9－20 热电阻测温电桥的四线连接法

调零电位器 R_a 的接触电阻和检流计相串联，这样，即使接触电阻不稳定，也不会破坏电桥的平衡及正常工作状态。

需要指出，由于从感温体到接线端子之间的导线距被测温度太近，虽然在保护套管里这一段导线不长，但却不能忽视其电阻的影响，所以无论是三线制还是四线制，导线都要从金属热电阻感温体的根部引出，不能从其接线端子上分出。此外，在设计测温电路时，要使流过热电阻丝的电流尽量小，否则会产生较大的热量，影响测量精度，此电流值一般不宜超过 6mA。

（三）热电式传感器的应用

热电式传感器是一种能将温度变化转换为电量变化的元件，应用非常广泛。主要用于测量温度，也可测量能转换为温度的其他非电量信号。下面介绍热电式传感器的几种典型应用。

1. 热电式继电器

图 9－21 所示是由热敏电阻构成的电机过热保护电路。图中，R_{t_1}、R_{t_2}、R_{t_3} 为三只特性相同的负温度系数热敏电阻，分别安放在各相绕组中，并用黏合剂紧靠绕组固定，R_1、R_2 为偏置电阻，其阻值的大小可根据电动机各种绝缘等级的允许温升实验调节。

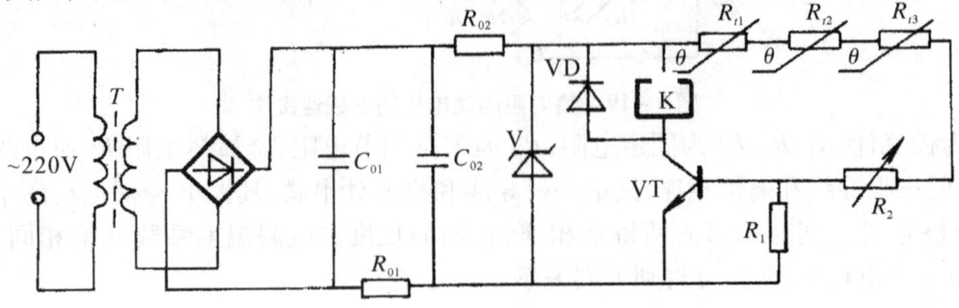

图 9－21 热电式继电器

当电动机正常运行时，绕组温度较低，热敏电阻阻值较大，三极管因偏置小而截止，继电器 K 不吸合；当电动机过载或断相或一相与地短路时，电动机绕组温度急剧上升，热敏电阻阻值急剧减小，三极管因偏置上升而导通，继电器 K 吸合，电源被切断，从而起到热保护作用。

2. 集成温度传感器温差测量仪

图 9－22(a)所示为集成温度传感器温差测量电路。

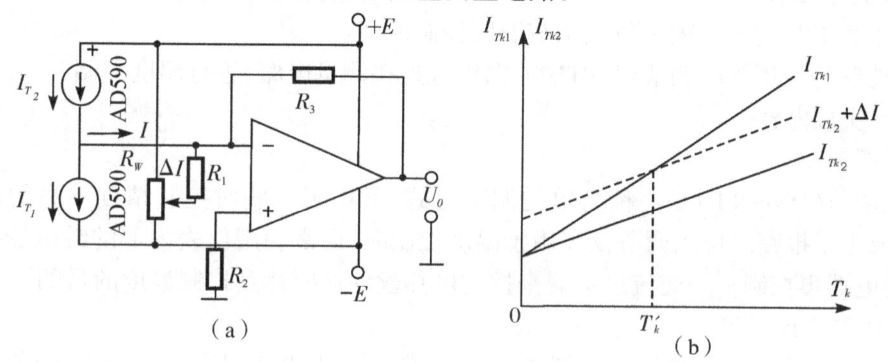

图 9－22　集成温度传感器温差测量电路

图 9－22 中 AD590 是电流输出型集成温度传感器，输出电流和被测绝对温度 T 呈线性关系，是一个两端器件。两只 AD590 分别处于两个温度场中，被检测点温度分别为 T_1 和 T_2，假设两只 AD590 具有相同的标度因子 K_T，由图 9－22(a)可知

$$I = I_{T_1} - I_{T_2} = K_{T_1}T_1 - K_{T_2}T_2 = K_T(T_1 - T_2) \tag{9-19}$$

运算放大器的输出电压为

$$U_0 = IR_3 = k_TR_3(T_1 - T_2) = F(T_1 - T_2) \tag{9-20}$$

可见，如果 R_3 的温度系数为零，则输出电压 U_0 与被测量点的温差($T_1 - T_2$)成正比。实际中要做到两个感温器件具有相同的标度因子 k_T 比较困难，为此在电路中引入了电位器 R_W，通过隔离电阻 R_1 注入一个校正电流 ΔI，以获得平稳的零位误差，如图 9－22(b)中曲线所示。可以看到，只有当温度为 T_k 时，$U_0 = 0$，此点常设置在量程中间的某处。

3. 温风式暖炉

图 9－23 所示是温风式暖炉的电路，其中热敏电阻 PTC 用作加热器，其发热量具有随着风量大小变化的特性。根据这种特性，用风门自动地、有程序地控制流入热敏电阻 PTC 加热器的风量，从而可以控制炉内温度。这种温风式暖炉可在冬天用于取暖保温。

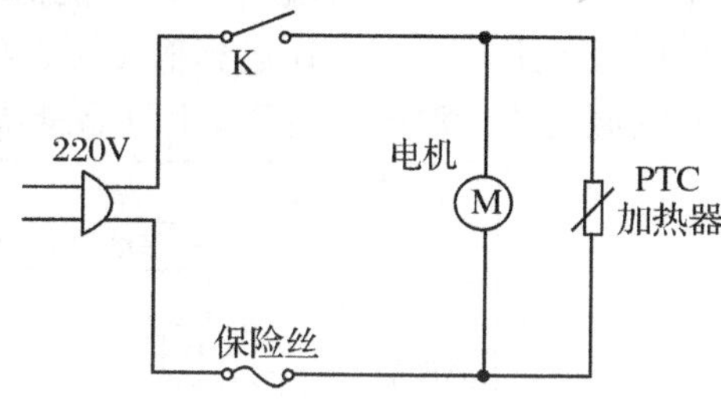

图 9－23　温风式暖炉的电路

三、项目实施

任务一　智能调节仪温度控制

(一)实施要求

(1)了解 PID 智能模糊 + 位式调节温度控制原理。

(2)能熟练使用智能调节仪、PT100、温度源连接测量电路,进行温度控制。

(二) 实施内容

1. 位式调节

位式调节(ON/OFF)是一种简单的调节方式,常用于一些对控制精度不高的场合作温度控制,或用于报警。位式调节仪表用于温度控制时,通常利用仪表内部的继电器控制外部的中间继电器再控制一个交流接触器来控制电热丝的通断达到控制温度的目的。

2. PID 智能模糊调节

PID 智能温度调节器采用人工智能调节方式,是采用模糊规则进行 PID 调节的一种先进的新型人工智能算法,能实现高精度控制,先进的自整定(AT)功能使得无须设置控制参数。在误差大时,运用模糊算法进行调节,以消除 PID 饱和积分现象,当误差趋小时,采用 PID 算法进行调节,并能在调节中自动学习和记忆被控对象的部分特征以使效果最优化,具有无超调、高精度、参数确定简单等特点。

3. 温度控制基本原理

由于温度具有滞后性,加热源为一滞后时间较长的系统。本实验仪采用 PID 智能模糊 + 位式双重调节控制温度。用报警方式控制风扇开启与关闭,使加热源在尽可能短的时间内控制在某一温度值上,并能在实验结束后通过参数设置将加热源温度快速冷却下来,可节约实验时间。

当温度源的温度发生变化时,温度源中的热电阻 Pt100 的阻值发生变化,将电阻变化量作为温度的反馈信号输给 PID 智能温度调节器,经调节器的电阻 - 电压转换后与温度设定值比较再进行数字 PID 运算输出可控硅触发信号(加热)和继电器触发信号(冷却),使温度源的温度趋近温度设定值。PID 智能温度控制原理框图如图 9 - 24 所示。

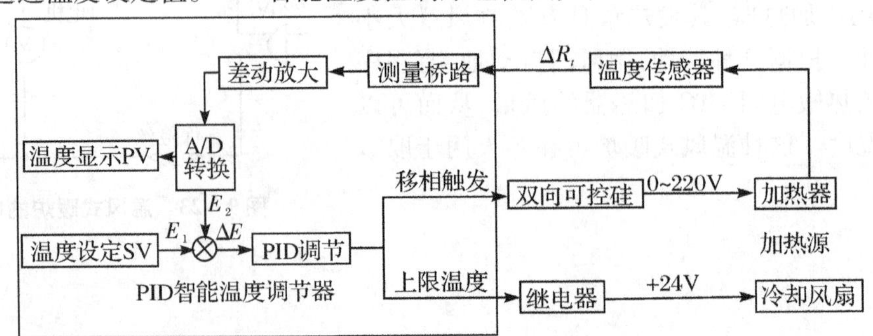

图 9 - 24　PID 智能温度控制原理框图

(三)实施步骤

智能调节仪接线如图 9 - 25 所示。

（1）在控制台上的“智能调节仪”单元中“输入”选择“Pt100”，并按图9－25接线。

（2）将“＋24V输出”经智能调节仪“继电器输出”，接加热器风扇电源，打开调节仪电源。

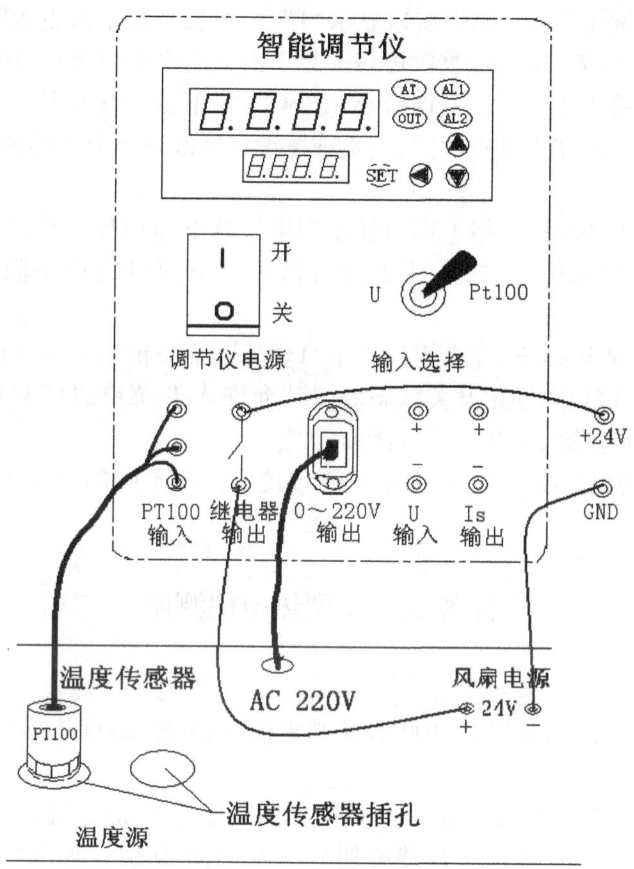

图9－25　智能调节仪接线

（3）按住SET 3s以下，进入智能调节仪A菜单，仪表靠上的窗口显示“SU”，靠下窗口显示待设置的设定值。当LOCK等于0或1时使能，设置温度的设定值，按“◀”可改变小数点位置，按▲或▼键可修改靠下窗口的设定值。否则提示“LOCK”表示已加锁。再按SET 3s以下，回到初始状态。

（4）按住SET 3s以上，进入智能调节仪B菜单，靠上窗口显示“dAH”，靠下窗口显示待设置的上限偏差报警值。按“◀”可改变小数点位置，按▲或▼键可修改靠下窗口的上限报警值。上限报警时仪表右上“AL1”指示灯亮（参考值0.5）。

（5）继续按SET键3s以下，靠上窗口显示“ATU”，靠下窗口显示待设置的自整定开关，按▲、▼设置，“0”自整定关，“1”自整定开，开时仪表右上“AT”指示灯亮。

（6）继续按SET键3s以下，靠上窗口显示“dP”，靠下窗口显示待设置的仪表小数点位数，按“◀”可改变小数点位置，按▲或▼键可修改靠下窗口的比例参数值（参考值1）。

（7）继续按SET键3s以下，靠上窗口显示“P”，靠下窗口显示待设置的比例参数值，按“◀”可改变小数点位置，按▲或▼键可修改靠下窗口的比例参数值。

（8）继续按SET键3s以下，靠上窗口显示“I”，靠下窗口显示待设置的积分参数值，按

"◀"可改变小数点位置,按▲或▼键可修改靠下窗口的积分参数值。

(9)继续按SET键3s以下,靠上窗口显示"d",靠下窗口显示待设置的微分参数值,按"◀"可改变小数点位置,按▲或▼键可修改靠下窗口的微分参数值。

(10)继续按SET键3s以下,靠上窗口显示"T",靠下窗口显示待设置的输出周期参数值,按"◀"可改变小数点位置,按▲或▼键可修改靠下窗口的输出周期参数值。

(11)继续按SET键3s以下,靠上窗口显示"SC",靠下窗口显示待设置的测量显示误差修正参数值,按"◀"可改变小数点位置,按▲或▼键可修改靠下窗口的测量显示误差修正参数值(参考值0)。

(12)继续按SET键3s以下,靠上窗口显示"UP",靠下窗口显示待设置的功率限制参数值,按"◀"可改变小数点位置,按▲或▼键可修改靠下窗口的功率限制参数值(参考值100%)。

(13)继续按SET键3s以下,靠上窗口显示"LOCK",靠下窗口显示待设置的锁定开关,按▲或▼键可修改靠下窗口的锁定开关状态值,"0"允许A、B菜单,"1"只允许A菜单,"2"禁止所有菜单。继续按SET键3s以下,回到初始状态。

(14)设置不同的温度设定值,并根据控制理论来修改不同的P、1、D、T参数,观察温度控制的效果。

任务二　K型热电偶测温

(一)实施要求

(1)能熟练使用智能调节仪、PT100、K型热电偶、温度源、温度传感器实验模块连接测量电路。

(2)会作出$U_{02}-T$曲线,能分析K型热电偶的温度特性曲线,计算其非线性误差。

(3)能根据中间温度定律和K型热电偶分度表,用平均值计算出差动放大器的放大倍数A。

(二)实施内容和步骤

(1)重复实验Pt100温度控制实验,将温度控制在50℃,在另一个温度传感器插孔中插入K型热电偶温度传感器。

(2)将±15V直流稳压电源接入温度传感器实验模块中。温度传感器实验模块的输出U_{o2}接主控台直流电压表。

(3)将温度传感器模块上差动放大器的输入端U_i短接,调节R_{w3}到最大位置,再调节电位器R_{w4}使直流电压表显示为零。

(4)拿掉短路线,按图9-26接线,并将K型热电偶的两根引线,热端(红色)接a,冷端(绿色)接b;记下模块输出U_{o2}的电压值。

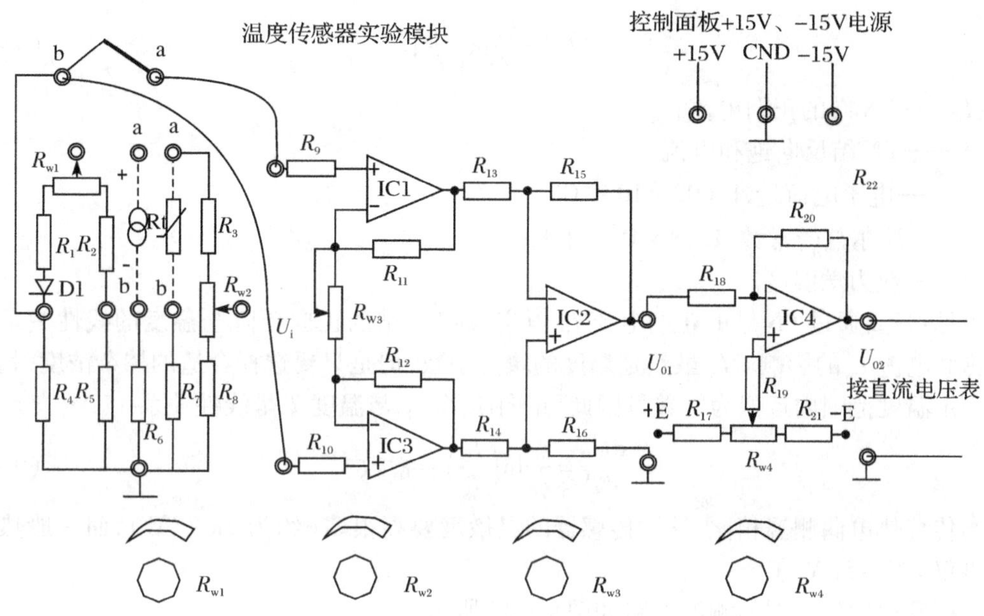

图 9-26　热电偶测温接线图

(5)改变温度源的温度，每隔5℃记下 U_{o2} 的输出值，直到温度升至120℃。并将实验结果填入表9-8。

表 9-8　$T-U_{o2}$ 对应表

T(℃)														
U_{o2}(V)														

四、拓展知识

(一)半导体温度传感器

利用半导体材料PN结的正向压降随温度变化的特性而制成的温度敏感元件称为PN结型半导体温度传感器。若把感温晶体管及其外围电路(放大电路、线性化电路等)集成在同一个芯片上，可实现集成半导体温度传感器。

1. PN结型半导体温度传感器

二极管和三极管PN结的结电压是随温度而变化的，根据这种特性，这类传感器有两种形式，即二极管温度传感器和晶体管温度传感器。其特点是：体积小、反应快、灵敏度高，而且线性比热敏电阻好得多。但是由于PN结受耐热性能和工作温度范围的限制，它的测温范围小(-50～150℃)，互换性较差。

(1)二极管温度传感器：根据半导体PN结的理论，PN结的伏安特性可表示为

$$I_D = I_S(\exp\frac{q_0 U_F}{kT} - 1) \tag{9-21}$$

当 $\exp\frac{qU_F}{kT} >> 1$ 时，上式为 $I_D \approx I_S \exp\frac{q_0 U_F}{kT}$，两边取对数，则

$$U_F = \frac{kT}{q_0}\ln\left(\frac{I_D}{I_s}\right) \tag{9-22}$$

式中:I_D——PN 结的正向电流;

I_S——PN 结反向饱和电流;

q_0——电子电荷量,1.602×10^{-19}C;

k——波尔兹曼常数,1.38×10^{-23}J/K;

T——热力学温度。

可见:只要通过 PN 结的正向电流 I_D 恒定,则 PN 结的正向压降与温度的线性关系只受反向饱和电流 I_S 的影响。I_S 虽然是温度的缓变函数,但是只要选择合适的掺杂浓度,就可使 I_S 在一定温度范围内近似为常数。因此,正向压降 U_F 与温度 T 呈线性关系。

$$\frac{dU_F}{dT} = \frac{k}{q_0}\ln\left(\frac{I_D}{I_S}\right) \approx 常数 \tag{9-23}$$

与传统热电偶测温相比,该类传感器的灵敏度要高很多(约为 2mV/℃),而一般热电偶灵敏度仅为 3 ~5μV/℃。

二极管温度传感器的测温电路如图 9 -27 所示。

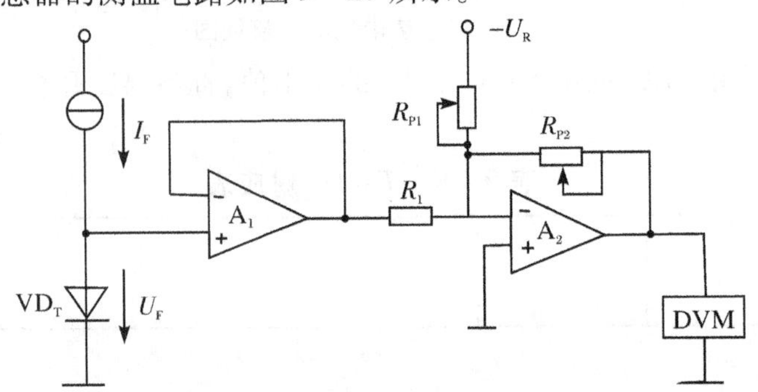

图 9 -27 二极管温度传感器测温电路原理

I_F 是恒流源,它提供给二极管温度传感器 VD_T 恒定的工作电流,A_1、A_2 组成两级放大电路,调节电位器 R_{P2},可使该电路灵敏度达到 10mV/K,利用参考电压 $-U_R$ 和电位器 R_{P1} 可得到摄氏(或华氏)温度输出,并通过数字电压表 DVM 显示出来。

(2)晶体管温度传感器:二极管作为温度传感器虽然工艺简单,但线性差。根据晶体管工作原理,若将 NPN 晶体管的基极和集电极短接,利用发射结作为感温器件,其发射结压降直接随温度变化,这和二极管温度传感器的工作情况相似,如图 9 -28 所示。但三极管的这种形式更接近理想 PN 结,其线性更接近理论推导值,稳定性和检测精度都比较好。

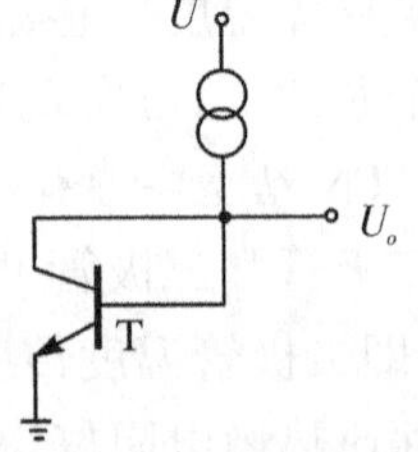

图 9 -28 晶体管温度传感器

从晶体管的原理可知,一只晶体管的发射极电流可用下式表示

$$I_e = \frac{1}{\alpha}I_{se}\left(\exp\frac{q_0 U_{be}}{KT} - 1\right) \tag{9-24}$$

式中:I_e——发射极电流;

I_{se}——发射结的反向饱和电流;

U_{be}——发射结压降;

α——共基极接法的短路电流增益。

其他参数同二极管温度传感器。

通常 $\alpha \approx 1, I_e \gg I_{se}$，则将式(9－24)简化后可得

$$U_{be} = \frac{kT}{q_0} \ln \frac{I_e}{I_{se}} \tag{9-25}$$

令 $\alpha_1 = \frac{k}{q_0} \ln \frac{I_e}{I_{se}}$，则

$$U_{be} = \alpha_1 T \tag{9-26}$$

由式(9－26)可知，在 α_1 为常数的情况下，发射结压降 U_{be} 和温度 T 呈线性关系。

2. 半导体热敏电阻

半导体热敏电阻的工作原理和金属热电阻一样，也是利用电阻随温度变化的特性测量温度的，不同的是它以半导体材料作为感温元件。与金属热电阻相比具有灵敏度高、体积小、响应快、热惯性小、使用方便等优点，但其非线性严重，元件的稳定性及互换性较差，不能在高温下使用，所以限制了其应用领域。

半导体热敏电阻主要由敏感元件、引线和壳体组成，根据使用要求不同可制成不同的结构形状，如珠状、片状、杆状、垫圈状等，其直径或厚度约 1mm，长度往往不到 3mm，如图 9－29 所示。

图 9－29　热敏电阻的几种结构形式

1. 壳体　2. 热敏电阻　3. 引线

(1) 热敏电阻的电阻－温度特性：热敏电阻是利用半导体材料的电阻率随温度变化的显著特点成的一种热敏元件，因其有电阻系数大、体积小、热惯性小、结构简单等优点，在温度、温差等的测量中得到广泛的应用。不同的热敏电阻材料具有不同的电阻－温度特性，根据温度系数的正负，可以分为正温度系数（PTC）热敏电阻、临界温度系数（CTR）热敏电阻和负温度系数（NTC）热敏电阻。

1) 正温度系数热敏电阻：PTC 热敏电阻主要采用 $BaTiO_3$ 系列材料加入少量 Y_2O_3 和 Mn_2O_3 烧结而成。当温度超过一定数值时，其电阻值随温度升高而迅速增大，且有斜率最大的区域，如图 9－30 所示。

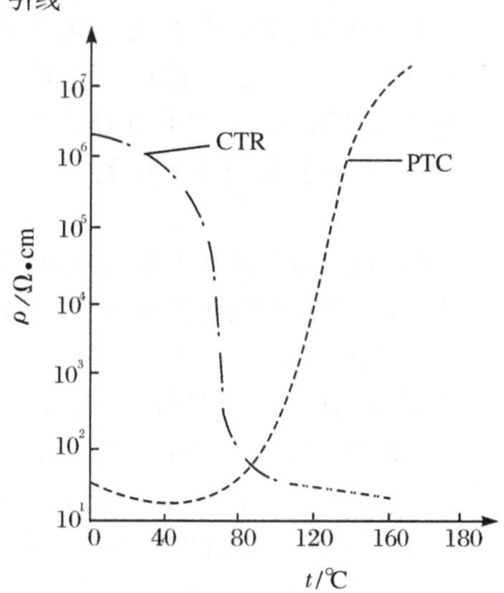

图 9－30　PTC 型和 CTR 型热敏电阻特性

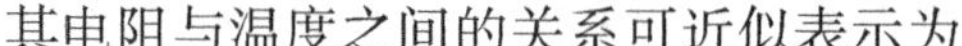

其电阻与温度之间的关系可近似表示为

$$R_T = R_{T_0} \exp B_P (T - T_0) \tag{9-27}$$

式中：R_T——绝对温度为 T 时热敏电阻的阻值(Ω)；

R_{T_0}——绝对温度为 T_0 时热敏电阻的阻值(Ω)；

B_P——正温度系数热敏电阻器的热敏指数(K)。

这种类型的热敏电阻主要用于彩电消磁、各种电器设备的过热保护、发热源的定温控制，也可作为限流元件使用。

2）临界温度系数热敏电阻：CTR 热敏电阻是采用 VO_2 系列材料在弱还原气氛中形成的烧结体，具有负温度系数，但在某个温度范围内阻值急剧下降，曲线斜率在此区段特别陡，灵敏度极高，因此可作为开关元件，见图 9－30。

3）负温度系数热敏电阻：NTC 热敏电阻具有很高的负温度系数，特别适用于－100～300℃范围内的温度测量。在点温、表面温度、温差、温场等测量中得到日益广泛的应用，同时也广泛地应用于自动控制及电子线路热补偿线路中。其电阻与温度之间的关系特性可表示为

$$R_T = R_{T_0}\exp B\left(\frac{1}{T}-\frac{1}{T_0}\right) \tag{9-28}$$

式中：R_T——绝对温度为 T 时热敏电阻的阻值(Ω)；

R_{T_n}——绝对温度为 T_0 时热敏电阻的阻值(Ω)；

B——负温度系数热敏电阻器的热敏指数(K)。

B 是描述热敏材料物理特性的一个常数，其大小取决于热敏电阻的材料。在工作温度范围内，其值并非是一个常数，而是随温度的升高略有增加。常用 NTC 型热敏电阻的 B 值在 1500～6000K 之间，图 9－31 所示为 NTC 热敏电阻在不同 B 值时的电阻－温度特性。

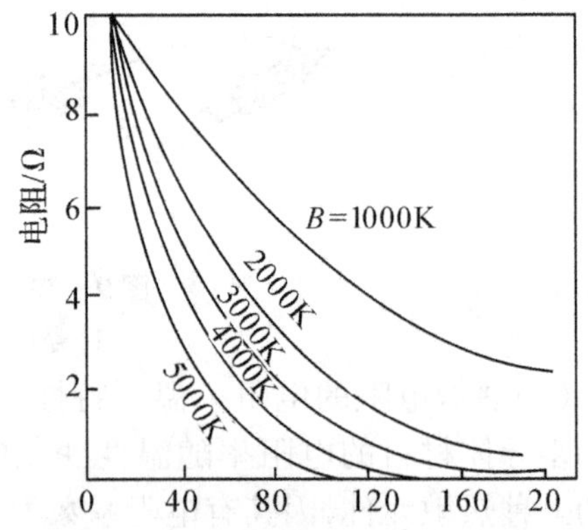

图 9－31　NTC 型热敏电阻的电阻－温度特性

由于热敏电阻的阻值受温度影响比较大，只要流过很小的电流，就能产生明显的电压变化，而电流对热敏电阻自身有加热作用，所以使用时要注意勿使电流过大，避免产生过大的测量误差。

(2)热敏电阻的伏安特性：表征其工作状态的一个重要特性，它指在稳态情况下，通过热敏电阻的电流 I 与其两端之间电压 U 的关系特性，即 $U=f(I)$。图 9－32 所示为 NTC 热敏电阻的伏安特性。

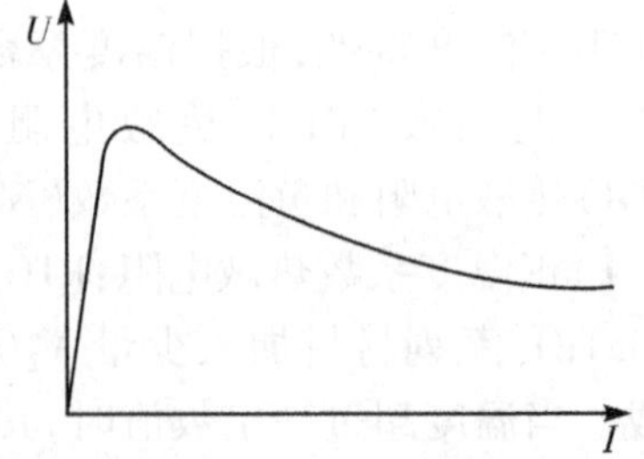

图 9－32　NTC 热敏电阻的伏安特性

从图 9－32 可以看出：当流过热敏电阻的电流很小时，不足以使之加热，电阻值只决定于环境温度，伏安特性曲线呈直线，此时伏安特性符合欧姆定律，此段主要用来测量温度；当电流增大到一定值时，热敏电阻的温度明显增加，由于负温度系数的关系，其电阻值减小，于是端电压增加速度减慢，出现非线性；当电流继续增加时，热敏电阻自身温度上升更快，其阻值大幅下降，当其减小速度超过电流增加速度时出现端电压下降的现象。其所能升高的温度与环境条件(周围介质温度及

散热条件)有关。当电流和周围介质温度一定时,热敏电阻的阻值取决于介质的流速、流量、密度等散热条件。根据这一原理,可以用它来测量流体的流速和介质密度。

(3)半导体热敏电阻的应用:半导体热敏电阻的应用范围很广,可用于测温、控温、温度补偿、稳压稳幅、流速测量、气体和液体分析、火灾报警、过负荷保护和红外探测等方面,这里仅介绍几种。

1)温度测量:半导体热敏传感器可用于液体、气体、固体、高空气象、深井、冰川等方面的温度测量,测温范围一般为 -50 ~ 300℃。

由于各种半导体热敏电阻的阻值在常温下很大,通常都在数千欧姆以上,所以连接导线的阻值对测温几乎没有什么影响,不必采用三线制或四线制测量电路,方便使用。但是因为热敏电阻的阻值与温度之间的关系一般是高度非线性,所以在人们关心的温度范围内,不能获得线性的输入 - 输出关系。因此要注意对热敏电阻进行线性化处理,最简单的方法是用温度系数很小的补偿电阻与热敏电阻串联或并联,使等效电阻与温度之间在一定温度范围内呈线性关系。

图 9 - 33 所示是热敏电阻 R_T 与补偿电阻 r_c 相串联,选择适当阻值的 r_c,可使串联后的等效电阻 $R = R_T + r_c$ 在一定温度范围内与温度呈线性关系,所以电流 I 与 T 呈线性关系。

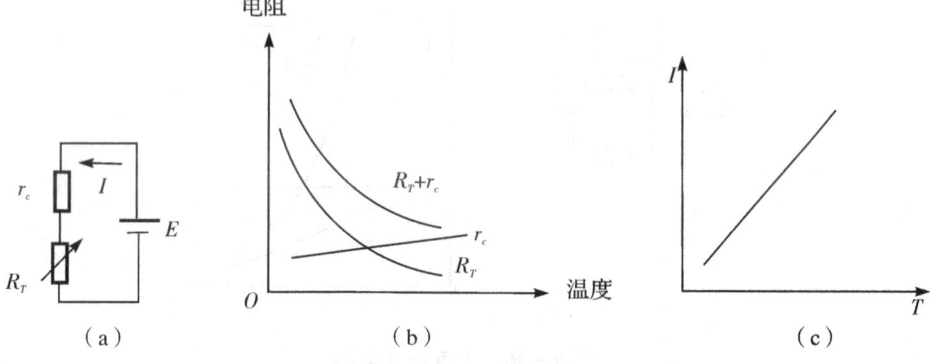

图 9 - 33　热敏电阻的串联补偿电路

图 9 - 34 中,热敏电阻 R_T 与补偿电阻 r_c 相并联,r_c 是锰铜丝绕制的电阻,其温度系数近似为零,R_T 为负温度系数的热敏电阻,只要 r_c 选得合适,可使等效电阻 $R = \frac{r_c R_T}{r_c + R_T}$ 与温度的关系曲线变得比较平坦,得到近似的线性输出。

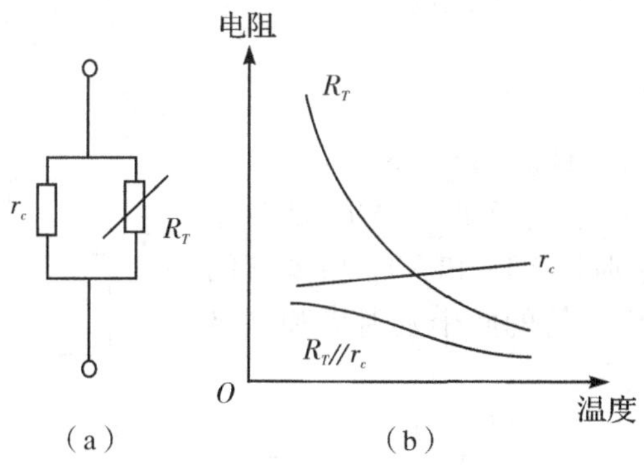

图 9 - 34　热敏电阻的并联补偿电路

这种线性化电路常用于电桥测温电路，如图 9－35 所示。

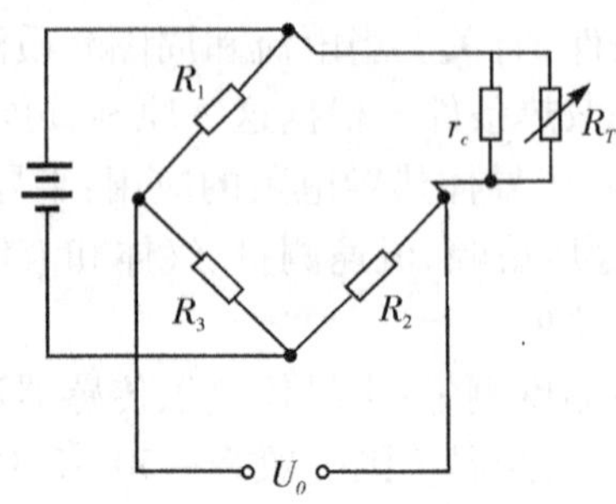

图 9－35 热敏电阻与补偿电阻并联的测温电桥

2）温度补偿：测量仪表中通常用的一些零件多数是由金属丝做成的，如线圈、游丝、绕组电阻等。而金属一般具有正的温度系数，为了减小由于温度变化而引起的测量误差，可以采用负温度系数的热敏电阻对其进行补偿。

图 9－36 所示是动圈式仪表表头线圈的补偿电路。R_M 是仪表表头线圈电阻，用漆包线绕制，具有正温度系数；R_T 是具有负温度系数的热敏电阻；r_c 是锰铜丝绕制的电阻，温度系数近似为零。实际应用中，由于热敏电阻的标称电阻一般较大，不能直接与 R_M 串联，所以要将热敏电阻 R_T 与温度系数很小的锰铜电阻 r_c 并联后再与被补偿的仪表表头线圈电阻 R_M 串联。由该图可明显地看出，在热敏电阻 R_T 的补偿作用下，整个电路的等效电阻随温度变化的情况在较大范围内得到了显著的改善。

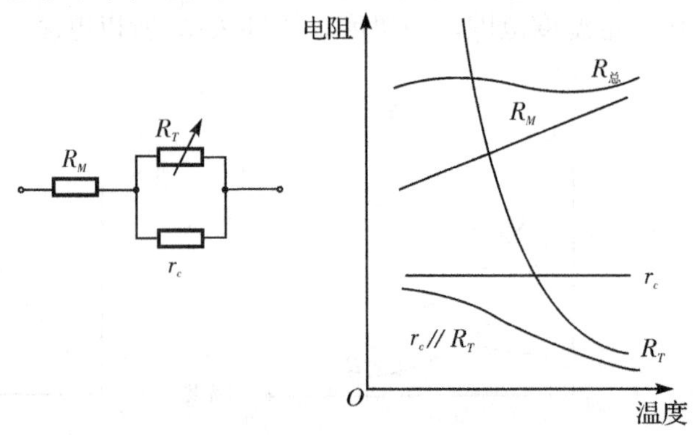

图 9－36 温度补偿电路

（二）集成温度传感器

集成温度传感器是利用晶体管 PN 结的电流、电压特性与温度的关系，把感温 PN 结及有关电子线路集成在一个小硅片上，构成一个小型化、一体化的专用集成电路片。集成温度传感器具有体积小、反应快、线性好、价格低等优点。但是由于 PN 结受耐热性能和特性范围的限制，它只能用来测 150℃以下的温度。

1. 基本工作原理

目前在集成温度传感器中，都采用一对非常匹配的差分对管作为温度敏感元件。图 9－37 所示是集成温度传感器的基本原理。图中 VT_1 和 VT_2 是互相匹配的晶体管，I_1 和 I_2 分别是 VT_1 和 VT_2 晶体管的集电极电流，由恒流源提供。管的两个发射极和基极电压之差 ΔU_{be} 可用下式表示：

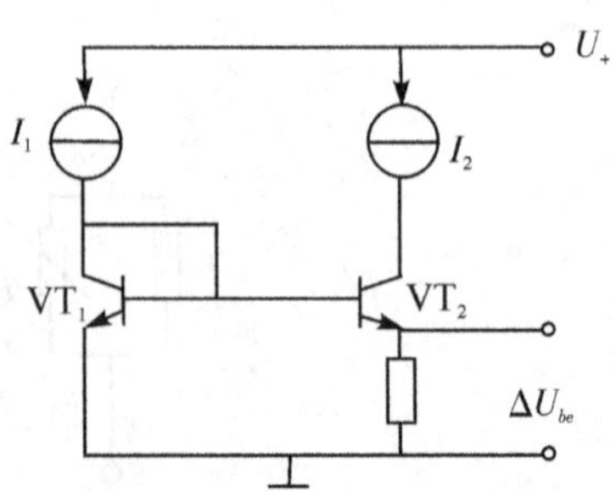

图 9－37 集成温度传感器基本原理图

$$\Delta U_{be}=\frac{KT}{q}\ln\left(\frac{I_1}{I_2}\frac{AE_2}{AE_1}\right)=\frac{KT}{q}\ln\left(\frac{I_1}{I_2}\gamma\right) \quad (9-29)$$

式中：K——波尔兹曼常数；

q——电子电荷量；

T——热力学温度；

γ——VT_1 和 VT_2 晶体管发射结的面积之比。

从式(9－28)看出，如果保证 I_1/I_2 恒定，则 ΔU_{be} 就与温度 T 成单值线性函数关系。这就是集成温度传感器的基本工作原理，在此基础上可设计出各种不同电路及不同输出类型的集成温度传感器。

2. 集成温度传感器的信号输出方式

(1)电压输出型：电压输出型集成温度传感器原理电路如图 9－38 所示。当电流 I_1 恒定时，通过改变 R_1 的阻值，可实现 $I_1 = I_2$，当晶体管的 $\beta \geqslant 1$ 时，电路的输出电压可由下式确定：

$$U_0 = I_2R_2 = \frac{\Delta U_{be}}{R_1} R_2 = \frac{R_2}{R_1} \cdot \frac{KT}{q} \ln\gamma \tag{9-30}$$

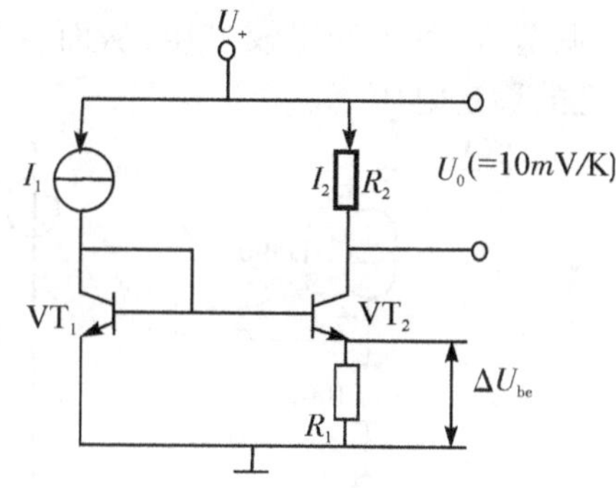

图 9－38　电压输出型原理电路

(2)电流输出型 图 9－39 为电流输出型集成温度传感器的原理电路。VT_1 和 VT_2 是结构对称的两个晶体管，作为恒流源负载，VT_3 和 VT_4 管是测温用的晶体管，其中 VT_3 管的发射结面积是 VT_4 管的 8 倍，即 $\gamma = 8$，流过电路的总电流 I_T 为

$$I_T = 2I_1 = \frac{2\Delta U_{be}}{R} = \frac{2KT}{qR}\ln\gamma \tag{9-31}$$

上式表明，当 R 和 γ 一定时，电路的输出电流与温度有良好的线性关系。

电流输出型典型的集成温度传感器有美国 AD 公司生产的 AD590。我国生产的 SG590 也属于同类型产品，其基本电路与图 9－39 一样，只是增加了一些启动电路，防止电源反接及使左右两支路对称的附加电路，以进一步提高性能。AD590 的电源电压为 4～30V，可测温度范围为－50～150℃。

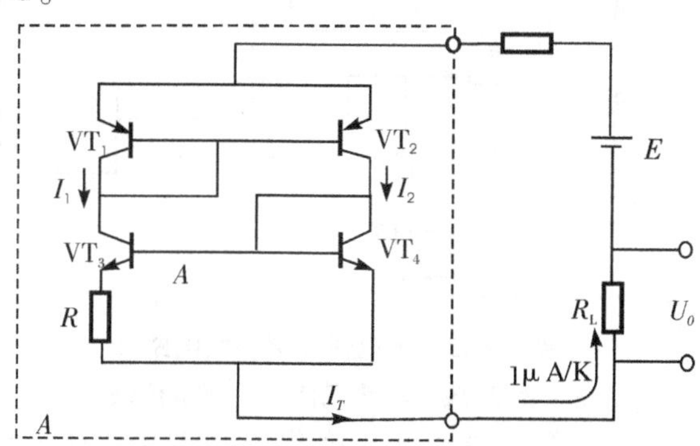

图 9－39　电流输出型原理电路

3. AD590 集成温度传感器应用实例

AD590 是一种应用广泛的集成温度传感器，由于它内部有放大电路，再配上相应外电

路，就可方便地构成各种应用电路。简单介绍如下：

（1）温度测量电路：图 9－40 所示是一个简单的测温电路。AD590 在 25℃（298.2K）时，理想输出电流为 298.2μA，但实际上存在一定误差，可以在外电路中进行修正。将 AD590 串联一个可调电阻，在已知温度下调整电阻值，使输出电压 U_0 满足 1mV/K 的关系（如 25℃ 时，U_0 应为 298.2mV）。调整好以后，固定可调电阻，即可由输出电压 U_0 读出 AD590 所处的热力学温度。

（2）控温电路：简单的控温电路如图 9－41 所示。AD311 为比较器，它的输出控制加热器电流，调节 R_T 可改变比较电压，从而改变了控制温度。AD581 是稳压器，为 AD590 提供一个合理的稳定电压。

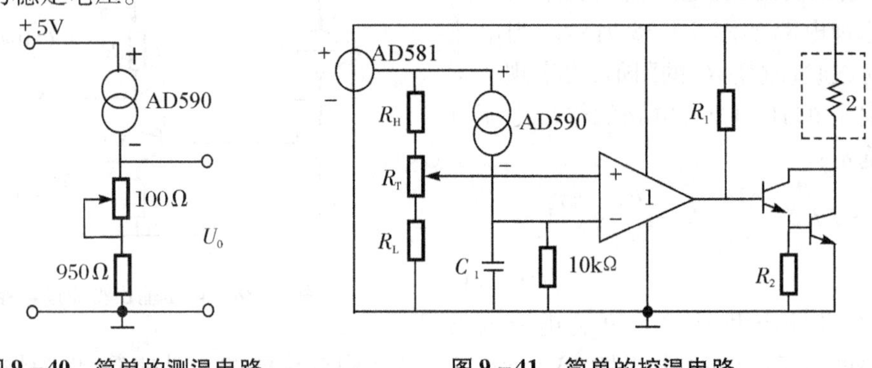

图 9－40　简单的测温电路

图 9－41　简单的控温电路

1. AD311　2. 加热元件

（3）热电偶冷端补偿电路：该种补偿电路如图 9－42 所示。AD590 应与热电偶冷端处于同一温度下。AD580 是一个三端稳压器，其输出电压为 2.5V。电路工作时，调整电阻 R_2，使得

$$I_1 = t_0 \times 10^{-3}\,(\mathrm{mA})$$

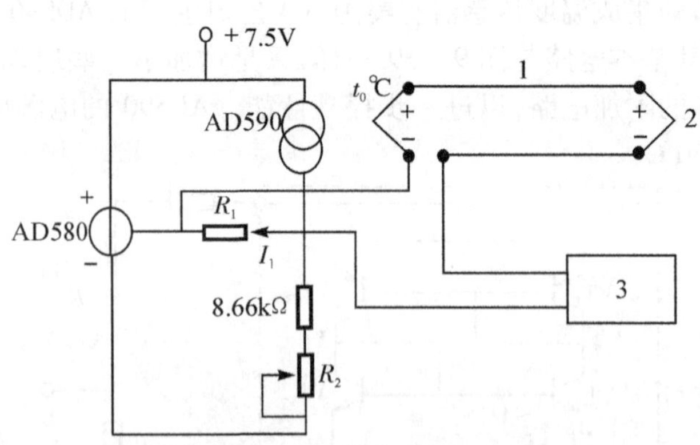

图 9－42　热电偶冷端补偿电路

1. 补偿导线　2. 热电偶　3. 测量仪表

这样在电阻 R_1 上产生一个随冷端温度 t_0 变化的补偿电压 $U_1 = I_1 R_1$。

这种补偿电路灵敏、准确、可靠、调整方便，温度变化在 15～35℃ 范围内，可获得 ±0.5℃ 的补偿精度。

小　结

(1)热电式传感器是一种将温度变化转换为电量变化的装置,在各种热电式传感器中,以将温度量转换为电阻和电动势的方法最为普遍,其中最常用于测量温度的是热电阻和热电偶。

(2)热电偶是将温度量变化利用两种不同的金属所产生的热电效应转换为电动势的变化的传感器。其结构简单、测量准确度高、测量范围宽、灵敏度好,使用方便。

(3)利用热电偶的均质导体定律、中间导体定律、标准电极定律和中间温度定律等可以方便地实现对温度或温差的测量。

(4)热电阻传感器是利用感温电阻把测量温度转化为测量电阻的电阻式测温系统。常用的热电阻有:铂热电阻和铜热电阻。

(5)半导体热敏电阻也是经常接触到的一种热电式传感器,它是利用半导体材料的电阻率随温度变化的显著特点而制成的。广泛应用于点温、表面温度、温差和温度场的测量中。

思考与练习

1. 什么叫热电效应?热电偶的热电动势是如何形成的?
2. 为什么在实际应用中要对热电偶进行冷端温度补偿?主要的补偿方法有哪些?
3. 热电偶的热电特性与热电极的长度和直径是否有关?为什么?
4. 在热电偶回路中接入测量仪表时,会不会影响热电偶回路的热电动势数值?为什么?
5. 制造热电阻体的材料应具备哪些特点?常用的热电阻材料有哪几种?
6. NTC 热敏电阻热电特性和伏安特性的特点是什么?

项目 10 ▶ 新型传感器认识及使用

一、项目分析

传感技术是当今世界科学技术发展最为迅速的高新技术之一。新型传感器不仅具有高精度、大量程、高可靠、低功耗和微型化的特点，而且向着集成化、多功能和智能化发展，以满足工农业、国防和科研等各个领域的需求。

通过本项目的学习，能分析光纤传感器、超声波传感器、微波传感器、智能传感器的工作原理及其应用实例，了解机器人传感器、超导传感器、生物传感器的基本原理。

知识点

- 光纤传感器的基本原理及应用实例。
- 超声波传感器的基本原理及应用实例。
- 微波传感器的基本原理及应用。
- 智能传感器的基本原理及应用。
- 机器人传感器、超导传感器、生物传感器的基本原理。

能力点

- 学会使用光纤传感器进行位移特性测试。
- 掌握使用超声波传感器测量距离的方法。

二、相关知识

（一）光纤传感器

光导纤维（简称光纤）是 20 世纪 70 年代的重要发明之一，光纤传感器是随着光导纤维实用化和光通信技术的发展而形成的一种新型传感器。与传统传感器相比它具有灵敏度高、结构简单、体积小、耗电量小、耐腐蚀、绝缘性好、集传感与传输为一体、能与数字通信系统兼容等优点，因此受到广泛的重视。目前光纤传感器主要应用于位移、压力、温度、流量、液位、电场、磁场等物理量的测量，在自动控制、在线检测、故障诊断、安全警报等方面都具有广阔的应用发展前景。

1. 光纤的结构

光纤的结构如图 10－1 所示，它由纤芯、包层、保护层组成。

中央纤芯是用折射率 n_1 较大的玻璃材料制成，直径只有几十微米；纤芯外的包层是用折射率 n_2 较小的玻璃或塑料制成，外径约 100～200μm；最外层为保护层，折射率为 n_3，并且满足 $n_1 > n_2 > n_3$，该层是为了增加光纤的机械强度。这样的构造可以保证入射到光纤内的光波集中在纤芯内传播。

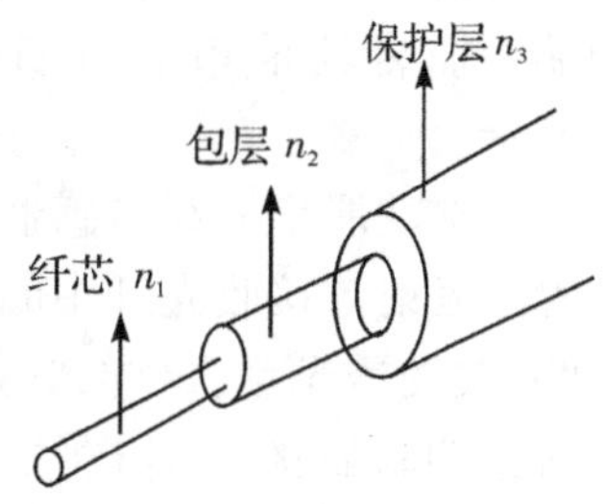

图 10－1　光纤基本结构

2. 光纤的导光原理

光纤导光是利用光的全反射原理。由物理光学可知，当光线以各种不同角度入射到光纤端面时，因折射进入到纤芯内部并射至纤芯与包层的交界面，在该处一部分光线发生折射到包层，一部分发生反射到纤芯。若光线在光纤端面中心的入射角 θ_i 小于临界入射角 θ_c 时，光线就不会折射出界面，而全部被反射回纤芯，实现了全反射。光在纤芯和包层的界面上经过若干次全反射，呈锯齿状路线在纤芯内向前传播，最后从光纤的另一端面传出，如图 10－2 所示。这就是光纤的导光原理。

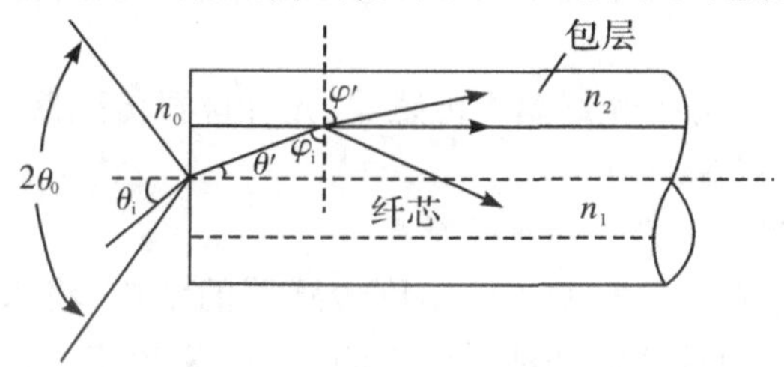

图 10－2　光纤的导光原理

3. 光纤传感器的工作原理

光纤传感器是一种把被测物理量信号转换为可测光信号的装置，一般由光源、敏感元件、光纤、光探测器等几个基本部分组成。其工作原理是将光源的光经光纤送入调制区，在调制区内，由于外界被测参数（温度、压力等）对光纤的作用，会引起光波特征参量如振幅、相位等的变化而成为被调制的光波信号，该光波信号再经光纤送入光探测器、解调器进行解调检测，从而获得待测量。

4. 光纤传感器的分类

光纤传感器一般有以下几种分类方法：

按光纤在传感器中的作用不同可分为功能型和非功能型两类。

1）功能型光纤传感器：利用光纤本身的某种敏感特性或功能制成的传感器，又称传感型光纤传感器，如图 10－3 所示。光纤不仅起到传光作用，而且还起到敏感机能元件的作用，即光纤特性受被测物理量的调制，携带了被测对象的信息。

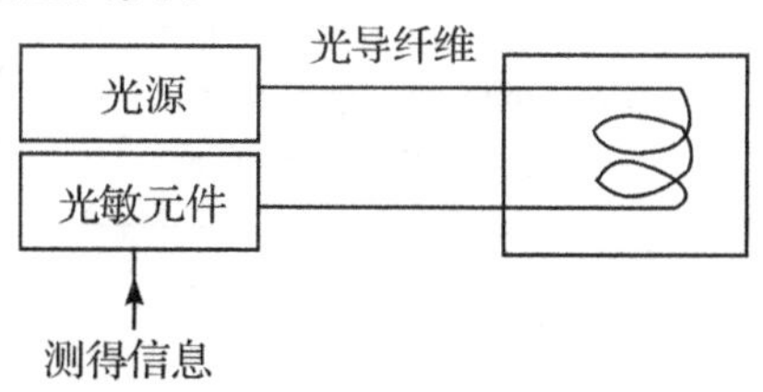

图 10－3　功能型光纤传感器

功能型光纤传感器多用单模光纤，它虽然有很多优点，但因可靠性方面存在着问题，所以目前很少使用。

2)非功能型光纤传感器:又称传光型光纤传感器。在这类传感器中,光纤仅起到传输光波的作用,必须在光纤端面加装其他敏感元件才能构成传感器,如图 10-4 所示。

非功能型光纤传感器可分为两种:一种是把敏感元件置于发射与接收光纤中间,用机械或光学办法控制光纤通路,改变透光率,这样,光探测器所接受的光量便成为被测对象调制后的信号;另一种是在光纤终端设置"敏感元件+发光元件"的组合体,敏感元件先将被测物理量变成电量,然后通过发光元件实现电光转换,最终将发光元件的发光强度作为测量所得信息。

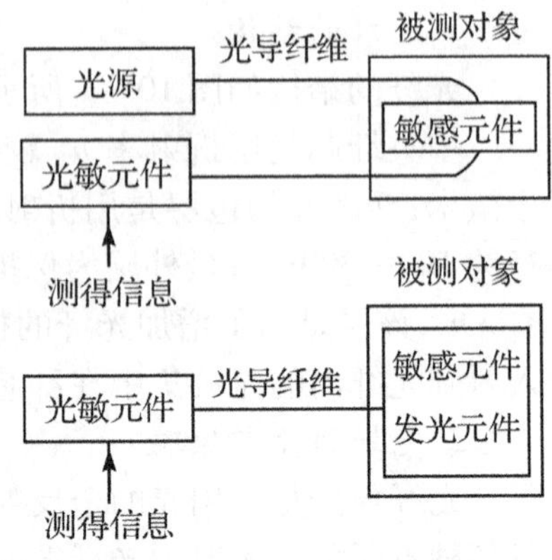

图 10-4 非功能型光纤传感器

非功能性光纤传感器主要用多模光纤,目的是传输尽量多的光量;由于入射光纤和出射光纤之间插有敏感元件,所以传感器中的光纤是不连续的。

(2)按光在光纤中被调制的原理不同可分为强度调制型、相位调制型、频率调制型、波长调制型和偏振态调制型等。

(3)按测量对象不同可分为光纤温度传感器、光纤位置传感器、光纤速度传感器、光纤图像传感器、光纤电流传感器等。

5. 光纤传感器的应用——光纤温度传感器

图 10-5(a)所示为荧光发射型光纤温度传感器的结构,将来自发光二极管的波长为 0.74μm的可见光照射到用 GaAlAs 外延层保护的 GaAs 荧光体上,则发出图 10-5(b)所示光谱的荧光。

可以看到,波长范围在 0.83~0.9μm 内的荧光,其发射强度随温度的升高同时减小,但波长超过 0.9μm 的荧光,其发射强度几乎不随温度而变化。根据此特性,可以采用两种光纤使发射荧光在上述两个波长范围内分离,然后利用两个光电二极管测定前者和后者的强度比。此比值不依赖发光的强度,仅依赖于温度,因此由测得的光强度比就可知道温度的大小。利用这种方式测量温度时,其测量精度可达到 0.1℃。

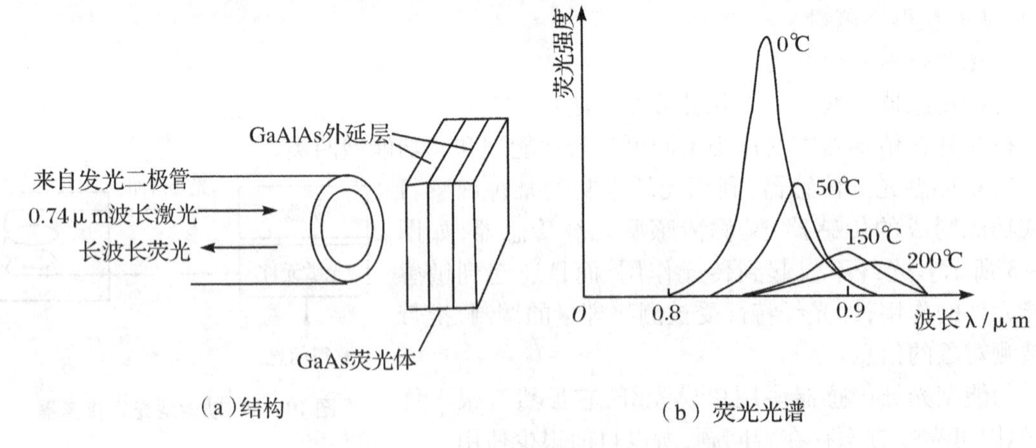

图 10-5 荧光发射型光纤温度传感器

(二)超声波传感器

20 世纪中叶,人们发现某些介质的晶体,如石英晶体、酒石酸钾钠晶体、PZT 晶体等,在高压窄脉冲的作用下,能产生较大功率的超声波。它与可闻声波不同,可以被聚焦,能用于集成电路的焊接、显像管内部的清洗;在检测方面,利用超声波有类似于光波折射、反射的特性,制超声波声呐探测器,可用于探测海底沉船、敌方潜艇等。目前,超声波已渗透到我们生活中的很多领域,例如 B 超、遥控、防盗、无损探伤等。

1. 超声波的物理基础

声波是一种机械波。当它的振动频率范围在 20 ~ 20000Hz,可为人耳所听到,称为可闻声波,低于 20Hz 的机械振动人耳不可闻,称为次声波,但许多动物却能感受到,例如地震发生前的次声波就会引起许多动物的异常反应。

频率高于 20000Hz 的机械振动称为超声波。超声波有许多不同于可闻声波的特点。例如,它的指向性很好,能量集中,因此穿透本领大,能穿透几十米厚的钢板;碰到杂质或分界面会能产生明显的反射和折射现象,这一现象类似于光波,超声波的频率越高,其声场的指向性就越好,与光波的反射、折射特性就越接近。超声波与介质作用会产生机械效应、热效应等特性。

超声波传感器又称超声波换能器或超声波探头,属典型的双向传感器。既可将加在其上面的电信号转换为超声机械波向外辐射,又可将作用在其上面的超声机械波转换为相应的电信号。

超声波传感器根据其结构不同可分为直探头、斜探头和液浸探头,根据其工作原理不同可分为压电式、磁致伸缩式、电磁式等。在测试技术中主要采用压电式。

2. 压电式超声波传感器

(1)压电式超声波传感器基本原理:采用双压电陶瓷晶片制成,其基本原理建立在压电效应的基础上,图 10 - 6 所示是其示意图。

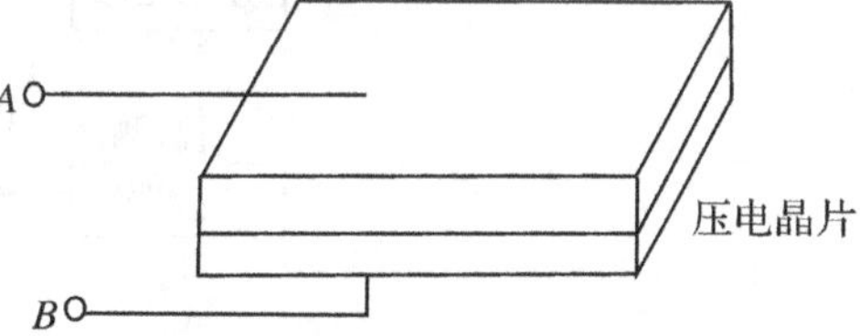

图 10 - 6　双压电晶片示意

在 AB 间施加一定频率的交流电压,若上片的电场方向与极化方向相同、下片的电场方向与极化方向相反,则上下一伸一缩,形成机械振动,这种机械振动推动空气等介质发出超声波;若在 AB 间施加超声机械波,则其产生机械变形,这种机械变形的大小和方向与超声机械波是一致的,该变形使压电陶瓷晶片 AB 产生与超声机械波相同频率的电信号。

压电陶瓷晶片有一个固有的谐振频率,即中心频率 f_0,改变压电晶片几何尺寸的大小可以方便地改变它。为使超声波传感器具有较高的灵敏度,发射超声波或接收超声波时,作用在压电晶片上的交变电压或超声机械波的频率要与其固有谐波频率 f_0 一致。

在压电式超声波传感器中,常用的压电材料有石英(SiO_2)、钛酸钡($BaTiO_2$)、锆钛酸铅(PZT)、偏铌酸铅($PbNb_2O_6$)等。

(2)压电式超声波传感器的基本结构:图 10 - 7 所示是直探头式压电超声波传感器的结构。它主要由压电晶片(敏感元件)、吸收块(阻尼块)、保护膜组成。压电晶片是传感器的核心,作为导电极板,两面镀有银层,压电晶片多为圆板形,其厚度与超声波频率成正比;阻尼块的作用是降低晶片的机械品质因数,吸收声能量,防止电振荡脉冲停止时,压电晶片因惯性作用而继续振动;保护膜的作用是避免晶片与试件的直接接触而造成晶片磨损,一般由

0.3mm 厚的塑料膜、不锈钢片或陶瓷片制成。

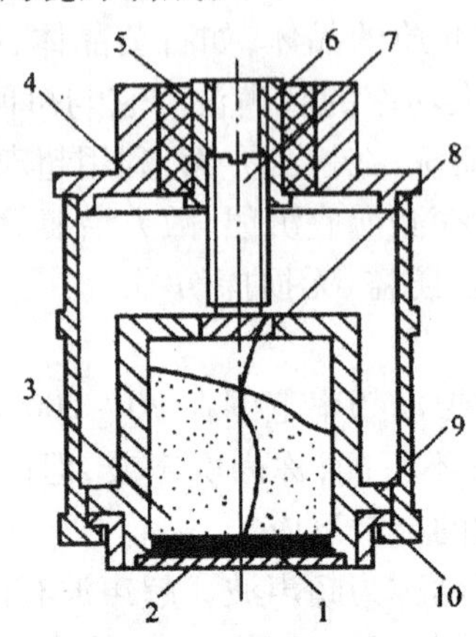

图 10－7　直探头式压电超声波传感器结构

1. 压电片　2. 保护膜　3. 吸收块　4. 盖　5. 绝缘柱
6. 接触座　7. 导线螺杆　8. 接线片　9. 压电片座　10. 外壳

3. 超声波传感器应用

(1)超声波测厚仪:利用超声波测量金属零部件的厚度,具有测量精度高、操作安全简便、易于读数和实行连续自动检测等优点。但一般不用于声衰减很大的材料,以及表面凸凹不平或形状很不规则的零部件厚度的测量。

超声波测厚常用脉冲回波法,如图 10－8 所示。

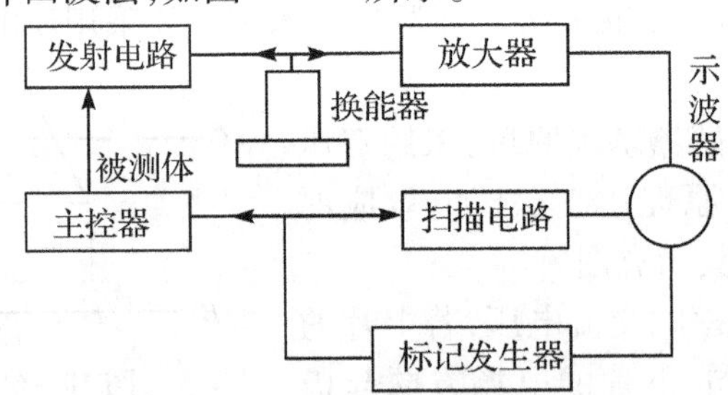

图 10－8　超声波检测厚度原理

超声波探头与被测物体表面接触,主控制器产生一定频率的脉冲信号送往发射电路,经电流放大后激励压电式探头,以产生重复的超声波脉冲。该脉冲波传到被测物体底面被反射回来(回波),被同一探头接收,经放大器放大后加到示波器垂直偏转板上。标记发生器输出已知时间间隔的脉冲,同时加到示波器垂直偏转板上。线形扫描电压加在水平偏转板上,因此可以从示波器显示屏上直接读出发射与接收超声波的时间间隔 t。被测物体的厚度为

$$h = ct/2 \tag{10-1}$$

式中:c——超声波在被测物中的传播速度。

(2)超声波流量传感器:

1)超声波流量传感器的测量原理:如图 10－9 所示,它利用超声波在流体中的传播特性来测量流体的流速和流量,最常用的方法是测量超声波在顺流与逆流中的传播速度差。两个超声换能器 P_1 和 P_2 分别安装在管道外壁两侧,以一定的倾角对称布置。超声波换能器通常采用锆钛酸铅陶瓷制成。在电路的激励下,换能器产生超声波,以一定的入射角射入管

壁,在管壁内以横波形式传播,然后折射入流体,并以纵波的形式在流体内传播,最后透过介质,穿过管壁为另一换能器所接收。两个换能器是相同的,通过电子开关控制,可交替作为发射器和接收器。

设流体的流速为 v,管道内径为 D,超声波束与管道轴线的夹角为 θ,超声波在静止的流体中传播速度为 v_0,则超声波在顺流方向传播频率 f_1 为

$$f_1=\frac{v_0+v\cos\theta}{D/\sin\theta}=\frac{(v_0+v\cos\theta)\sin\theta}{D} \tag{10-2}$$

超声波在逆流方向传播频率 f_2 为

$$f_2=\frac{v_0-v\cos\theta}{D/\sin\theta}=\frac{(v_0-v\cos\theta)\sin\theta}{D} \tag{10-3}$$

故顺流与逆流传播频率差为

$$\Delta f=f_1-f_2=\frac{v}{D}\sin2\theta \tag{10-4}$$

由此得流体的体积流量 Q 为

$$Q=\frac{\pi D^2}{4}v=\frac{\pi D^2}{4}\times\frac{D\Delta f}{\sin2\theta}=\frac{\pi D^3\Delta f}{4\sin2\theta} \tag{10-5}$$

对于一个具体的流量传感器,式(10-5)中 θ、D 是常数,而 Q 与 Δf 成正比,故测量频率差 Δf 可算出流体流量。在图 10-9 中画出了测量电路方框图,由于 Δf 很小,为了提高测量准确度,缩短测量时间,使用了倍频回路。然后,把倍频的脉冲数对应着顺、逆流方向进行加减运算,结果就是与流速成正比的流量。

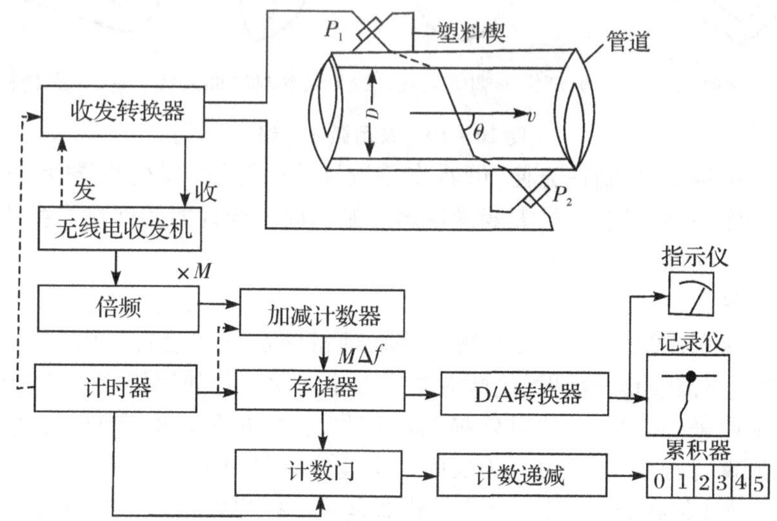

图 10-9　超声波流量计方框图

2)超声波流量计的使用:超声波流量计可用来测量液体和气体的流量,比较广泛地用于测量大管道液体的流量或流速。它没有插入被测流体管道的部件,故没有压头损失,可以节约能源。

超声波流量计的换能器与流体不接触,对腐蚀性很强的流体也同样可准确测量。而且换能器在管外壁安装,故安装和检修时对流体流动和管道都毫无影响。超声波流量计的测量准确度一般为 1% ~2%,测量管道液体流速范围一般为 0.5 ~5m/s。

(三)微波传感器

1. 微波的基础知识

微波是波长为 1 ~ 1000mm 的电磁波,既具有电磁波的性质,又不同于普通的无线电波和光波。与波长较长的电磁波相比,微波具有下列特点:

(1)定向辐射装置容易制造。

(2)遇到各种障碍物易于反射。

(3)绕射能力差。

(4)传输性能良好,传输过程中受烟雾、火焰、灰尘、强光灯的影响很小。

(5)介质对微波的吸收与介质的介电常数成比例,水对微波的吸收能力最强。

微波传感器的重要组成部分是微波振荡器和微波天线。微波振荡器是产生微波的装置,由于微波波长很短,频率很高(300MHz ~ 300GHz),所以要求振荡回路具有非常微小的电感与电容,因此,不能采用普通的电子管与晶体管构成微波振荡器。微波振荡器一般由速调管、磁控管或某些固体元件构成,小型微波振荡器也可采用体效应管。

由微波振荡器产生的振荡信号需要用波导管(波长在 10cm 以上可用同轴线)传输,并通过天线发射出去。为使发射的微波具有尖锐的方向性,微波天线应具有特殊的结构和形状。常用的微波天线有喇叭形天线和抛物面天线,如图 10 - 10 所示。

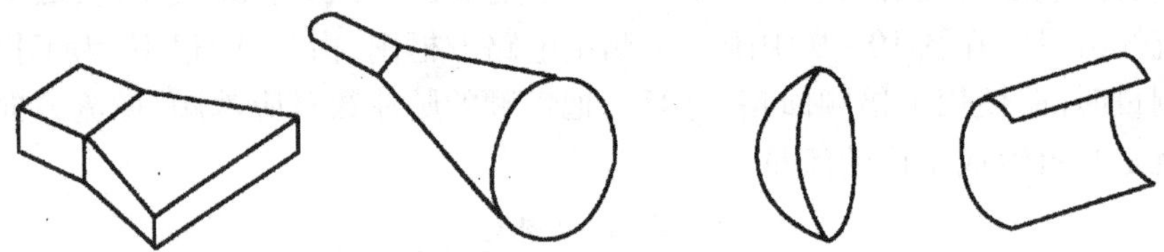

(a) 扇形喇叭天线　(b) 圆锥形喇叭天线　(c) 旋转抛物面天线　(d) 抛物柱面天线

图 10 - 10　常用微波天线

喇叭形天线结构简单、制造方便,可看作是波导管的延续,其在波导管与敞开的空间之间起到了匹配的作用,可以获得最大能量输出。抛物面天线犹如凹面镜产生平行光,从而改善了微波发射的方向性。

2. 微波传感器

微波传感器是利用微波特性来检测一些物理量的器件或装置。由发射天线发出的微波,遇到被测物时将被吸收或反射,使微波功率发生变化。若利用接收天线接收通过被测物或由被测物反射回来的微波,并将其转换为电信号,再经过测量电路处理,就可实现微波检测。根据这一原理,微波传感器可分为反射式微波传感器和遮断式微波传感器。

(1)反射式微波传感器:反射式微波传感器是通过检测被测物反射回来的微波功率或经过的时间间隔,来测量被测物的位置、厚度等参数。

(2)遮断式微波传感器:遮断式微波传感器是通过检测接收天线接收到的微波功率的大小,来判断发射天线与接收天线之间有无被测物或被测物的位置与含水量等参数。

不同于一般的传感器,微波传感器的敏感元件可认为是一个微波场,其他部分可视为一个转换器和接收器,如图 10 - 11 所示。

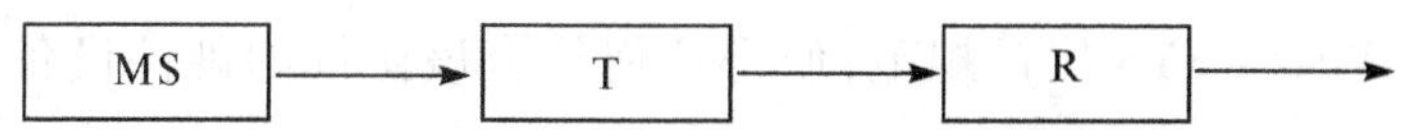

图 10－11　微波传感器的构成

其中，MS 是微波源，T 是转换器，R 是接收器。

转换器可以是一个微波场的有限空间，被测物即处于其中。若 MS 与 T 合二为一，则称为有源微波传感器；若 MS 与 R 合二为一，则称为自振荡微波传感器。

由于微波本身的特点，微波传感器具有以下优点：检测速度快、灵敏度高，可实现非接触测量，能在高温、高压等恶劣环境下使用，输出信号可以方便地调制在载频信号上进行发射与接收，便于实现遥测与遥控等。但是微波传感器存在的主要问题是零点漂移和标定问题，另外，在实际使用时受温度、气压等外界因素影响较大。

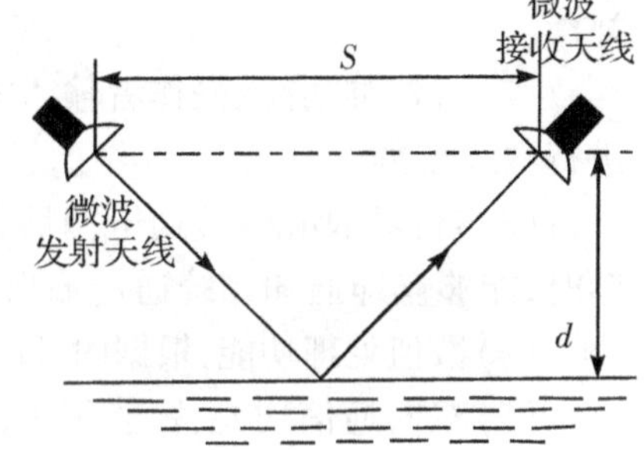

图 10－12　微波液位计

3. 微波传感器应用——微波液位计

图 10－12 所示是微波液位检测示意。

微波发射天线和微波接收天线相距为 S 并构成一定角度，波长为 λ 的微波由发射天线发出经被测液面反射后进入接收天线。接收天线收到的功率为

$$P_r = \left(\frac{\lambda}{4\pi}\right)^2 \frac{P_t G_t G_r}{S^2 + 4d^2} \tag{10-6}$$

式中：d ——两天线与被测液面间的垂直距离；

P_t、G_t——发射天线发射的功率和增益；

G_r——接收天线的增益。

可见，接收天线收到的功率 P_r 随被测液面的高度的变化而变化，只要测出 P_r，就可求出被测液面的高度 d。

（四）智能传感器

智能传感器是一种带有微处理机的，兼有信息检测、信息处理、信息记忆、逻辑思维与判断功能的传感器，它的出现是微型计算机与传感器相结合的成果。

1. 智能传感器概述

随着大规模集成电路技术和微机械加工技术的迅猛发展，微传感器近年来逐渐向集成化、智能化方向发展。技术发展表明：数字信号处理器（DSP）将推动众多新型下一代产品的发展，其中包括带有模拟 AI（人工智能）能力的“智能传感器”。智能化传感器是将一个或多个敏感元件、精密模拟电路、数字电路、微处理器（MCU）、通信接口、智能软件系统相结合的产物，并将硬件集成在一个封装组件内。该类传感器具备数据采集、数据处理、数据存储、自诊断、自补偿、在线校准、逻辑判断、双向通信、数字输出/模拟输出等功能，极大地提高了传感器的准确度、稳定性和可靠性。由于采用标准的数字接口，智能化传感器有着很强的互换性和兼容性。

智能化传感器从用户使用角度来看是一个具有标准数字接口的模块单元，用户可以按照面向对象的方法来设计自己的产品或应用系统。由于其标准仪表的数据接口满足 IEEE1451 协议，使得任何符合该协议的硬件设备均可与其连接和互换。由于其标准传感器

的数据接口满足 MSD - SYS 接口规范，使得任何符合该协议的硬件设备均可与其连接和互换。

智能化传感器内嵌了标准的通信协议和标准的数字接口，使构造同类和/或不同类的复合传感器（多个传感器的结合）变得非常容易；同时借助标准的通信支持组件，智能化传感器可轻而易举地组成网络或作为用户网络内的一个节点。

2. 智能传感器的功能

（1）自补偿功能：可以通过软件对传感器的非线性、温漂、时漂、响应时间等进行自动补偿。

（2）自校准功能：操作者输入零值或某一标准量值后，自校准软件可以自动地对传感器进行在线校准。

（3）自诊断功能：接通电源后，可以对传感器自检各部分是否正常。在内部出现操作问题时，能够立即通知系统通过输出信号表明传感器发生故障，并可诊断发生故障的部件。

（4）数值处理功能：根据内部的程序自动处理数据，例如进行统计处理、剔除异常数值等。

（5）双向通信功能：智能传感器的微处理器与传感器之间构成闭环，微处理器不但接收、处理传感器的数据，还可以将信息反馈至传感器，对测量过程进行调节和控制，它可以采用一种可懂且可接受的方式与系统接口。

（6）信息存储和记忆功能。

（7）数字量输出功能：智能传感器输出数字信号，可以很方便地与计算机或接口总线相连。此外，新兴的智能传感器技术还包括遥控设定、可编程序及防止非法侵袭等特征，在性能上更加完整和先进。

3. 智能传感器实现途径

智能传感器主要有非集成化、集成化和混合三条实现途径。

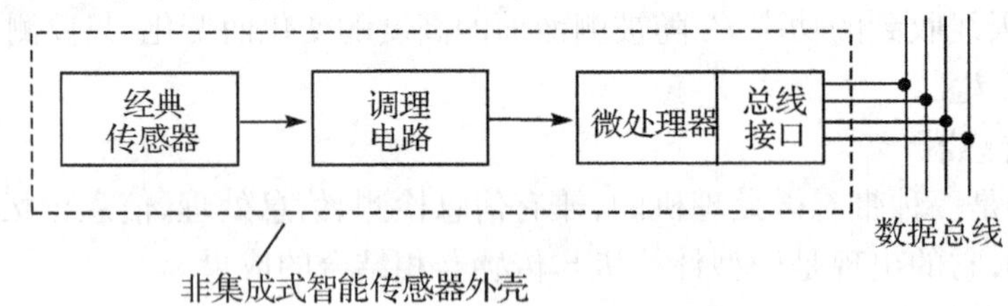

图 10 - 13 非集成式智能传感器框图

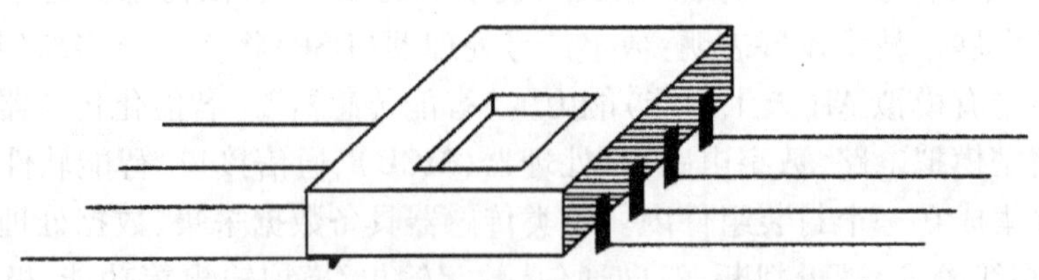

图 10 - 14 集成智能传感器外形示意图

非集成化实现的智能传感器是将传统的经典传感器、信号调理电路、带数字总线接口的微处理器组合为一个整体而构成的，如图 10 - 13 所示。集成化实现的智能传感器是采用微机械加工技术和大规模集成电路工艺技术，以硅作为基本材料来制作敏感元件、信号调理电路和微处理单元，并将它们集成在一块芯片上构成的，如图 10 - 14 所示。混合集成实现的

智能传感器是根据需要和可能，将系统各个集成化环节以不同的组合方式集成在两块或三块芯片上，并装在一个外壳里，如图 10－15 所示。

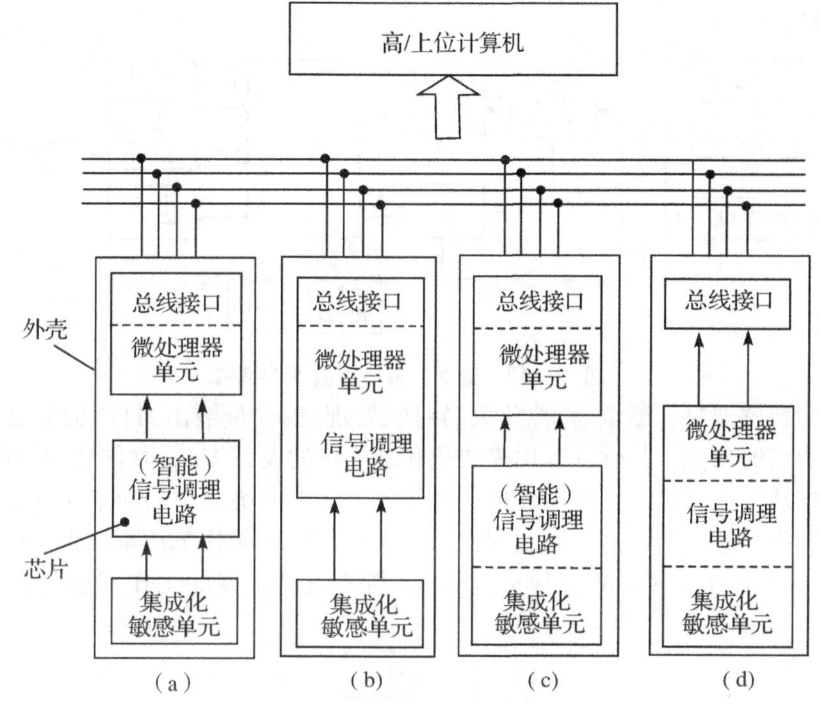

图 10－15　混合集成实现的智能传感器

智能传感器具有自动校正、自动标定、自动补偿功能；能够自动采集数据，并进行检测、判断和自诊断；具有数据存储、记忆与信息处理功能；具有双向通信、标准化数字输出或符号输出等功能。因此，其精度、可靠性与稳定性、信噪比与分辨力、自适应性、性能价格比等各方面都优于传统传感器。

4. 智能传感器应用举例

（1）三维多功能单片智能传感器：目前已开发的三维多功能单片智能传感器是把传感器、数据传送、存储及运算模块集成为以硅片为基础的超大规模集成电路的智能传感器。它已将平面集成发展成三维集成，实现了多层结构，如图 10－16 所示。在硅片上分层集成了敏感元件、电源、记忆和传输等多个部分。日本的 3DIC 研制计划中设计的视觉传感器就是一例。

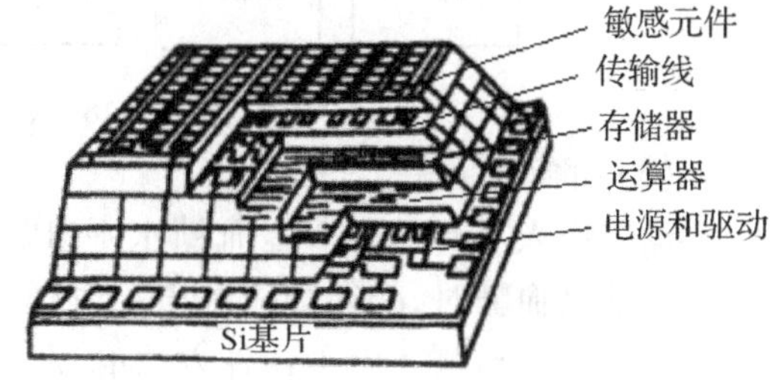

图 10－16　三维多功能单片智能传感器

（2）智能应力传感器：用于测量飞机机翼上各个关键部位的应力大小，并判断机翼的工作状态是正常不是故障情况。它共有 6 路应力传感器和 1 路温度传感器，其中每一路应力传感器由 4 个应变片构成的全桥电路和前级放大器组成，用于测量应力大小。温度传感器用于测量环境温度，从而对应力传感器进行误差修正。采用 8031 单片机作为数据处理和控制单元。多路开关根据单片机发出的命令轮流选通各个传感器通道，0 通道作为温度传感器通道，1～6 通道分别为 6 个应力传感器通道。程控放大器则在单片机的命令下分别选择不同的放大倍数对各路信号进行放大。该智能传感器具有较强的自适应能力,它可以判断工作环境因素的变化,进行必要的修正,以保证测量的准确性。如图 10－17 所示的是智能应力传感器的硬件结构。

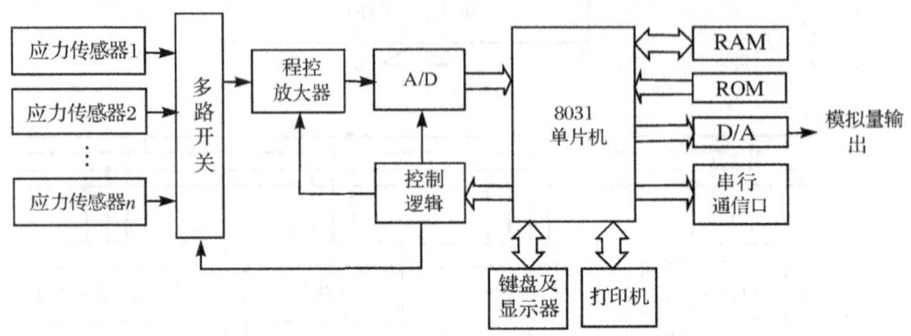

图 10－17　智能应力传感器硬件结构

智能应力传感器具有测量、程控放大、转换、处理、模拟量输出、打印键盘监控及通过串口与计算机通信的功能。其软件采用模块化和结构化的设计方法,软件结构如图 10－18 所示。主程序模块完成自检、初始化、通道选择及各个功能模块调用的功能。其中信号采集模块主要完成数据滤波、非线性补偿、信号处理、误差修正及检索查表等功能。故障诊断模块的任务是对各个应力传感器的信号进行分析,判断飞机机翼的工作状态是否存在损伤或故障。

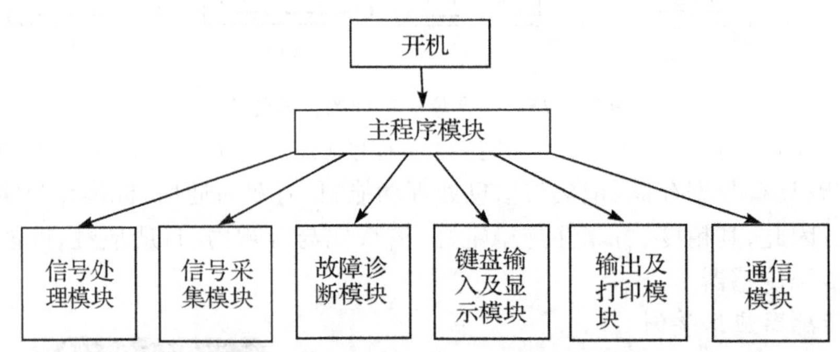

图 10－18　智能应力传感器软件结构

(3)葡萄糖手表

糖尿病人需要随时掌握血糖水平,以便调整饮食和注射胰岛素,防止其他并发症的发生。通常测血糖时,必须刺破手指采血样,再将血样放在葡萄糖试纸上,最后把试纸放到专用仪器上进行检测。由于这种方法麻烦,病人又痛苦,因此,糖尿病人希望找到一种无创伤而又方便的血糖检测方法。美国加州 Cygnus 公司生产了一种"葡萄糖手表",其外观就像普通手表一样,带上它就能实现无痛、无血、连续的血糖测试。

此种"葡萄糖手表"上有一块涂着试剂的垫子,当垫子与皮肤接触时,葡萄糖分子就被吸引到垫子上,与试剂发生电化学反应,产生电流。由传感器测量该电流,经微处理器计算出该电流对应的血糖浓度,并以数字量显示。该产品中的一些关键问题,如怎样保证血糖的渗滤不受试剂的用量变化和温度波动的影响,如何协调控制电极的活化时间等,都因为利用微处理器建立的计算流体动力学模型进行仿真和计算,得到了很好的解决。

三、项目实施

任务一　光纤传感器位移特性测试

(一)实施要求

(1)掌握反射式光纤位移传感器的原理与应用。

(2)能熟练使用光纤位移传感器模块、Y 形光纤传感器、测微头、反射面、直流电源、数显电压表连接测量电路。

(3)会根据实验数据确定光纤位移传感器大致的线性范围,并给出其灵敏度和非线性误差。

(二)实施内容

反射式光纤位移传感器是一种传输型光纤传感器,其原理如图 10－19 所示:光纤采用 Y 形结构,两束光纤一端合并在一起组成光纤探头,另一端分为两支,分别作为光源光纤和接收光纤。光从光源耦合到光源光纤,通过光纤传输,射向反射面,再被反射到接收光纤,最后由光电转换器接收,转换器接收到的光源与反射体表面的性质及反射体到光纤探头距离有关。当反射表面位置确定后,接收到的反射光光强随光纤探头到反射体的距离的变化而变化。显然,当光纤探头紧贴反射面时,接收器接收到的光强为零。随着光纤探头与反射面距离的增加,接收到的光强逐渐增加,到达最大值点后又随两者的距离增加而减小。反射式光纤位移传感器是一种非接触式测量,具有探头小、响应速度快、测量线性化(在小位移范围内)等优点,可在小位移范围内进行高速位移检测。

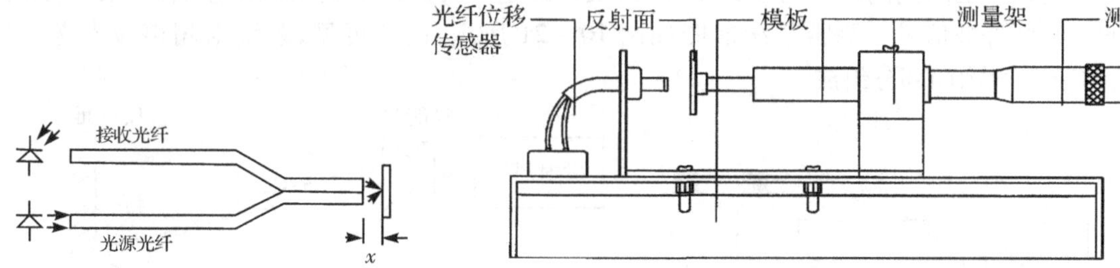

图 10－19　反射式光纤位移传感器原理　　　图 10－20　光纤位移传感器安装示意

(二)实施步骤

(1)光纤传感器的安装如图 10－20 所示,将 Y 形光纤安装在光纤位移传感器实验模块上。探头对准镀铬反射板,调节光纤探头端面与反射面平行,距离适中;固定测微头;接通电源预热数分钟。

(2)将测微头起始位置调到 14cm 处,手动使反射面与光纤探头端面紧密接触,固定测微头。

(3)实验模块从主控台接入 ±15V 电源,打开实验台电源。

(4)将模块输出“U_o”接到直流电压表(20V 档),仔细调节电位器 R_w 使电压表显示为零。

(5)旋动测微器,使反射面与光纤探头端面距离增大,每隔 0.1mm 读出一次输出电压 U

值，填入下表10－1。

表10－1　$X-Uo$ 对应表

X(mm)										
Uo(V)										

任务二　超声波测距

(一)实施要求

(1)能熟练使用超声波传感器实验模块、超声波发射接收器、反射板、直流稳压电源连接测量电路，掌握超声波测距的方法。

(2)会根据实验数据计算超声波传感器测量距离的相对误差。

(二)实施内容

超声波是听觉阈值以外的振动，其频率范围为 $10^4\sim10^{12}$ Hz，超声波在介质中可产生3种形式的振荡：横波、纵波和表面波，其中横波只能在固体中传播，纵波能在固体、液体和气体中传播，表面波随深度的增加其衰减很快。超声波测距中采用纵波，使用超声波的频率为40kHz，其在空气中的传播速度近似340m/s。

当超声波传播到两种不同介质的分界面上时，一部分声波被反射，另一部分透射过界面。但若超声波垂直入射界面或者以很小的角度入射时，入射波完全被反射，几乎没有透射过界面的折射波。这里采用脉冲反射法测量距离，因为脉冲反射不涉及共振机理，与被测物体的表面光洁度关系不密切。被测 $D=cT/2$，其中 c 为声波在空气中的传播速度，T 为超声波发射到返回的时间间隔。为了方便处理，发射的超声波被调制成40kHz左右，具有一定间隔的调制脉冲波信号。测距系统框图如图10－21所示，由图可见，系统由超声波发送、接收、MCU和显示四部分组成。

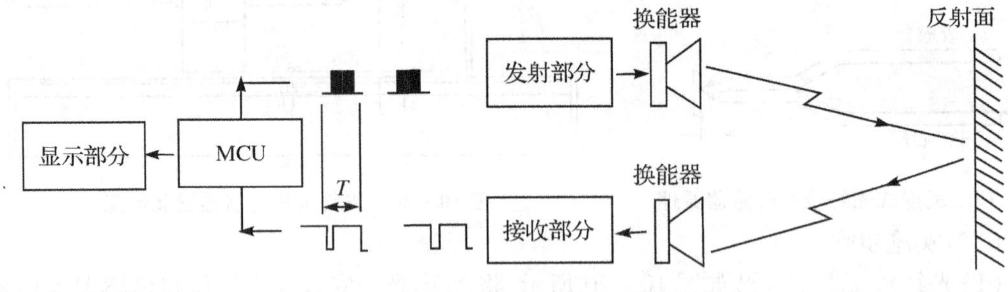

图10－21　超声波测距原理框图

(三)实施步骤

(1)将超声波发射接收器引出线接至超声波传感器实验模块，并将+15V直流稳压电源接到超声波传感器实验模块(发射部分接 T^+，T^-；接收部分接 R^+，R^-)。

(2)打开实验台电源，将反射板正对超声波发射接收器，并逐渐远离超声波发射接收器。用直板尺测量超声波发射接收器到反射板的距离，从60mm至200mm每隔5mm记录一次超声波传感器实验模块显示的距离值，填入表10－2。

表 10－2 距离－显示对应表

距离(mm)										
显示(mm)										

四、拓展知识

(一) 机器人传感器

机器人被定义为计算机控制的能模拟人的感觉、手工操纵的和具有自动行走能力的并又足以完成有效工作的装置。机器人传感器是 20 世纪 70 年代发展起来的，是一种能把机器人目标物特性(或参量)变换为电量输出的新型传感器。可分为机器人外部检测传感器和内部检测传感器两大类。

1. 机器人外部传感器

机器人外界检测传感器用于机器人对周围环境、目标物的状态特征获取信息，使机器人和环境发生交互作用，从而使机器人对环境有自校正和自适应能力。包括触觉传感器、视觉传感器、力觉传感器、接近觉传感器、超声波传感器和听觉传感器，大大改善了机器人工作状况，使其能够更充分地完成复杂的工作。由于外部传感器为集多种学科于一身的产品，有些方面还在探索之中，随着外部传感器的进一步完善，机器人的功能越来越强大，将在许多领域为人类做出更大贡献。

(1) 触觉传感器：触觉是接触、冲击、压迫等机械刺激感觉的综合，触觉可以用来进行机器人抓取，利用触觉可进一步感知物体的形状、软硬等物理性质。对机器人触觉的研究，只能集中于扩展机器人能力所必需的触觉功能，一般把检测感知和外部直接接触而产生的接触觉、压力、触觉及接近觉的传感器称为机器人触觉传感器。

1) 接触觉：接触觉是通过与对象物体彼此接触而产生的，所以最好使用手指表面高密度分布触觉传感器阵列，它柔软易于变形，可增大接触面积，并且有一定的强度，便于抓握。接触觉传感器可检测机器人是否接触目标或环境，用于寻找物体或感知碰撞。

a. 机械式传感器：利用触点的接触断开获取信息，通常采用微动开关来识别物体的二维轮廓，由于结构关系无法高密度列阵。

b. 弹性式传感器：这类传感器都由弹性元件、导电触点和绝缘体构成。如采用导电性石墨化碳纤维、氨基甲酸乙酯泡沫、印制电路板和金属触点构成的传感器，碳纤维被压后与金属触点接触，开关导通。也可由弹性海绵、导电橡胶和金属触点构成，导电橡胶受压后，海绵变形，导电橡胶和金属触点接触，开关导通。也可由金属和铰青铜构成，被绝缘体覆盖的青铜箔片被压后与金属接触，触点闭合。

c. 光纤传感器：这种传感器包括由一束光纤构成的光缆和一个可变形的反射表面。光通过光纤束投射到可变形的反射材料上，反射光按相反方向通过光纤束返回。如果反射表面是平的，则通过每条光纤所返回的光的强度是相同的。如果反射表面因与物体接触受力而变形，则反射的光强度不同。用高速光扫描技术进行处理，即可得到反射表面的受力情况。

2) 接近觉：接近觉是一种粗略的距离感觉，接近觉传感器的主要作用是在接触对象之前获得必要的信息，用来探测在一定距离范围内是否有物体接近、物体的接近距离和对象的表面形状及倾斜等状态，一般用“1”和“0”两种态表示。在机器人中，主要用于对物体的抓取和躲避。接近觉一般用非接触式测量元件，如霍尔效应传感器、电磁式接近开关和光学接近传感器。

3）滑觉：机器人在抓取不知属性的物体时，其自身应能确定最佳握紧力的给定值。当握紧力不够时，要检测被握紧物体的滑动，利用该检测信号，在不损害物体的前提下，考虑最可靠的夹持方法，实现此功能的传感器称为滑觉传感器。

滑觉传感器有滚动式和球式，还有一种通过振动检测滑觉的传感器。物体在传感器表面上滑动时，和滚轮或环相接触，把滑动变成转动。磁力式滑觉传感器中，滑动物体引起滚轮滚动，用磁铁和静止的磁头，或用光传感器进行检测，这种传感器只能检测到一个方向的滑动。球式传感器用球代替滚轮，可以检测各个方向的滑动，振动式滑觉传感器表面伸出的触针能和物体接触，物体滚动时，触针与物体接触而产生振动，这个振动由压点传感器或磁场线圈结构的微小位移计检测。

（2）力觉传感器：力觉是指对机器人的指、肢和关节等运动中所受力的感知，主要包括腕力觉、关节力觉和支座力觉等，根据被测对象的负载，可以把力传感器分为测力传感器（单轴力传感器）、力矩表（单轴力矩传感器）、手指传感器（检测机器人手指作用力的超小型单轴力传感器）和六轴力觉传感器。

力觉传感器根据力的检测方式不同，可以分为：①检测应变或应力的应变片式传感器；②利用压电效应的压电元件式传感器；③用位移计测量负载产生的位移的差动变压器、电容位移计式传感器。其中应变片式传感器被机器人广泛采用。

在选用力传感器时，首先要特别注意额定值，其次在机器人通常的力控制中，力的精度意义不大，重要的是分辨率。另外，在机器人上实际安装使用力觉传感器时，一定要事先检查操作区域，清除障碍物。这对实验者的人身安全、保证机器人及外围设备不受损害有重要意义。

（3）距离传感器：距离传感器可用于机器人导航和回避障碍物，也可用于机器人空间内的物体进行定位及确定其一般形状特征。目前最常用的测距法有两种：

1）超声波测距法：超声波是频率20kHz以上的机械振动波，利用发射脉冲和接收脉冲的时间间隔推算出距离。超声波测距法的缺点是波束较宽，其分辨力受到严重的限制，因此，主要用于导航和回避障碍物。

2）激光测距法：激光测距法也可以利用回波法，或者利用激光测距仪。其工作原理如下：氦氖激光器固定在基线上，在基线的一端由反射镜将激光点射向被测物体，反射镜固定在电动机轴上，电动机连续旋转，使激光点稳定地对被测目标扫描。由CCD（电荷耦合器件）摄像机接受反射光，采用图像处理的方法检测出激光点图像，并根据位置坐标及摄像机光学特点计算出激光反射角。利用三角测距原理即可算出反射点的位置。

（4）其他外部传感器：除以上介绍的机器人外部传感器外，还可根据机器人特殊用途安装听觉传感器、味觉传感器及电磁波传感器，而这些机器人主要用于科学研究、海洋资源探测或食品分析、救火等特殊用途。这些传感器多数属于开发阶段，有待于更进一步完善，以丰富机器人专用功能。

（5）传感器融合：系统中使用的传感器种类和数量越来越多，每种传感器都有一定的使用条件和感知范围，并且又能给出环境或对象的部分或整个侧面的信息，为了有效地利用这

些传感器信息,需要采用某种形式对传感器信息进行综合、融合处理,不同类型信息的多种形式的处理系统就是传感器融合。传感器的融合技术涉及神经网络、知识工程、模糊理论等信息、检测、控制领域的新理论和新方法。

目前,要使多传感器信息融合体系化尚有困难,而且缺乏理论依据。多传感器信息融合的理想目标应是人类的感觉、识别、控制体系,但由于对后者尚无一个明确的工程学的阐述,所以机器人传感器融合体系要具备什么样的功能尚是一个模糊的概念。相信随着机器人智能水平的提高,多传感器信息融合理论和技术将会逐步完善和系统化。

2. 内部传感器

机器人内部检测传感器是以机器人本身的坐标轴来确定其位置,安装在机器人自身中感知它自己的状态,调整和控制机器人的行为。具体检测的对象有关节的线位移、角位移等几何量,速度、角速度、加速度等运动量,还有倾斜角、方位角、振动等物理量,对各种传感器要求精度高、响应速度快、测量范围宽。

内部传感器中,位置传感器和速度传感器是当今机器人反馈控制中不可缺少的元件。现已有多种传感器大量生产,但倾斜角传感器、方位角传感器及振动传感器等用作机器人内部传感器的时间不长,其性能尚需进一步改进。

(1)规定位置、规定角度的检测:检测预先规定的位置或角度,可以用 ON/OFF 两个状态值,这种方法用于检测机器人的起始原点、越限位置或确定位置。

1)微型开关:规定的位移或力作用到微型开关的可动部分(称为执行器)时,开关的电气触点断开或接通。限位开关通常装在盒里,以防外力的作用和水、油、尘埃的侵蚀。

2)光电开关:光电开关是由 LED 光源和光敏二极管或光敏晶体管等光敏元件组成,相隔一定距离而构成的透光式开关。当光由基准位置的遮光片通过光源和光敏元件的缝隙时,光射不到光敏元件上,而起到开关的作用。

(2)位置、角度测量:测量机器人关节线位移和角位移的传感器是机器人位置反馈控制中必不可少的元件。

1)电位器:电位器可作为直线位移和角位移检测元件。电位器式传感器结构简单,性能稳定,使用方便,但分辨率不高,且当电刷和电阻之间接触面磨损或有尘埃附着时会产生噪声。

2)旋转变压器:由铁芯、两个定子线圈和两个转子线圈组成,是测量旋转角度的传感器。

3)编码器:编码器输出表示位移增量的编码器脉冲信号,并带有符号。根据检测原理,编码器可分为光学式、磁式、感应式和电容式。根据其刻度方法及信号输出形式,分为增量式编码器和绝对式编码器。作为机器人位移传感器,光电编码器应用最为广泛。

(3)速度、角速度测量:是驱动器反馈控制中必不可少的环节,有时也利用测位移传感器测量速度及检测单位采样时间位移量,然后用 F/V 转换器变成模拟电压,但这种方法有其局限性,在低速时,存在着不稳定的危险;而高速时,只能获得较低的测量精度。最通用的速度、角速度传感器是测速发电机或成为转速表的传感器、比率发电机。

(4)加速度测量:随着机器人的高速比、高精度化,由机械运动部分刚性不足所引起的振动问题开始提到日程上来了。为了解决振动问题,有时在机器人的运动手臂等位置安装加速度传感器,测量振动加速度,并把它反馈到驱动器上。加速度传感器分为:

1)应变片加速度传感器:应变片加速度传感器是由一个板簧支承重锤所构成的振动系

统。在板簧两面分别贴两个应变片,应变片受震动产生应变,其电阻值的变化通过电桥电路的输出电压被检测出来。

2)伺服加速度传感器:伺服加速度传感器中振动系统重锤位移变换成成正比的电流,把电流反馈到恒定磁场中的线圈,使重锤返回到原来的零位移状态。

3)压电感应加速度传感器:压电感应加速度传感器是利用具有压电效应的物质,将加速度转换为电压,

(5)其他内部传感器:除以上介绍的常用内部传感器外,还有一些根据机器人不同要求而安装的不同功能的内部传感器,如用于倾斜角测量的液体式倾斜角传感器、电解液式倾斜角传感器、垂直振子式倾斜角传感器、用于方位角测量的陀螺仪和地磁传感器。这些传感器有待于进一步完善,更好地用于机器人上。

(二)超导传感器

某些导体材料,当温度达到一定的临界温度时,它们的电阻几乎为零。若对其施加一定电流(如利用电磁感应在闭合超导环内产生感应电流),该电流几乎可以无限期地维持下去,材料的这种特性称为超导电性,具有超导电性的导体称为超导体。将超导技术应用于传感器,其最大特点是噪声很小,灵敏度极高。下面简要介绍几种常见的超导传感器。

1. 超导红外传感器

超导红外传感器的工作原理不同于一般的半导体红外探测器,其检测频带也比半导体红外探测器宽很多。在超导体中存在能隙,红外辐射照射到超导体上时,“对粒子”分裂变成“准粒子”,因为红外辐射的能量比能隙高,所以产生大量的准粒子,导致超导体能隙变小,电特性发生改变。根据超导体电特性的变化就可检测红外辐射的能量。

当前比较有实用意义的超导传感器是粒界约瑟夫逊结型(CBJJ)器件。这种传感器是利用超导小颗粒之间产生的约瑟夫逊效应,根据电特性变化来检测红外辐射的。

2. 超导可见光传感器

超导陶瓷的多晶膜通常由 200~300nm 的晶粒构成。各晶粒之间存在着厚度约 2nm 的像半导体晶界一样的势垒,它可以作为隧道型的约瑟夫逊结工作,称为边界约瑟夫逊结(BJJ)。

图 10-22 所示用超导可见光传感器检测来自光导纤维的光信号。当光子入射到超导体多晶膜中时,约瑟夫逊结中的电流发生变化,通过测量电流的变化就可检测光信号的大小。

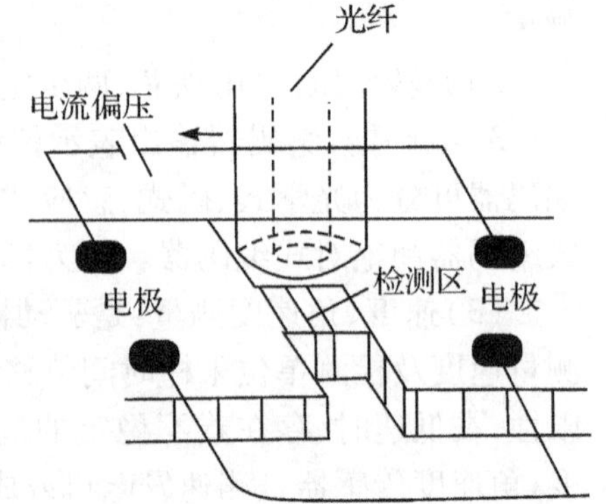

图 10-22 可见光超导传感器原理

3. 超导微波传感器

若两个超导体之间存在着能量差,则超导隧道结元件内存在准粒子流。受到微波辐射时,准粒子流发生变化,其隧道结器件的电流-电压特性改变。因此可以利用这个特性来检测微波,而且具有超高的灵敏度。

4. 超导磁场传感器

图 10-23(a)所示为超导磁场传感器的原理。当超导环受到磁场作用时,由迈斯纳效应环中有电流 I_s 流动并可抵消磁场作用,使环内磁场为零。在超导环的面积 S 一定的情况下,I_s 与外磁场强度 B 呈正比。因此可以通过测量 I_s 的

大小来确定磁场强度 B 的值。通常将具有隧道结的超导环称为超导量子干涉器件(SQUID),包含一个隧道结的SQUID称为交流SQUID,包含两个隧道结的SQUID称为直流SQUID,如图10-23(b)、(c)所示。

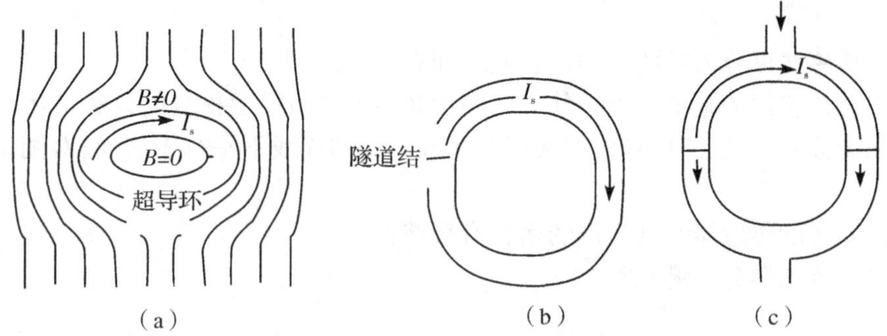

图10-23　超导磁场传感器原理

(三)生物传感器

生物传感器是生物学、物理学与化学融为一体产生的新一代装置,是利用酶、微生物、抗体等各种生物或生物物质做成的,用以检测与识别生物体内的化学成分的传感器。主要有两种分类方法:按所用生物活性物质(分子识别元件)的不同,可分为酶传感器、微生物传感器、免疫传感器、组织传感器和细胞传感器;按所用变换器器件的不同,可分为生物电极、半导体生物传感器、光生物传感器、热生物传感器和压电晶体生物传感器。

生物传感器的主要特点是:

(1)理论上可以根据生物反应的奇异性和多样性制造出各种生物传感器。

(2)与各种传统的生物学和化学分析法相比,生物传感器是在无试剂条件下工作的(缓冲液除外),操作简便、快速、准确。

(3)生物传感器可连续测量、联机操作、直接显示与读出测试结果。

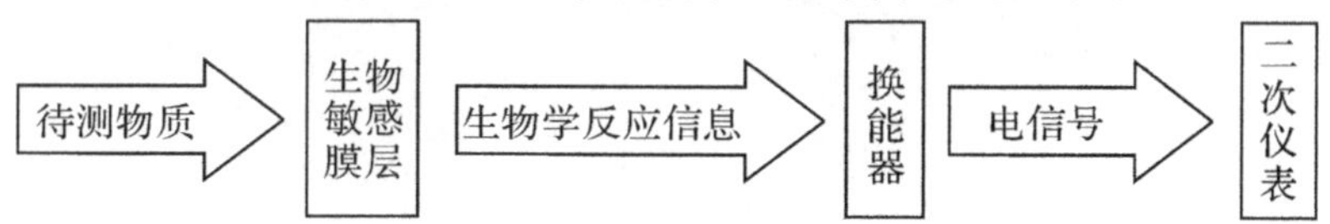

图10-24　生物传感器的传感原理

图10-24所示为生物传感器原理。待测物质经扩散作用进入生物敏感膜层,经分子识别发生生物学反应(物理、化学变化),产生的物理、化学信息被相应的信号转换器转变成可定量、可传输和处理的电信号并由二次仪表放大输出,根据所测得的电信号便可知道待测物浓度。

小　　结

现代科技发展的同时也促进了传感器与传感器技术的发展,新的物理、化学、生物效应不断被发现,新的功能材料不断的诞生,一大批新型传感器陆续研究成功并被开发应用。

本项目在前面项目的基础上补充介绍了一些目前应用已经较广的其他传感器和部分新型传感器。随着科学技术的不断发展,新型传感器层出不穷,传感器技术与微型计算机技术的结合更为智能型传感器的发展开拓了更加广阔的前景。

思考与练习

1. 光纤传感器可分为哪两大类？它们之间有什么区别？

2. 超声波传感器的基本原理是什么？利用超声波进行厚度检测的方法是什么？

3. 利用微波测量液位时，若发射天线与接收天线的连线不平行于液面，对测量结果有什么影响？

4. 什么叫智能传感器？其实现的途径有哪些？

5. 机器人传感器分为哪几类？

项目 11 传感器信号处理技术认识及使用

一、项目分析

传感器信号处理技术实质上是研究传感器与检测系统之间的接口技术。测量系统通常由传感器、测量电路及显示记录部分组成。对于被测非电量变换为电路参数(R、L、C、M)的无源型传感器,如电阻式、电感式、电容式、电涡流式等,因为传感器的输出是电路参数的变化,因此,需要对它们先进行激励,通过不同的转换电路把电路参数转换成电流或电压信号,然后再经过放大输出;而对于直接把非电量变换为电量(电流或电动势)的有源型传感器,如压电式、磁电式、热电式等,虽然它们输出的是电量,但仍然需要进行放大或特殊处理。因此,在一个非电量检测装置或系统中,必须具有对电信号进行转换和处理的电路,即信号处理技术。

本项目要求掌握信号处理中的阻抗匹配器、放大电路、噪声抑制电路等基本原理,并认识传感器输出并经检测电路处理后的信号,还必须经过 A/D 转换、V/F 转换等转换电路,才能与计算机相连。

知识点

- 掌握阻抗匹配器、信号放大器、噪声抑制电路的基本原理。
- 掌握传感器数字化处理中 A/D 变换器、V/F 变换器工作原理。

能力点

- 能分析 I/V、F/V 信号转换的原理及方法。

二、相关知识

(一)传感器输出信号的特点

传感器所感知、检测、转换和传递的信息都表现为不同形式的电信号,用来表征传感器输出电信号的参量形式很多,如开关电信号型、模拟电信号型和脉冲电信号型等。而各种传感器的输出信号通过直接或间接的转换最终多以电压输出型来表示。因此传感器的输出信号一般说来有以下的特点:

(1)传感器的输出信号形式多样,有的是直接以电压、电流形式输出,而有的是以电阻、电感和电容等形式输出,为此还需要形式上的转换处理。

(2)传感器的输出信号一般比较微弱,有的传感器输出电压仅0.1μV,这样微弱的信号很容易被周围环境和系统本身所产生的噪声所淹没。

(3)传感器的输出阻抗都比较高,当其输出信号输入到测量电路时会产生较大的衰减。

(4)传感器的输出信号与输入物理量之间的关系不一定是线性比例关系。

(5)有些传感器的输出量会受温度的影响,有温度系数。

根据以上传感器输出信号的特点,传感器最初的输出信号一般不能直接被测量电路所利用,所以要根据不同的传感器采取不同的处理方法,称为调理。一方面需要通过变换调理,把以电阻、电感或电容形式输出的信号转换成电流或电压形式的输出,另一方面要通过调理用以抑制噪声,提高线性度并进行放大,将传感器最初的输出信号变换成能被测量电路所利用的信号。

(二)阻抗匹配器

传感器输出的阻抗一般都比较高,如果其输出信号直接连到测量电路,则会产生较大的衰减。为了防止传感器输出信号的衰减,通常采用高输入阻抗匹配器作为传感器输入到测量系统的前置电路。常用的阻抗匹配器有晶体管阻抗匹配器、场效应管阻抗匹配器及运算放大器阻抗匹配器。

1.晶体管阻抗匹配器

晶体管阻抗匹配器电路如图11-1所示,它实际上是一个晶体管射极输出器。该电路具有如下特点:

(1)输出信号能够跟随输入信号的变化,且能对输入信号进行电流放大和功率放大。

(2)该电路输入阻抗大,能够有效防止传感器输入信号的衰减。

(3)输出阻抗小,有较强的负载能力。

因此该电路可以在传感器和负载电路之间起有效的隔离作用,使得传感器微弱的输出信号不失真、不衰减,且具有较强的负载能力。

2.场效应管阻抗匹配器

场效应管阻抗匹配器电路如图11-2所示。实际上它是一个场效应管源极输出器,其电路结构与晶体管阻抗匹配器相类同。由于场效应管是一种电压控制元件,它的漏极电流只取决于栅极电压,而栅极加上电压时基本不取什么电流,它与晶体管相比具有更高的输入阻抗,一般可达上百兆欧甚至几千兆欧。为此场效应管阻抗匹配器更适宜于作为微弱输入信号的阻抗匹配器,它常用作前置级信号的阻抗变换器,有时就直接安装在传感器内,以减少外界干扰。

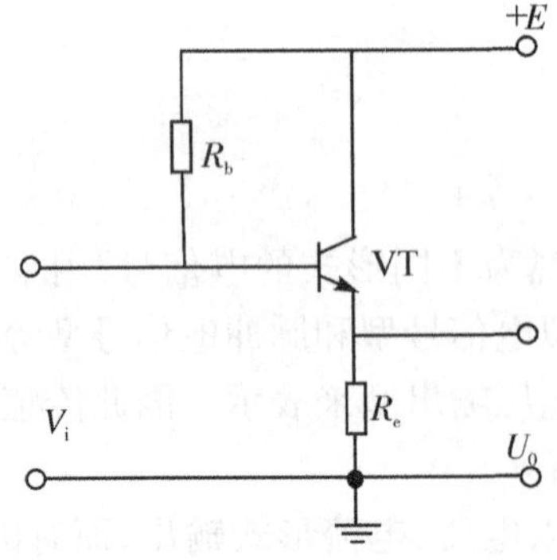

图11-1　晶体管阻抗匹配器电路

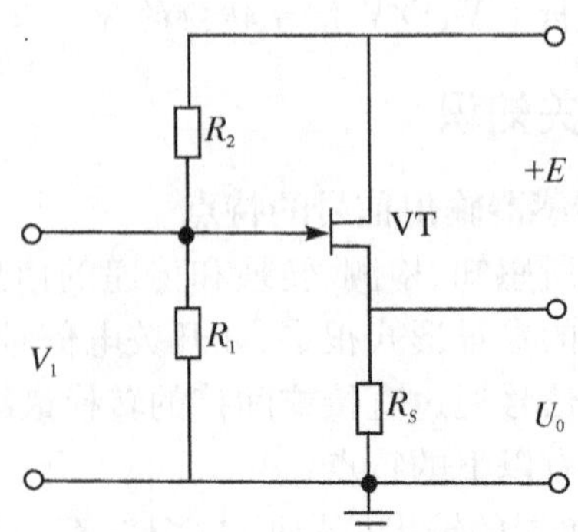

图11-2　场效应管阻抗匹配器电路

3. 运算放大器阻抗匹配器

(1)电压跟随器阻抗匹配器:图 11-3 所示是运算放大器组成的电压跟随器电路,它是同相比例放大器的特殊情况,其放大增益为

$$K=\frac{U_o}{U_i}=1 \tag{11-1}$$

电压跟随器阻抗匹配器有输入阻抗很高输出阻抗很低的特点,为此它是一个放大倍数为 1 的理想阻抗匹配器。

(2)放大倍数可选配的阻抗匹配器:运算放大器和电阻参数的选配,可构成高输入阻抗和放大倍数适当可选的电路,这种电路可以满足传感器信号阻抗匹配器的要求。图 11-4 所示是运算放大器阻抗匹配器电路,它由运算放大器和 R_b、R_2、R_1 三个电阻相连接而成。该电路的输入阻抗 R_i 和放大倍数 K 可由下面的表达式进行计算,即

$$K=\frac{U_o}{U_i}=1+\frac{R_2}{R_1} \tag{11-2}$$

$$R_i=\frac{R_1\cdot R_2}{R_b} \tag{11-3}$$

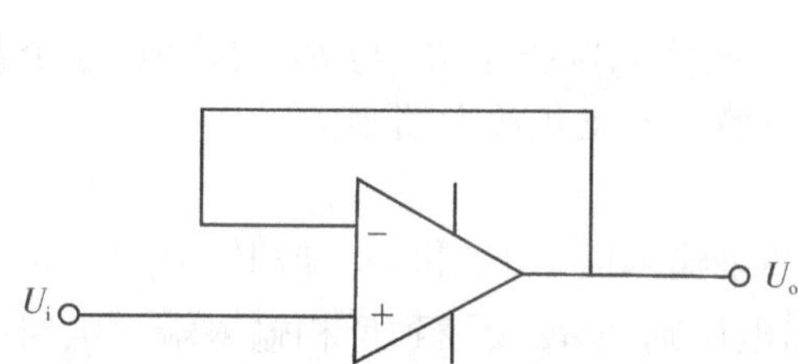

图 11-3 电压跟随器阻抗匹配器电路

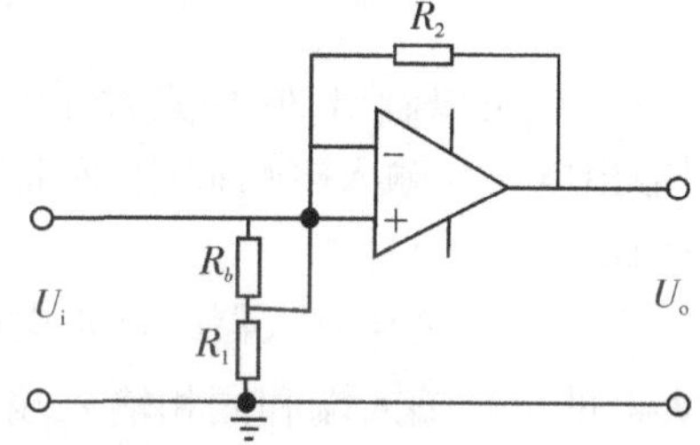

图 11-4 运算放大器阻抗匹配器电路

适当选择 R_b、R_2、R_1 三个电阻就可组成相应的阻抗匹配器。

(三)信号放大器

信号放大的目的是为了将传感器输出的微弱信号进行放大处理,为测量电路提供高精度的模拟输入信号。目前检测系统已广泛采用集成运算放大器组成各类放大电路,这里对由运算放大器构成的传感器常用的几种放大电路作一简要的介绍。

1. 反相比例放大器

图 11-5 所示是反相放大器的基本电路。输入电压 U_i 通过输入端电阻 R_1 加到反相输入端,同相输入端接地,R 称为平衡电阻。输出电压 U_o 通过反馈电阻 R_F 反馈到反相输入端。反相放大器的输出电压可由下式确定:

$$U_o=-\frac{R_F U_i}{R_1}=KU_i \tag{11-4}$$

$$K=-\frac{R_F}{R_1} \tag{11-5}$$

式(11-5)中的负号表示输出电压与输入电压反相。反相放大器的放大倍数 K 只取决于 R_F 和 R_1 的比值,具有很大的灵活性,因此广泛用于各种比例运算中。

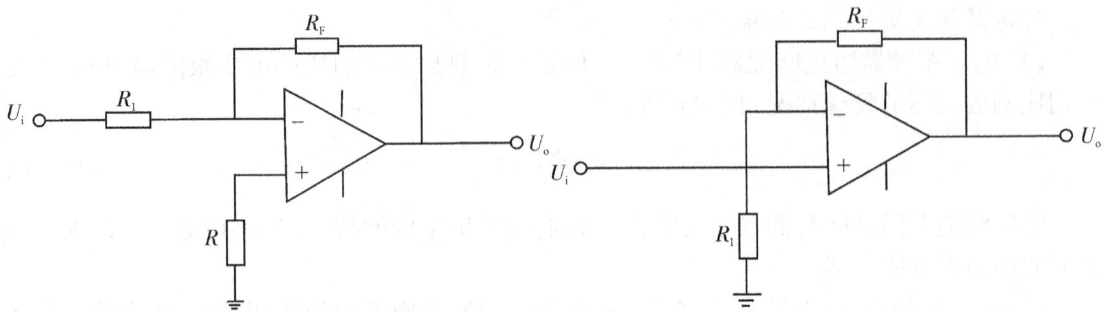

图 11-5　反相比例放大器电路　　　　图 11-6　同相比例放大器电路

2. 同相比例放大器

图 11-6 所示是同相放大器的基本电路，输入电压 U_i 直接从同相输入端加入，而输出电压 U_o 通过 R_F 反馈到反相输入端。同相放大器的输出电压，可由下式确定：

$$U_o = \left(1 + \frac{R_F}{R_1}\right)U_i = KU_i \tag{11-6}$$

$$K = 1 + \frac{R_F}{R_1} \tag{11-7}$$

从式(11-7)可以看出，同相放大器的增益也同样只取决于 R_F 与 R_1 的比值，这个数值为正，说明输出电压与输入电压同相，而且其绝对值也比反相放大器多 1。

3. 差动放大器

图 11-7 所示是差动放大器的基本电路。两个输入信号 U_1 和 U_2 分别经 R_1 和 R_2 输入到运算放大器的反相输入端和同相输入端，输出电压则经 R_F 反馈到反相输入端。电路中要求 $R_1 = R_2$、$R_F = R_3$，差动放大器的输出电压可由下式确定，即：

$$U_o = \frac{(U_2 + U_1)}{R_1}R_F \tag{11-8}$$

差动放大器突出的优点是能够抑制共模信号，共模信号是指在两个输入端所加的大小相等、极性相同的信号。理想的差动放大器对共模输入信号的放大倍数为零，温度变化和电源电压波动引起输入信号的变化，相当于共模信号，可以被差动放大器所抑制，所以差动放大器零点漂移最小。

来自外部空间的电磁干扰也属于共模信号，它们也会被差动放大器所抑制，所以说差动放大器的抗干扰能力极强。

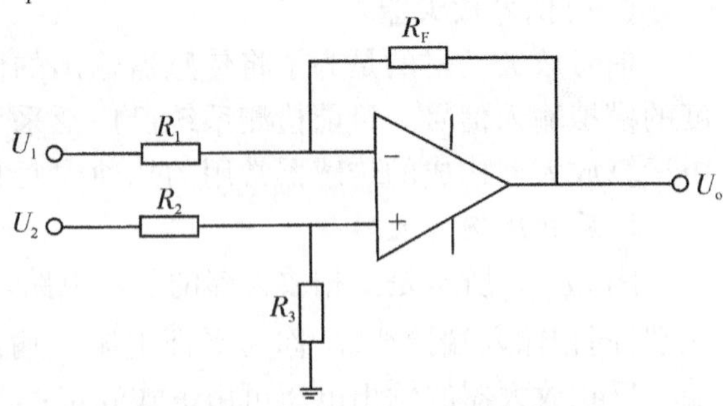

图 11-7　差动放大器电路

4. 交流放大器

传感器输出的电信号是交流信号时需要用到交流放大器，图 11-8 所示是交流放大器电路，它是在直流反相比例放大器电路的基础上，增加了反馈电容 C_F 和直流信号隔离电容 C_1，其电压放大增益为

$$K=\frac{\dot{U}_o}{\dot{U}_i}=-\frac{Z_F}{Z_1} \qquad (11-9)$$

式中

$$Z_1=R_1+\frac{1}{j\omega C_1} \qquad Z_F=\frac{1}{R_F}+j\omega C_F$$

$$R=\frac{R_F R_1}{R_F+R_1}$$

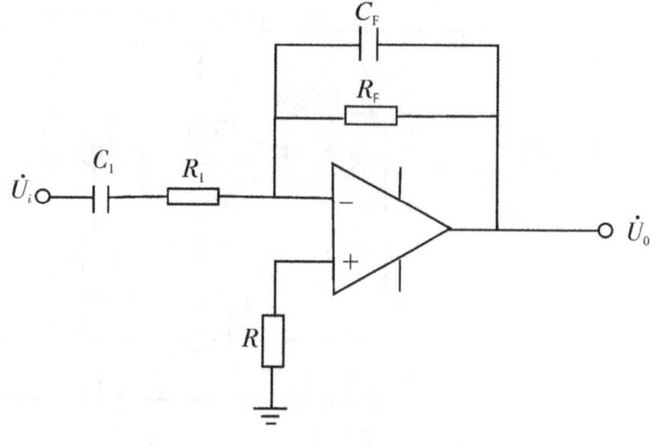

图 11－8　交流放大电路

（四）传感器信号的数字化处理

随着计算机技术的发展，数字信号处理技术得到了越来越广泛的应用，它已成为现代科学技术必不可少的工具。数字信号处理是用数字方法处理信号，克服了模拟信号处理的速度慢、精度差和分辨率低等缺点，具有稳定、灵活、快速、高效、应用范围广、设备体积小、质量轻等优点。

在非电量电测过程中，传感器或其他调理电路输出的信号多是随时间连续变化的模拟电压或电流。当采用数字式仪器、仪表及计算机对这些信号进行处理或显示时，有必要将模拟量转换为数字量，这个转换过程称为模数转换（A/D），通常由模数转换器来完成。反之，在计算机控制系统和某些数字化测试系统中，需要将数字量转化成模拟量去驱动执行元件或模拟式显示、记录器，这个转换过程称为数模转换（D/A），所用的装置是数模转换器。模拟信号和数字信号之间的转换过程如图 11－9 所示。

图 11－9　模数转换过程

1. A/D 变换器

A/D 变换器是将模拟信号转换为数字信号最常用的器件。它的种类和型号繁多，按工作原理分类有逐次比较型和积分型 A/D 变换器，按位数分类有 8 位、12 位和 16 位 A/D 变换器等。

（1）A/D 变换器的工作原理

1）逐次比较型 A/D 变换器：典型的逐次比较型 A/D 变换器工作原理如图 11－10 所示。图中所示为一个 8 位 A/D 变换器的工作原理。

逐次比较型 A/D 变换器由 D/A 变换器、比较器，寄存器和相应的控制逻辑所组成。D/A 变换器作为反馈电路，寄存器由 8 位触发器构成，从高位到低位依次为 Q7、Q6、…、Q1、Q0，控制逻辑由 8 个与非门 G7、G6、G5、…、G0 和相应的时间延迟电路所组成。

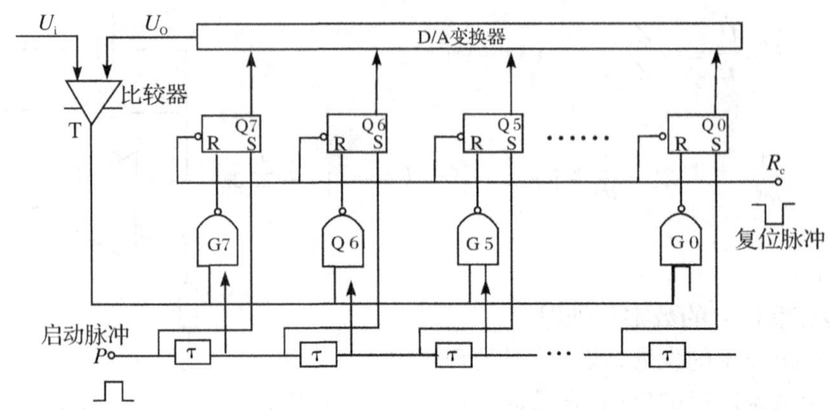

图 11－10 逐次比较型 A/D 变换器工作原理

图 11－10 所示电路图的工作原理是，将待转换的模拟电压 U_i 连接到比较器的一个输入端，D/A 变换器的输出电压 U_o 连接到比较器的另一个输入端。如果 $U_i < U_o$，则比较器输出 1；如果 $U_i > U_o$，则比较器输出 0。其逐次比较的过程如下：寄存器首先由复位信号 RST 清成全“0”状态，然后启动脉冲 P 从最高位触发器开始置成“1”状态。如果比较器输出 T 为 0（$U_i > U_o$ 时），T 信号和经延迟 t 时间后的 p 脉冲，使与非门 G7 输出为 1，最高位触发器的 R 端作用的是正脉冲，则 Q7 原来的“1”状态被保留；如果比较器的输出 T 为 0（$U_i < U_o$ 时），T 信号和经延迟 t 时间后的 p 脉冲，使与非门 G7 的输出为 0，此时 Q7 的 R 端作用的是负脉冲，则 Q7 原来的“1”状态被取下（即 Q7 复位）。P 脉冲经延迟后，依次再使第二高位触发器 Q6 置“1”，并经 D/A 变换器输出的 U_o 与待转换的 U_i 作第二次比较，以决定该位触发器的“1”状态是保留还是复位，该过程一直重复下去直至最低位为止。此时寄存器的状态值就是与待转换电压 U_i 相对应的数字量。

2）积分型 A/D 变换器：积分型 A/D 变换器是先将输入的模拟电压转换成相应的时间间隔，然后再用计数器测量该时间间隔，由计数器形成数字量输出。积分型 A/D 转换器包括：单积分、双积分和四积分等形式，其中最通用的是双积分形式，其工作原理如图 11－11 所示。

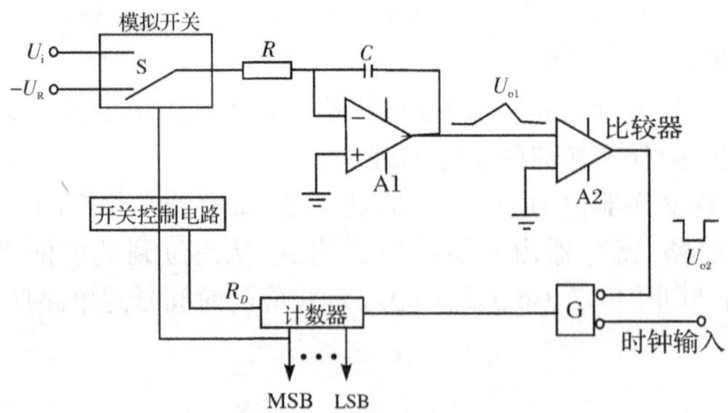

图 11－11 双积分式 A/D 变换器原理

双积分式 A/D 变换器由积分器 A1、过零比较器 A2、计数器、控制门 G、计数器和开关控制电路等部件所组成。它的工作过程是:首先使计数器清零,积分器完全放电,变换开始。待转换的模拟输入电压 U_i 通过模拟开关 S 输入到积分器 A1,A1 开始积分,其输出线性上升到 U_{o1},经过零比较器 A2 获得过零指示方波 U_{o2},打开控制门 G,计数器开始计数。当计数器计到其最高位 MSB = 1($t=t_1$)时,也即计数器状态为 100…0 时,开关控制电路则使开关 S 转换到基准电压 U_R,随后积分器中的电容 C 开始放电,U_{o1}开始线性下降,当降到比较器 A2 再次获得过零指示方波 U_{o2},打开控制门 G,使计数器重新开始计数。直到 $t=t_2$,U_{o1}下降为零,比较器输出的负方波结束,计数器停止计数,此时计数器中的暂存二进制数字就是与 U_i 相对应的数字量。变换过程的波形见图 11-12。

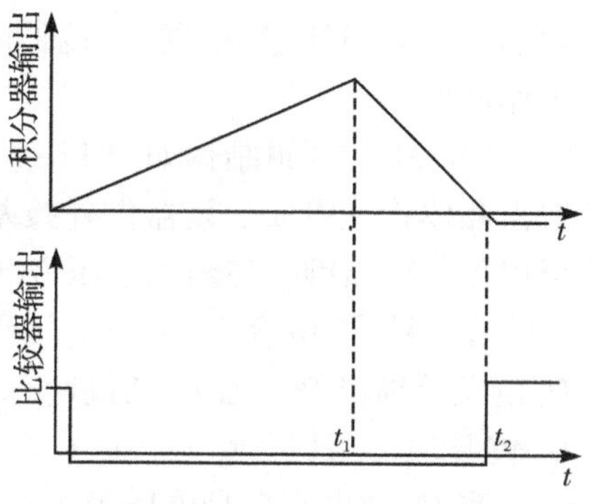

图 11-12 双积分 A/D 变换器波形

(2)A/D 变换器的主要技术指标:不同类型的 A/D 变换器有不同的性能指标。通常用下面几个参数来表示和衡量 A/D 变换器的技术指标。

1)分辨率:A/D 变换器的分辨率是一个与其位数紧密相关的参数,通常用其输出的二进制数字的位数来表示。位数越多,量化越细,量化误差越小,分辨率就越高。例如,一个 A/D 变换器的输入模拟电压变化范围为 0~5V,输出 8 位数字量的器件可以分辨的最小模拟电压为 20mV($5V\times1/2^8\approx20mV$),12 位的器件其分辨的最小电压为 1.22mV($5V\times1/2^{12}\approx1.22mV$)。

2)转换速度:转换速度用完成一次转换所用的时间来表示,即从转换控制信号加入时算起,直到输出端得到稳定的数字输出为止这段时间。如转换时间长,则表示转换速度低。

3)输入模拟电压范围:A/D 变换器的输入模拟电压有一个可变范围,供用户根据自己的具体情况进行选用。通常,单极性输入时有 0~5V 或 0~10V 两种情况,双极性输入时一般为 -5~+5V。

4)精度:由于 A/D 变换器是一个同时涉及模拟电路和数字电路的闭环系统,整个系统的精度必须同时考虑模拟和数字两部分的误差。在确定整个精度时,为便于处理,通常把两种误差分开考虑。数字误差仅由系统的分辨率来确定,即量化误差。模拟误差集中在比较器的直流转化点的变化。模拟误差和数字误差相对数量的衡量是把变换器的模拟误差和数字误差的大小视为同一数量,总误差是两种误差之和。例如估算一个 8 位的 A/D 变换器的总精度,8 位数字量误差为 $1/2^8\approx0.4\%$,那么总误差即为 0.8%。

2. V/F 变换器

V/F 变换是将输入电压信号转换成与其数值成比例的脉冲信号频率值。该转换器的输出连续地跟踪输入信号,直接响应输入信号的变化,不需要外部时钟同步。由于电压和频率均为模拟量,电压—频率转换实际上是一种模拟—模拟转换,但由于频率可用数字来测量,所以很容易实现模—数转换。V/F 变换器的主要特点是具有固有的单调性,常模干扰抑制能力强,高分辨率,输出信号适于作串行传输;其主要缺点是转换速率低,必须由外加计数器将串行的脉冲输出转换为并行格式。

(1)压控振荡器:在 V/F 变换中最常用的器件就是压控振荡器,美国国家半导体器件公司的产品 LM331 就是压控振荡器的典型器件，这里以它为例介绍压控振荡器的电路构成和工作原理。

LM331 的逻辑结构如图 11－13 所示，它由电流源、电流开关、比较器、门控触发电路和输出晶体管所组成。该器件外接基准电压 U_{REF}，工作电压 U_S，电阻 R_S、R_L、R_T，电容 C_L、C_T，可以形成输出频率与输入电压 U_i 成线性变化的振荡器。

在电路中，电容 C_L 上的电压呈锯齿状变化，电路是一个对电容 C_L 充电略高于输入电压 U_i 的负反馈电路。当 U_i 较高时，C_L 通过 R_L 较快的放电，电路输出较高振荡频率的脉冲；当 U_i 较低时，C_L 通过 R_L 较慢的放电，电路输出较低振荡频率的脉冲。

当 C_L 放电到自身电压等于 U_i 时，则比较器触发门控触发电路接通电流开关，与此同时打开晶体管。随着电流开关的接通，来自电流源的电流则再次对 C_L 充电，充电时间由 R_T 和 C_T 来决定，直到 C_L 上的电压略高于 U_i 为止。C_L 充电结束后，门控触发电路立即返回到原来的状态，C_L 再次返回到放电状态。

电阻 R_S 决定电流源输出电流大小。当电流开关接通时，引脚 1 和引脚 2 的电流是相等的。引脚 2 连接的是一个恒定的基准电压 U_{REF}（通常是 1.9V），为此 R_S 的电阻值决定工作电流的大小。当引脚 2 连接到高阻抗缓冲器时，它给外部电路提供一个稳定的参考源。

晶体管集电极开路的输出引脚 3，允许通过电阻连接不同的外部电源电压 U_L，再去连接外部负载，借以增加器件的负载能力。

LM331 输出的振荡频率由下式表达

$$f_{out}=\frac{U_i}{U_{REF}}\times\frac{R_S}{R_L}\times\frac{1}{1.1R_TC_T} \qquad (11-10)$$

从式（11－10）可以看出，当 U_{REF}、R_S、R_L、C_T 几个参量选定为固定常量时，f_{out} 只是 U_i 的函数，电路就输出同输入电压 U_i 成线性比例的振荡频率的一系列脉冲。

（2）频率—数字转换

频率—数字转换是模拟—数字转换的必要步骤，如图 11－14 所示，它采用的是数字频率计的原理框图。连续脉冲波加入控制门电路的输入端，由一个高稳定度的时基发生器所产生的时基信号为时基基准，控制控制门电路的开通和关闭，通过控制门的脉冲信号对计数器进行计数。单位时基信号时间内所通过脉冲的个数 N 与时间比例因子 K 的乘积即为脉冲信号的频率值，即 $f=NK$。这里时间比例因子 $K=1\text{s/h}$ 基信号时间宽度，在该例中时基信号时间宽度为 1ms，则 $K=1000$，如果 $N=10$，则 $f=10\text{kHz}$；若时基信号宽度为 1μs，则 $K=1000000$，如果 $N=10$，则 $f=10\text{MHz}$；依此类推。

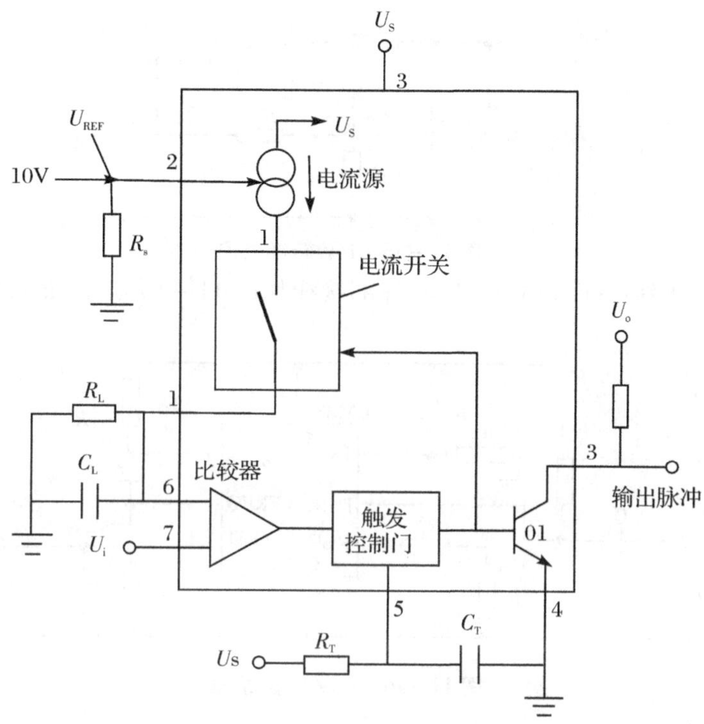

图 11－13　LM331 的电路结构

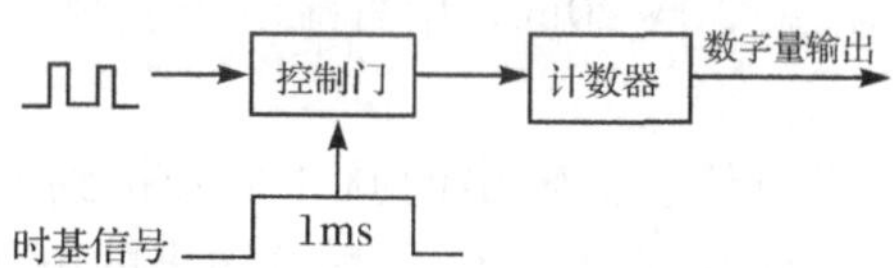

图 11－14　频率—数字转换原理

三、项目实施——I/V、F/V 转换

(一)实施要求

(1)了解 I/V、F/V 信号转换的原理。

(2)能使用信号转换实验模块、转动源连接测量电路。

(3)会用实验所得的数据作 I/V 转换、F/V 转换曲线,并计算其非线性误差。

(二)实施内容

在控制系统及测量设备中,对电流信号进行数字测量时,首先须将电流转换成电压,然后由数字电压表进行测量。有些传感器直接输出是脉冲信号,为了转化成国际电工委员会(IEC)使用的统一标准信号,需要对传感器输出的脉冲信号进行频率－电压转换。

图 11－15 所示为用运放构成的 I/V 转换电路,转换范围为 0～20mA 和 0～10V。

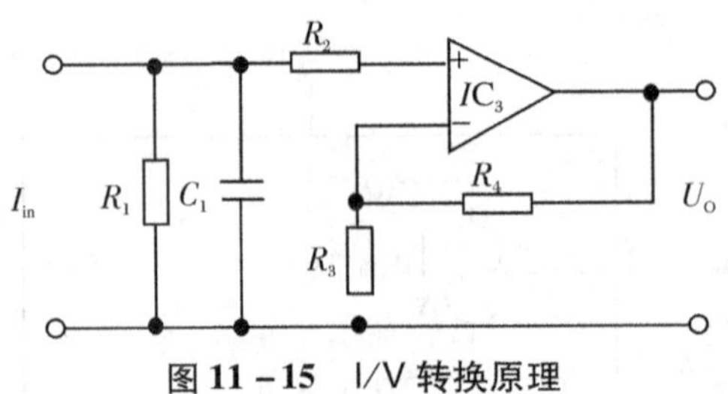

图 11－15　I/V 转换原理

F/V 常用集成转换器件如 LM331，其外部接线如图 11－16 所示，最高脉冲频率转换可到 10kHz。

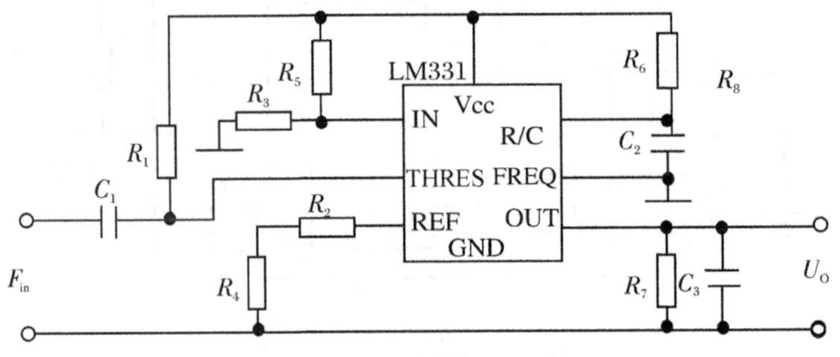

图 11－16　F/V 转换原理

（三）实施步骤

（1）打开实验台电源，将 ±15V 直流稳压电源接入信号转换模块。

（2）在 I/V 转换的输入端输入 0～20mA，用直流电压表测量输出的电压值，每隔 2mA 记录一次实验数据。

（3）调节转动源转速，将光电传感器输出的脉冲信号接到 F/V 转换的输入端，用频率/转速表的频率档测量脉冲信号频率，直流电压表测量输出的电压值，每隔 20Hz 记录一次实验数据。

四、拓展知识

（一）噪声及其抑制

在传感器电路的输出信号中，除了从被测对象获得的信息外，还会混入一些无用的信号，这些无用的信号统称为噪声。它会使测量结果产生很大的误差，这些误差将导致控制程序的紊乱，从而造成控制系统中的执行机构产生误动作。因此，在传感器信号处理中，噪声的抑制是非常重要的。噪声的抑制也是传感器信号处理的重要内容之一。

1. 传感器噪声产生的根源

（1）内部噪声：是由传感器和检测电路元件内部带电微粒的无规则运动产生的。例如：由电阻中的自由电子在做不规则的热运动，从而产生电位差的起伏，称为热噪声；在晶体管 PN 结之间出现的发射噪声，又称散粒噪声；由于电子和空穴再复合运动的不规则性所产生的噪声，称闪烁噪声；由放大器的漂移电压、漂移电流和外接电阻所产生的热噪声电压组成的放大器的噪声及用模拟开关将多个传感器的输出送到同一放大器的电路，由于模拟开关的闭合或断开，产生的重叠在信号上的开关噪声等，统称为内部噪声。

(2)外部噪声:来自外部环境的噪声。几乎所有的电气、电力设备都是噪声源,例如:使用交流电源的电动机、电焊机等产生电火花的装置,用电脉冲信号驱动的脉冲电动机、继电器等及雷电、大气电离及其他自然现象产生的电磁辐射等都是外部噪声源。它们通过静电耦合(C)、电磁耦合(M)和漏电电流等方式,在传感器电路中产生噪声,干扰电路的正常工作。

2.噪声的抑制

(1)选用质量好的元器件和优化电路设计。

(2)屏蔽:用低电阻材料或磁性材料把元件、传输导线、电路及组合件包围起来,以隔离内外电磁或电场的相互干扰。屏蔽方式有三种,即电场屏蔽、磁场屏蔽和电磁屏蔽。电场屏蔽主要用来防止元器件或电路间因分布电容耦合形成的干扰。磁场屏蔽主要用来消除元器件或电路间因磁场寄生耦合产生的干扰,磁场屏蔽的材料一般都选用高磁导系数的磁性材料。电磁屏蔽主要用来防止高频电磁场的干扰,电磁屏蔽的材料应选用导电率较高的材料,如铜、银等,利用电磁场在屏蔽金属内部产生涡流而起屏蔽作用。电磁屏蔽的屏蔽体可以不接地,但一般为防止分布电容的影响,可以使电磁的屏蔽体接地,起到兼有电场屏蔽的作用。电场屏蔽体必须可靠接地。

(3)接地:电路或传感器中的地指的是一个等电位点,它是电路或传感器的基准电位点,与基准电位点相连接,就是接地。传感器或电路接地,是为了清除电流流经公共地线阻抗时产生的噪声电压,也可以避免受磁场或地电位差的影响。把接地和屏蔽正确结合起来使用,就可抑制大部分的噪声。

(4)隔离:当前后两个电路信号端接地时,容易形成环路电流,引起噪声干扰。这时,常采用隔离的方法,把两个电路的两端从电路上隔开。隔离的方法主要采用变压器隔离和光电耦合器隔离。在两个电路之间加入隔离变压器可以切断地环路,实现前后电路的隔离,变压器隔离只适用于交流电路。在直流或超低频测量系统中,常采用光电耦合的方法实现电路的隔离。

(5)滤波:滤波电路或滤波器是一种能使某一种频率顺利通过而另一部分频率受到较大衰减的装置。因传感器的输出信号大多是缓慢变化的,因而对传感器输出信号的滤波常采用有源低通滤波器,它只允许低频信号通过而不能通过高频信号。常用的方法是在运算放大器的同相端接入一阶或二阶 RC 有源低通滤波器,使干扰的高频信号滤除,而有用的低频信号顺利通过;反之,在输入端接高通滤波器,将低频干扰滤除,使高频有用信号顺利通过。

除了上述的滤波器外,有时还要使用带通滤波器和带阻滤波器。带通滤波器的作用是只允许某一频带内的信号通过,而比通频带下限频率低和比上限频率高的信号都被阻断,它常用于从许多信号中获取所需要的信号,而使干扰信号被滤除。带阻滤波器和带通滤波器相反,在规定的频带内,信号不能通过,而在其余频率范围,信号则能顺利通过。总之,由于不同检测系统的需要,应选用不同的滤波电路。

小　结

(1)传感器信号处理技术实质上是研究传感器与检测系统之间的接口技术,作为传感器输出信号处理的接口电路有阻抗匹配器、电桥电路、放大电路、噪声抑制电路等多种形式,在实际应用中,应根据传感器输出信号的不同而选用不同性能的接口电路。

(2)传感器与微型计算机的连接是现代检测技术的方向,传感器输出并经检测电路处理后的信号,还必须经过 A/D 转换、V/F 转换等转换电路,才能与微型机连接,其连接电路应根据不同的要求进行选用。

思考与练习

1. 传感器的输出信号具有什么特点?

2. 传感器输出信号的处理包括哪两方面的内容?

3. 传感器输出信号的阻抗匹配器电路应具有什么特点? 通常由哪几种电路来实现?

4. 试比较和分析反相比例放大器和同相比例放大器的基本电路图,并写出放大倍数和平衡电阻的表达式。

5. 什么是共模噪声信号? 为什么差动放大器能够很好地抑制共模信号?

6. 放大器作为传感器信号处理电路的基本元件,常用的还有另外几种其他形式的放大器电路,试画出电路图,写出相应的放大增益和输出电压表达式。

7. 传感器噪声产生的根源有哪几种? 常用来抑制噪声的方法有哪些?

8. 试叙述逐次比较型 A/D 变换器的工作过程。

9. 试叙述积分型 A/D 变换器的工作过程。

10. A/D 变换器精度和分辨率的区别是什么?

11. 试叙述 V/F 变换器的工作原理及其将模拟信号数字化的逻辑结构图。

参 考 文 献

[1] 赵锋传. 传感器与检测技术 . 哈尔滨：哈尔滨工程大学出版社,2011.
[2] 郝云. 传感器原理与应用 . 北京:电子工业出版社,2002.
[3] 罗志增. 测试技术与传感 . 西安:西安电子科技大学出版社,2008.
[4] 丁镇生. 传感及其遥控遥测技术应用 . 北京:电子工业出版社,2003.
[5] 潘雪涛. 传感原理与检测技术实践指导教程 . 北京:国防工业出版社,2011.
[6] 王煜东. 传感器及应用 . 北京:机械工业出版社,2004.
[7] 吴松林. 传感器与检测技术基础. 北京:北京理工大学出版社,2009.
[8] 何道清. 传感与传感技术 . 北京:科学出版社,2004.
[9] 俞阿龙. 传感原理及其应用 . 南京:南京大学出版社,2010.
[10] 何希才. 传感器及其应用实例:北京:机械工业出版社,2004.
[11] 卜云峰. 检测技术. 北京:机械工业出版社,2005.
[12] 蒋郭斌. 非电量测量与传感器应用 . 北京:国防工业出版社,2005.
[13] 徐科军. 传感器与检测技术 . 北京:电子工业出版社,2004.
[14] 彭军. 传感器与检测技术 . 西安:西安电子科技大学出版社,2003.
[15] 樊尚春. 检测技术与系统 . 北京：北京航空航天大学出版社,2005.
[16] 王雪文. 传感器原理及应用 . 北京:北京航空航天大学出版社,2004.
[17] 朱强. 自动检测技术 . 济南:山东科学技术出版社,2005.
[18] 金发庆. 传感器技术与应用 . 北京:机械工业出版社,2003.
[19] 梁威. 智能传感器与信息系统 . 北京:北京航空航天大学出版社,2004.
[20] 金捷. 检测技术 . 北京:清华大学出版社,2005.